그리스도인의 완전

그리스도인의 완전

저자 프랑소아 페넬롱
역자 김창대

초판 1쇄 발행 2007. 4. 13.
개정판 1쇄 발행 2010. 8. 18.
개정2판 1쇄 발행 2019. 9. 20.
개정3판 1쇄 발행 2023. 8. 22.

발행처 도서출판 브니엘
발행인 권혁선

책임편집 김지연
책임교정 조은경

등록번호 서울 제2006-50호
등록일자 2006. 9. 11.

서울특별시 송파구 백제고분로28길 25 B101호 (05590)
마케팅부 02)421-3436
편집부 02)421-3487
팩시밀리 02)421-3438

ISBN 979-11-93092-07-1 03230

독자의견 02)421-3487
이메일 editorkhs@empal.com

북카페 주소 cafe.naver.com/penielpub.cafe
인스타그램 @peniel_books

도서출판 브니엘은 독자들의 원고를 설레는 마음으로 기다리고 있습니다.
위의 이메일로 간단한 기획 내용 및 원고, 연락처 등을 보내주십시오.

도서출판 브니엘은 갓구운 빵처럼 항상 신선한 책만을 고집합니다.

Francois Fenelon
Christian Perfection

"정말 놀라운 책이다. 내용이 아주 깊고 치밀하며 실제적이다.
읽는 내내 행복하게 해준다"라고 신학자들이 극찬한 페넬롱의 대표작!

[거룩한 삶을 갈망하는 그리스도인의 신앙고백서]

그리스도인의 완전

프랑소아 페넬롱 지음 | 김창대 옮김

브니엘

이 책은 그리스도인의 헌신을 위한 책이다. 결코 체계적이거나 기술적인 신학책이 아니다. 또한 종교적인 논쟁을 위한 책도 아니다. 이 책의 목적은 한 위대한 영성가의 영적 지혜와 통찰력, 그리고 확신을 독자들에게 전해주고자 함이다. 따라서 이 목적을 이루기 위해서는 이 책을 헌신의 자세로 읽어야 한다.

헌신을 위한 독서란 무엇인가? 이것은 확실히 일반적인 유형의 독서와는 다르다. 이 책을 마치 신문, 잡지, 그리고 소설처럼 읽는다면 별 유익을 얻지 못할 것이다. 헌신을 위한 독서를 위해서는 그것에 맞는 독서 자세가 요구된다. 예를 들어 어떤 주제를 공부하기 위해서 독서를 할 때 우리 생각은 비판적이고 분석적이며 논쟁적이게 된다. 그리고 우리 마음은 매우 적극적인 자세를 취하여 왕성한 활동을 하게 된다. 하지만 신문이나 잡지를 읽을 때는 편안한 자세로 대충 훑어보게 된다.

그러므로 헌신을 위한 독서를 위해서는 우리의 지성뿐만 아니라 전 존재가 침묵해야 한다. 그리고 열려 있는 수용적인 자세로 무엇인가를 기대하는 태도를 보여야 한다. 무엇보다도 겸손해야 한다. 여기서 요구되는 것은 지성적인 작업이라기보다는 전인격적으로 그 내용을 꼼꼼하게 수용하겠다는 자세이다. 만약 하나님의 숨은 비밀을 찾아내려고 스스로 초조하게 애쓴다면 실패할 수밖에 없다. 오직 겸손할 때 영리함과 교만함으로는 불가능한 목적을 이룰 수 있다.

헌신을 위한 독서에 필요한 구체적인 자세가 무엇인지 그것을 깨닫는 데 도움을 주는 몇 가지를 제시하면 다음과 같다.

첫 번째는 위대한 예술 작품을 인식하고 감상하는 자세이다. 화랑에서 위대한 미술품을 감상할 때 통로를 지나다니며 스치듯이 본다면 결코 그 작품의 풍요함과 감추어진 메시지를 탐지해낼 수 없다. 진정한 작품 감상을 위해서는 조용히 머물며 작품 하나하나에 주의를 집중해야 한다. 그리고 그 앞에 겸손하게 앉아 온몸으로 작품을 느낄 수 있도록 자신을 내맡겨야 한다. 이때 활동적인 주체는 미술품이지 우리가 아니다. 우리는 작품이 우리 안에서 작용하도록 자신을 맡겨야 한다. 더욱이 한 번의 감상만으로는 부족하다. 작품의 진수를 만끽하기 위해서는 그 작품을 여러 번 감상해야 한다. 작품이 스스로 자신의 방법으로 우리에게 참모습을 보여줄 때까지 인내와 겸손으로 기다려야 한다. 헌신을 위한 독서 역시 마찬가지다.

당신은 이 책을 수년에 걸쳐 반복해서 읽을 필요가 있다. 머리맡에 두고 그 진리가 온전히 펼쳐질 때까지 계속해서 읽어야 할 것이다.

두 번째는 씨를 뿌리는 자세이다. 농부는 씨 위에 위대하고 신비스러운 힘과 에너지가 작용한다는 사실을 안다. 실로 태양, 공기, 비, 흙 등 모든 것이 협력해서 싹을 내고 성장시킨다. 생명이 땅 위로 가시적인 싹을 틔우기 위해서는 먼저 뿌리가 나와 땅 밑에 깊이 박혀야 한다. 열매를 맺고 수확하는 것은 얼마나 뿌리가 잘 박히느냐에 달려 있다. 땅 밑에서 이루어지는 이 작업은 보이지 않는 가운데 진행되는 탓에 사람들은 눈치채지 못한다. 하지만 이 은밀한 작업이 선행된 후에야 마침내 땅 위에 새싹이 튼다. 그리고 수주, 또는 수개월이 지난 다음 비로소 열매가 맺힌다.

이처럼 헌신을 위한 독서도 마음 밭에 말씀의 씨를 뿌리는 것과 같다. 따라서 파종한 즉시 수확을 기대하는 것은 오산이다. 말씀의 씨가 새싹을 내기 위해서는 시간이 필요하다. 먼저 마음 밭에 깊숙이 뿌리가 내려져야 한다. 만약 오늘 말씀의 씨를 뿌린다면 수년 후에야 그 수확을 얻을 수도 있다. 수확은 우리가 예상하지 못한 순간에 나타난다. 그리고 그것은 항상 우리의 수고라기보다는 하나님의 한없는 은혜라는 사실을 잊어서는 안 된다.

우리가 이 책을 탐독하는 주된 목적은 우리의 노력으로 어떤 생각을 받아들이기 위한 것이 아니다. 오히려 페넬롱과 우정을 나누고 그 과정을 통해 하나님과 더 깊고 풍요로운 교제를 나누는 데 그 목적이 있다. 이 말은 우리가 이 책을 읽을 때 하나님의 위대한 성자에게 배우겠다는 자세로 페넬롱이 하나님과 가졌던 친밀한 교제를 느끼고 감화받아야 한다는 것이다. 확실히 우리는 하나님과 우리 자신, 그리고 우리와 그분과의 관계에서 여전히 배워야 할 것이 많다.

따라서 하나님의 지혜로운 해석자인 페넬롱의 탁월한 가르침은 우리에게 매우 필요하다. 그는 하나님과 인간에 대해 매우 진실한 많은 것을 알고 있다. 그러므로 우리는 그를 바라보며 그의 제자들의 대열 속에서 가르침을 받게 해달라고 기도해야 한다. 그리고 그에게 겸손하고 온유한 자세로 배우겠다고 약속해야 한다. 이 책을 읽을 때 항상 이와 같은 기도로 시작하라. "하나님! 주님의 종 페넬롱의 발아래 겸손히 앉아 경청할 수 있도록 도와주소서. 그리고 그를 통해 주님에 대해 배울 수 있게 허락하소서." 진정 이 책은 기도로 읽어야 하는 책이다. 기도로 읽을 때 당신은 페넬롱의 말과 그 의미에 민감해질 수 있다. 그리고 시간이 흐를수록 이 성자가 하나님이 당신에게 보내주신, 당신의 가장 깊은 영적인 친구 중 한 사람이 될 것이라는 확신이 들 것이다.

아울러 이 책은 천천히 읽어야 하는 책이다. 오늘날 빠르고 분주한 삶으로 인해 '긴 호흡으로 천천히' 헌신을 위한 자세로 책을 읽는 일은 절대 쉽지 않다. 하지만 서둘러 읽게 된다면 이 책에 간직된 진리를 온전히 수용하고 음미할 수 없을 것이다. 그러므로 한 단어, 한 단어씩 읽으면서 각각의 낱말과 구절을 사랑으로 묵상해야 한다.

독서 중에 어느 낱말이나 생각이 당신의 주의나 상상력을 사로잡는다면 읽기를 잠시 멈추고 그 의미에 집중하라. 당신의 시선을 끈 말이나 구절에 밑줄을 치거나 표를 해두는 것도 큰 도움이 된다. 이와 같은 표시는 이전에 읽을 때 알지 못했던 것을 새롭게 발견했다는 의미이기도 하다.

독서 중 새로운 통찰력을 얻었다면 책을 내려놓기 전에 그와 같은 생각을 허락하신 하나님께 감사하라. 감사는 우리 안에 온유함을 불러일으켜 나중에 독서할 때 더 많은 통찰력을 얻도록 우리를 준비시켜준다. 무엇보다 헌신을 위한 독서에서 얻게 되는 통찰력은 자신의 업적이 아니라 하나님의 선물임을 결코 잊어서는 안 된다.

영문판 편집자

C·O·N·T·E·N·T·S
차 례

"이는 하늘이 땅보다 높음같이 내 길은 너희의 길보다 높으며
내 생각은 너희의 생각보다 높음이니라"(사 55:9).

하나님을
알고
순종하는 삶

하나님을 아는 것

하나님에 대한 올바른 지식만이 살길이다

인간에게 가장 부족한 점이 있다면 바로 하나님에 대한 지식이다. 책을 많이 읽는 사람은 역사 안에서 일정한 순서로 일어난 기적과 하나님 섭리의 흔적을 발견하게 된다. 그들은 세상의 타락과 나약함에 관해 심각하게 성찰하고, 스스로 어떤 금언을 만들어 구원을 위해 자신의 습관을 변혁시키고자 한다. 하지만 그들의 공은 결국 기초가 없으므로 무너지고 만다. 이런 종교 체계 속에는 영혼이 없다. 진정으로 신실한 영혼을 일깨우기 위해서는 모든 것이 되시며, 모든 것을 하시고, 우리에게 모든 것을 주시는 하나님에 대한 올바른 지식이 있어야 한다.

하나님은 모든 면에서 무한하시다. 지혜와 권능, 그리고 사랑이 한없으신 분이다. 따라서 우리는 그분한테서 오는 모든 것이 무한한 속성을 지니고 있으며, 인간의 이성을 초월한다는 사실에 놀라워해서는 안 된다. 성경은 하나님이 어떤 일을 준비하고 하실 때 그분의 계획과 방법이 우리와 다르며, 그것은 마치 하늘이 땅보다 높음과 같다고 말씀한다. "이는 하늘이 땅보다 높음같이 내 길은 너희의 길보다 높으며 내 생각은 너희의 생각보다 높음이니라"(사 55:9). 하나님은 자신이 결심한 바를 힘들이지 않고 행하신다. 아무리 큰일일지라도 그분은 가장 일상적인 일처럼 다루신다. 하나님은 무에서 하늘과 땅을 만드실 때, 마치 강이 유유히 흘러가듯 어떤 수고도 하지 않으셨다. 하나님의 능력은 그분의 뜻에 전적으로 나타난다. 하나님이 작정하시면 그 모든 일은 자연스럽게 이루어진다.

성경은 하나님이 말씀으로 천지를 창조하셨다고 기술한다. 이것은 하나님이 자연을 창조하실 때 그분의 뜻을 말로 표현하실 필요가 있어서 말씀하셨다는 의미가 아니다. 성경에 기록된 창조 당시의 말씀은 전적으로 단순하며 하나님 내적으로 하신 말씀이다. 그것은 하나님 창조의 생각이며 그분의 깊숙한 곳에서 정하신 결정이었다. 그 생각은 항상 열매로 맺히기 때문에 아무것도 헛되지 않다. 그 결과 모든 존재의 근원이신 그분이 생각하실 때 그분에게서 우주를 구성하는 모든 것이 나오게 되었다.

특히 하나님의 사랑은 그분의 순수한 의지였다. 하나님은 만물이 창조되기 이전부터 우리를 사랑하셨다. 우리를 보시고 우리를 아셨다. 그분은 우리를 위해 좋은 것을 준비하시고 영원부터 우리를 사랑하기로 선택하셨다. 우리에게 복된 소식이 주어지는 것은 바로 만세 전에 이와 같은 하나님의 작정하심이 존재했기 때문이다. 하나님은 우리를 위해 계획을 바꾸시는 분이 결코 아니다. 그분은 항상 변함 없으시다. 변하는 것은 바로 우리이다.

우리가 의롭고 선할 때는 하나님을 닮아가며 그분과 하나 되려고 한다. 하지만 잠시 의에서 이탈해 선을 행하지 않을 때는 그분을 닮으려고 하지 않으며 그분과 하나 되는 일을 멈춘다. 이처럼 변화무쌍한 피조물은 마치 불변의 법칙처럼 하나님께로 왔다가 다시 돌아서는 일을 연속적으로 반복한다. 하지만 악인을 향한 하나님의 정의와 의인을 향한 그분의 사랑은 항상 같다. 하나님의 선함은 항상 모든 선한 것과 일치하며 결코 불의와 타협하지 않으신다. 한편 하나님의 자비는 우리가 악할지라도 우리를 선하게 만들고자 하는 그분의 은혜이다. 우리는 이 세상에서 이런 하나님의 자비를 의식해야 한다. 이 자비는 피조물을 향한 하나님의 영원한 사랑에서 그 근원을 찾을 수 있다. 진실한 선함은 오직 하나님한테서 나온다. 그것을 자신 안에서 발견하고자 하는 주제넘은 영혼은 불행하다! 하나님은 그분의 사랑으로 우리에게 모든 것을 주신다.

하지만 우리를 위한 하나님의 가장 위대한 선하심은 바로 우리가 그분께 마땅히 드려야 할 사랑을 우리에게 미리 주신다는 것이다. 하나님은 우리가 그분을 사랑하도록 먼저 사랑을 주시면서 우리 안에서 통치하신다. 하나님은 우리에게 생명, 평화, 행복을 만들어

주시기 때문에 우리는 그분의 풍성한 생명에 의지해서 살게 된다. 우리를 위해 주시는 그분의 사랑은 무한한 속성을 지니고 있다. 하나님은 우리처럼 제한되고 좁은 사랑으로 사랑하지 않으신다. 하나님이 사랑하실 때 그분의 도량은 무한하시다. 심지어 하나님은 하늘에서 이 땅으로 내려와 흙으로 만든 피조물을 사랑하기 원하셨다. 그래서 몸소 피조물과 함께 흙이 되셨다.

또한 전능하신 하나님은 그분의 살을 우리에게 양식으로 떼어주셨다(눅 22:19). 무한한 속성의 하나님은 이런 놀라운 사랑을 가지고 인간의 변덕스러움을 초월하셨다. 그분은 하나님으로서 우리를 사랑하셨기 때문에 인간은 그 사랑을 완벽히 이해할 수 없다. 그 무한한 사랑을 제한된 지식으로 측량하려는 시도는 어리석음의 극치이다. 그렇다고 하나님의 위대하심이 그분의 넘치는 사랑으로 훼손된 것은 아니다. 하나님은 그분의 사랑에 그분의 위대한 특성을 함께 새겨 놓으심으로써 더욱 풍부하고 환희에 찬 사랑으로 만드셨다. 이런 신비 속에서 우리는 하나님의 위대하심과 그분의 사랑을 찬양하지 않을 수 없다. 하지만 우리는 그분을 볼 수 있는 눈을 갖고 있지 않다. 우리에게는 모든 것에서 하나님을 볼 수 있는 예민함이 없다.

하나님을 아는 지식

하나님께 자아를 전적으로 의탁할 때 누릴 수 있다

사람들이 하나님을 위해 하는 일은 보잘것없으며, 그나마 그 작은 일도 매우 힘들어한다는 사실은 놀라운 일이 아니다. 사람들은 정말로 하나님을 알지 못한다. 그들은 하나님이 존재하신다는 사실도 거의 믿지 않는다. 그들이 하나님을 믿는 믿음은 신성에 대한 살아 있는 명백한 헌신이라기보다는 대중과 영합해서 맹목적으로 따른 결과일 뿐이다. 왜냐하면 그들은 신앙의 문제에서 하나님을 깊이 생각하려 하지 않기 때문이다. 또 다른 이유는 다른 일들로 마음이 너무 분주하기에 그런 문제에 관해서까지 신경을 쓰지 않기 때문이다. 그러므로 우리는 하나님을 우리로부터 멀리 있는, 모호한, 일종의 놀라운 존재로만 인식한다. 우리는 하나님을 엄격하여 우리에게 많은 것을 요구하고 우리의 욕망을 방해하는 존재로 여긴다. 또한 큰 형벌로 우리를 위협하는 분이기에 우리는 그분의 형벌에 대비해 이 땅에서 어떤 준비를 해야 한다고 생각한다.

실제로 신앙에 관해 심각하게 생각하는 사람이 과연 얼마나 있는지 생각해보라. 우리는 어떤 사람에 대해 "그는 하나님을 진실로 두려워하는 자이다"라고 말할 수 있다. 하지만 하나님을 두려워하는 사람을 보면 그가 하나님을 진실로 사랑하지 않는다는 사실을 쉽게 발견할 수 있다. 그는 마치 어린아이들이 막대기를 휘두르는 선생님을 두려워하듯 하나님을 두려워할 뿐이다. 다시 말해 마치 시종이 주인에게 맞을까봐 주인의 이익에 신경 쓰지 않으면서도 몸 사리듯 하나님을 섬기는 것이다. 이처럼 우리가 하나님을 대우하는 방식대로 다른 사람이 우리를 대우한다면 우리는 과연 기뻐하겠는가?

결국 이 모든 것은 우리가 그분을 알지 못하기 때문이다. 실로 그분을 조금이라도 안다면 우리는 그분을 사랑할 수밖에 없다. 사도 요한의 말처럼 하나님은 사랑이시다. "하나님이 우리를 사랑하시는 사랑을 우리가 알고 믿었노니 하나님은 사랑이시라. 사랑 안에 거하는 자는 하나님 안에 거하고 하나님도 그의 안에 거하시느니라"(요일 4:16). 하나님을 사랑하지 않는 사람은 하나님을 알지 못한다. 하나님을 사랑하지도 않으면서 어떻게 하나님을 알 수 있겠는가? 오직 하나님을 두려워하는 사람은 하나님을 알지 못하는 것이다.

그럼 하나님을 알 수 있는 사람은 누구인가? 오직 하나님만을 알기 원하고 더 이상 자신을 알기 원하지 않는 사람, 그리고 하나님이 아닌 것은 모두 존재하지 않는 것처럼 여기는 사람이다. 세상은 이 말을 듣고 놀랄 것이다. 세상은 자기 자신과 허영과 속임으로 가득 차 있어 하나님을 알지 못하기 때문이다. 하지만 나는 하나님에 대해 굶주리고, 내가 말하려는 진리들을 음미할 줄 아는 영혼이 항상 존재하기를 간절히 소망한다.

"나의 하나님! 하늘과 땅이 있기 전 존재했던 분은 오직 하나님뿐입니다. 하나님의 존재에는 시작점이 없습니다. 하나님은 그때 홀로 계셨기에 하나님 외에는 아무도 없었습니다. 하나님은 그 행복한 고독 속에서 자신을 즐기셨습니다. 하나님은 스스로에 대해 충족하셨기에 자신 외에 다른 것을 찾을 필요가 없으셨습니다. 하나님은 외부에서 무엇을 받는 분이 아니라 항상 주시는 분입니다. 하나님은 전능한 말씀, 즉 순수한 의지로 자신의 바람을 이루면서 이 세상을 아무런 희생도 없이 창조하셨습니다. 그래서 전에 없었던 세상이 그때 비로소 존재하기 시작했습니다. 하나님은 일꾼들이 자신이 만들지 않은 재료들을 가져다가 조금씩 배열하는 것처럼 그렇게 세상을 만들지 않으셨습니다. 하나님은 스스로 모든 재료를 만드셨기에 이미 존재한 무엇을 가지고 창조하지 않으셨습니다. 하나님은 '세상이 있으라' 고 말씀하심으로써 세상을 만드셨습니다. 하나님은 말씀만을 통해 모든 것을 지으신 것입니다.

하나님은 왜 이 모든 것을 창조하셨습니까? 결국 이 모든 것은 인간을 위해 창조된 것이고, 인간은 하나님을 위해 만들어진 것입니다. 이것이 하나님이 정한 질서였습니다. 이 질서를 바꿔 자신만을 위해 모든 것을 바라고 자신 속에서만 갇혀 사는 영혼은 화가 있을 것입니다. 그와 같은 행동은 창조의 기본법칙을 위반하는 것이기 때문입니다. 아니, 나의 하나님! 하나님은 창조자로서 하나님의 본질적인 권리를 양도하실 수 없습니다. 그렇게 되면 하나님의 품위가 손상될 것입니다. 하나님을 화나게 했던 죄 많은 영혼일지라도 하나님은 순수한 사랑으로 그 영혼을 채우실 수 있기에 그를 용서하실 수 있습니다.

하지만 하나님은 하나님이 주신 은사를 자신의 것으로 취하고, 그것을 가지고도 창조주와 관계를 맺지 않는 영혼에 대해 대적하십니다. 하나님을 두려워하는 사람은 진정 하나님께로 향하는 자가 아닙니다. 오히려 그런 자는 자신의 이익을 위해 하나님을 생각하는 자입니다. 단지 하나님 안에 있는 유익함을 얻기 위해 하나님을 사랑하는 자는 자신을 하나님에게 연결하기보다 하나님을 자신에게로 연계시킵니다. 우리가 전적으로 창조주인 하나님과 연관되기 위해서는 무엇을 해야 합니까? 우리는 자신을 부정하여 잊고 자신을 버려 하나님의 관심으로 들어가야 합니다. 또한 자신의 의지와 영광과 평화가 아닌 하나님의 의지와 영광과 평화를 누려야 합니다. 한마디로 그것은 자신을 사랑하지 않고 하나님을 사랑하는 것입니다."

실로 이 세상의 많은 영혼이 좋은 자질을 갖고 선한 행위를 하고 있지만 온전한 정결함을 갖지는 못하고 있다. 정결함이 없는 자는 결코 하나님을 볼 수 없다. 정결함이 없는 자는 창조주와 일편단심의 단순한 관계를 맺지 못하기 때문에 나중에 하나님의 질투 불로 정화될 것이다. 그 영혼은 내세에 이르러 현세에서 자신이 집착했던 아무것도 갖지 못한 채 벌거숭이로 하나님 앞에 서게 될 것이다. 그 영혼은 가혹한 정의의 시련을 통해 자신으로부터 빠져나오지 않는 한 결코 하나님께로 나올 수 없다. 우리의 자아는 정화되어야 한다. 하지만 많은 영혼이 자신의 공로를 의지하기 때문에 조건 없는 자기 부정을 꺼린다. 자기 부정은 그들에게 매우 어려운 말이며, 오히려 그런 말을 들으면 모욕당하는 기분을 느낀다. 하지만 이 말을 무시하는 그들은 나중에 엄청난 대가를 지불하게 될 것이다. 자기중심적인 태도와 쓸데없는 위안거리들을 위한 명목으로 자신을 포기하지 않았던 그들은 자신의 그런 만용으로 인해 백배의 대가를 지불하게 될 것이다.

부연하자면 하나님이 말씀하신 것처럼 그분은 말할 수 없는 영광을 위해 질투하시는 분이기에 그 영광을 다른 사람에게 준다는 것은 사실 불가능하다. 반대로 피조물의 천함과 의존성은 매우 커서 피조물은 자신과 자신의 영광을 위해 어떤 것을 하고 말하고 생각하려고 한다. 하지만 그렇게 되면 피조물은 자신을 신으로 높여 불변하는 창조의 법칙을 반드시 어기게 된다.

허구에 불과한 우리는 자신을 영화롭게 하기 원한다. 하지만 원래 우리의 존재 목적은 스스로가 아무것도 아닌 것이 되는 데 있다. 우리는 오직 우리를 만드신 하나님을 위해 존재한다. 모든 것이 하나님에게서 나왔다. 우리는 그분께 모든 것을 빚진 자이다. 하나님은 우리에게 굴복하실 수 없다. 만약 하나님이 우리에게 그분의 권한을 양도하신다면 그것은 하나님의 지혜와 선하심의 법칙을 깨뜨리는 셈이 된다.

한순간이라도 우리가 자신의 이익을 위해 삶에 한숨을 짓는다면 그것은 본질적으로 피조물을 위한 창조주의 설계를 해치는 격이 된다. 하나님은 어떤 것도 필요로 하지 않으신다. 하지만 동시에 모든 것을 원하신다. 모든 것이 그분께 속한 것이기 때문이다. 모든 것은 그분께 지나친 것이 아니다. 하나님은 매우 위대하시므로 어떤 것도 필요로 하지 않으신다. 이런 위대함으로 인해 하나님은 그분을 초월해서 그분을 위한 것이 아닌 것을 창출하실 수 없다. 결국 하나님은 자기 피조물에서 그분의 선하신 뜻을 이루기를 원하신다.

하나님은 우리를 위해 하늘과 땅을 만드셨다. 하지만 하나님은 우리가 그분의 뜻을 이루는 것 외에 다른 목적을 위해 의도적으로 선택하며 무엇을 하는 것을 허락하지 않으셨다. 하나님이 피조물을 창조하시기 전에 오직 그분의 뜻만 있었다. 그런데도 그분이 이성적인 피조물을 창조해서 그 존재가 그분의 뜻과 다른 것을 하도록 용납하셨다는 게 가능한 일인가? 절대 그럴 수 없다! 피조물은 오직 하나님의 주권적인 이성을 자신의 이성으로 삼고 그것을 통해 깨달음을 얻어야 한다. 그러므로 우리 안에서 우리의 뜻으로 삼아야 할 것은 만물의 법칙인 하나님의 뜻이다. 우리의 모든 뜻은 그분의 뜻을 통해 하나가 되어야 한다. 그렇기에 우리는 "나라가 임하시오며 뜻이 하늘에서 이루어진 것같이 땅에서도 이루어지이다"(마 6:10)라고 고백하는 것이다.

우리가 이것을 좀 더 잘 이해하기 위해서는 무에서 우리를 만드신 하나님이 매 순간 우리를 재창조하고 계신다는 사실을 깨달아야 한다. 어제 우리가 존재했다고 자동으로 오늘도 존재할 것이라는 생각은 잘못이다. 무에서 우리를 이끌어주셨던 전능하신 하나님의 손길이 우리를 다시 무로 돌아가지 않도록 붙잡아주지 않으신다면 우리는 더 이상 존재하지 않고 무의 상태로 돌아갈 수밖에 없다. 우리 스스로는 아무것도 아니다. 우리는 오직 하나님이 존재하도록 하셨기 때문에 존재하는 것이다. 그것도 하나님이 기뻐하시는 동안만 존재하는 것이다. 하나님이 붙잡은 손을 놓기만 하시면, 마치 공중에서 떨어뜨린 돌이 자신의 무게로 인해 곧바로 하강하는 것처럼 우리는 우리의 무게로 인해 무(無)의 심연의 상태로 빠져들게 될 것이다. 그런 의미에서 우리가 가진 생명과 존재는 하나님의 선물이다.

특히 하나님이 우리에게 주시는 축복 중에는 상대적으로 다른 것보다 더 고상하고 더 순수한 것이 있다. 선한 삶은 일반적인 삶보다 더 귀중한 것이다. 그리고 인격은 건강보다 더 큰 상급이다. 하나님을 사랑하고 올바른 마음을 갖는 것은 하늘이 땅보다 높음같이 세상의 은사보다 훨씬 높다. 하나님의 도우심 없이는 우리가 작은 은사조차 한순간도 제대로 소유할 수 없다면, 하나님의 사랑이나 우리 자신과 모든 덕행을 초월하는 숭고한 은사들을 어떻게 우리 스스로 가질 수 있겠는가? 그것들은 모두 하나님한테서 오는 것이다.

"오, 나의 하나님이여! 우리가 하나님을 단순히 모든 자연법칙을 정하시고 보이는 모든 것을 만드신 전능하신 분으로만 생각한다면 우리는 진정으로 하나님을 아는 것이 아닙니다. 그것은 오직 부분적으로만 아는 것입니다. 이런 부분적인 지식은 피조물을 위해 하나님이 행하신 가장 놀라운 일과 가장 감동적인 일을 우리가 무시하는 것입니다.

저를 녹아내리게 하고 황홀하게 만드는 것은 하나님이 제 마음의 하나님이라는 사실입니다. 하나님은 그곳에서 하나님이 기뻐하시는 일을 행하십니다. 제가 선한 행동을 할 때도 그 주체는 제가 아니라 저를 만드신 하나님입니다. 하나님은 제 마음을 하나님이 기뻐하시는 데로 향하게 하실 뿐만 아니라 심지어 하나님의 마음을 저에게 주십니다. 그래서 하나님은 제 안에서 하나님 자신을 사랑하십니다. 제 영혼이 제 몸에 생기를 주듯 제 마음에 활기를 주시는 분은 하나님입니다. 하나님은 저 자신보다 저에게 더 가깝고 친밀하게 저와 동행하십니다. 제가 그동안 민감하게 느껴왔고 매우 사랑해왔던 '나'는 이제 하나님과 비교할 때 낯선 존재입니다. '나'라는 존재를 주신 분은 하나님입니다. '나'는 하나님이 없으면 무용한 존재입니다. 바로 이 때문에 하나님은 제가 저 자신보다 하나님을 더 사랑하기를 바라십니다."

오, 창조주의 형용할 수 없는 능력이여! 피조물을 향한 창조주의 놀라운 권리여! 실로 피조물은 창조주의 권리를 온전히 이해하지 못할 것이다. 하나님만이 행하실 수 있는 비범한 사랑이여! 하나님은 나와 나 자신 사이에 들어와 그 둘을 서로 갈라놓으신다. 그분은 순수한 사랑으로 나 자신보다 더 나에게 가까워지기를 원하신다. 하나님은 내가 '나'를 마치 생소한 사람처럼 대하기를 원하신다. 그분은 내가 '나'의 좁은 울타리에서 벗어나기를 원하신다. 그래서 그것을 창조주에게 절대적으로, 그리고 조건 없이 단번에 희생물로 도로 드리기를 원하신다. 나는 내 실존보다 내 실존의 근원이신 그분을 더욱 사랑해야 한다. 그분은 나를 그분 사신을 위해 만느셨지, 나 자신을 위해 만드신 것이 아니다. 즉 나는 그분을 사랑하고 하나님의 뜻을 바라기 위해 지어진 존재이다. 나 자신의 뜻을 구하면서 나를 사랑하기 위해 만들어진 존재가 아니다.

창조주께 자신의 자아를 전적으로 드리는 것에 반발하는 자가 있다면 나는 그의 무지를 탄식할 것이다. 그런 자는 자신에게 노예가 된 자이므로 나는 그런 자를 보면 마음이 슬퍼진다. 그래서 하나님께 그를 사심 없이 사랑할 수 있도록 가르쳐달라고 기도하며, 그가 자신에게서 해방되도록 해달라고 간구하게 된다.

"오, 나의 하나님! 저는 하나님의 순수한 사랑을 불쾌하게 여기는 사람들 속에서 원죄로 야기된 어둠과 반역을 보게 됩니다. 하나님은 사람의 마음을 이기적인 이익을 위해 무섭게 집착하도록 만들지 않으셨습니다. 성경에서 가르치는 것처럼 하나님이 우리를 창조하셨을 때 그 의도는 우리가 자신을 사랑하는 것이 아니라 우리를 창조하신 하나님을 사랑하도록 하는 데 있었습니다.
오, 나의 아버지여! 하나님의 자녀들도 타락해서 더는 하나님의 형상을 보여주지 못합니다. 하나님이 자신 속에서 하나님의 존재를 갖는 것처럼 그들도 하나님 속에서 존재의 의미가 있어야 한다는 말을 들을 때 그들은 짜증 내고 우울해합니다. 오히려 그들은 정의로운 질서에 역행해서 자신을 신의 위치까지 높이기를 원합니다. 그들은 자신을 위해 살기 바라고, 모든 것을 자신을 위해 하기 원하며, 적어도 하나님께 자신을 내주기를 주저합니다. 그리고 항상 조건을 달고 자신의 이익을 염두에 둡니다. 정말 엄청난 어리석음입니다!"

하나님의 권리를 알지 못하는 무지함이여! 감사하지 않고 무례한 피조물이여! 아무것도 아닌 가련한 인간이여! 당신은 자신을 위해 무엇을 가지고 있는가? 당신에게 속한 것이 과연 무엇인가? 하늘에서 온 것을 제외하고 당신이 권리를 주장할 수 있는 것이 당신 속에 과연 있다고 생각하는가? 모든 것, 심지어 하나님의 선물을 자신의 것으로 삼기를 원하는 이 부당한 '나'도 모두 하나님이 그분을 위해 만드신 하나님의 선물이다. 당신 안에 있는 모든 것은 당신의 창조주를 위해 당신에 대항해 부르짖고 있다. 자신의 창조주를 피하는 피조물이여, 잠잠하라. 그리고 그분께 너 자신을 모두 드리라.

"오, 나의 하나님! 제 모든 것이 하나님의 작품임을 생각할 때 얼마나 큰 위로를 받는지요. 하나님은 제가 잘못했을 때도 항상 저와 계셔서 제가 행하는 잘못을 제 속에서 꾸짖으십니다. 그리고 제 안에 제가 포기하고 있는 선에 관해 후회하도록 만드십니다. 그리고 나서 저를 향해 동정의 팔을 뻗어주십니다. 제가 잘할 때도 그것은 제가 아니라 하나님입니다. 하나님은 그렇게 저에게 선을 소원할 수 있도록 영감을 주시고, 제 속에서 저를 통해 선을 창소하십니다. 제 마음속에서 선을 사랑하고 악을 미워하며, 고난을 자청하고 이웃에게 덕을 세우며 구제를 베푸는 주체는 제가 아니라 하나님입니다. 물론 저는 이 모든 것을 합니다. 하지만 그 모든 일은 하나님에 의해 행해집니다. 하나님은 제가 그런 일을 하도록 만드십니다. 그리고 하나님은 그 일의 공을 제 안에 두십니다. 그래서 하나님의 선물인 이 선한 일이 제 공로가 됩니다. 하지만 그것은 어디까지나 항상 하나님이 하신 것입니다. 만약 제가 그것을 제 공로로 치부하고, 그 일을 가능하게 한 것이 하나님의 선물임에도 제가 그것을 아랑곳하지 않는다면 그 일은 더 이상 선한 것이 될 수 없습니다.

그러므로 저는 이 모든 것이 하나님의 작품이라는 사실, 즉 하나님이 제 마음 깊은 곳에서 계속 역사하고 계신다는 사실이 너무나 기쁩니다. 하나님은 그곳에서 마치 광부가 지하 깊숙한 탄광에서 일하는 것처럼 보이지 않게 일하십니다. 하나님은 사람들 속에서 모든 것을 하시지만 이 세상은 그런 하나님을 보지 못합니다. 그래서 그 모든 일의 주관자가 하나님이심을 알지 못합니다. 저 자신도 하나님을 저에게서 멀리 떨어진 다른 곳에서 헛되게 찾은 적이 있습니다. 그때 저는 자연의 경이로움을 제 마음속에 떠올리고, 거기서 하나님의 위대한 상을 그리려고 했습니다. 또한 피조물 사이에서 하나님의 모습을 구하려고 했습니다. 그렇지만 제 마음 깊은 곳에서 하나님을 만날 수 있으리라고는 꿈에도 생각하지 못했습니다. 하나님은 항상 제 마음속에 계십니다. 오, 나의 하나님! 우리는 하나님을 찾기 위해 땅 깊숙한 곳을 파헤칠 필요가 없습니다. 그리고 대양을 건널 필요도 없습니다. 또한 하늘 높이 날아오를 필요도 없습니다. 하나님은 우리 자신보다 우리에게 더 가까이 계십니다.

매우 위대하지만 동시에 전혀 낯설지 않으시며, 하늘보다 더 높지만 피조물의 천함에 자신을 맞추시고, 매우 거대하지만 제 마음 깊은 곳에 계십니다. 또한 무섭지만 상냥하시며, 질투하지만 순수한 사랑으로 자신을 대하는 사람들을 언제든지 만나려고 하시는 나의 하나님! 하나님의 자녀들이 언제까지 하나님을 알지 못한 채 살아가도록 허락하실 작정이십니까? 누가 저에게 강한 목소리를 주어 세상의 무지함을 질타하고, 하나님의 참된 모습을 권위 있게 전하도록 해줄 수 있겠습니까?

우리가 사람들에게 마음속에서 하나님을 찾으라고 말할지라도 실제로 그들에게는 마치 가장 낯선 미지의 땅보다 더 멀리 나아가 하나님을 찾으라는 것처럼 들릴 것입니다. 얄팍하고 허물어져가는 사람들에게 그들 마음의 가장 깊은 곳보다 외지고 멀리 떨어진 곳이 어디 있겠습니까? 과연 그들이 자신의 마음속에 항상 무엇이 존재해왔는지 알 수 있겠습니까? 그들이 마음속으로 들어가기 위해 제대로 된 시도를 해보았겠습니까? 그들은 하나님이 마음의 성소, 즉 영혼의 가장 깊숙한 곳에서 그들이 영과 진리로 예배하기를 원하신다는 사실을 상상이나 할 수 있겠습니까? 그들은 항상 자신 밖에서 자신의 야망이나 쾌락에 휩싸여 살고 있습니다. 아, 슬픕니다! 예수님의 말씀처럼 이 세상의 진리도 제대로 알지 못하는 그들이 어떻게 하늘의 진리를 이해할 수 있겠습니까? 그들은 자신 속에 들어가서 심각한 묵상을 한다는 것이 무엇인지 알지 못합니다. 이런 그들에게 우리가 하나님 안에서 자신을 몰입하기 위해 스스로에게서 나오라고 제안한다면 그들은 무슨 말을 하겠습니까?

오, 나의 창조주시여! 저는 우리의 영을 근심하게 하는 헛된 외부의 것에서 눈을 돌려 마음 깊숙한 가장 은밀한 곳에서 하나님과 친밀히 교제하며 하나님을 알기 원합니다. 이 친밀한 지식은 하나님의 아들 예수님을 통해 이루어집니다. 하나님의 아들은 하나님의 지혜이며 영원한 마음입니다. 이 아들은 인간으로 어린 시절을 보내시고, 인간이 보기에 어리석은 십자가를 지셨습니다. 저는 제 마음 깊숙한 곳에서 비록 제 식견과 생각에 어긋난다고 할지라도 어린아이처럼 작아지고 무기력해지기 위해 어떤 희생도 감수하기를 원합니다. 심지어 지혜롭다고 칭함받는 거짓된 세상 사람들의 눈보다 제가 보기에 훨씬 경멸스러운 일이라도 저는 그 일을 감당하기를 소원합니다. 또한 저는 마음속에서 다른 사도들처럼 성령에 취하기를 바라며, 그들처럼 기꺼이 세상의 조롱거리가 되려 하는 용기 있는 자가 되기를 원합니다.

이와 같은 소원은 저에게서 비롯된 것이 아닙니다. 저는 악하고 연약한 피조물이며, 흙과 죄로 뒤범벅된 영혼일 뿐입니다. 오, 예수님! 하나님의 진리여! 제 속에서 이처럼 생각하시고, 이런 일이 성취되도록 소원하시는 분은 바로 주님입니다. 그 목적은 저 같은 자격 없는 도구를 통해 주님의 은혜를 더욱더 크게 나타내는 데 있습니다.

오, 나의 하나님! 우리는 하나님을 이해하지 못합니다. 우리는 하나님을 있는 그대로 전부 알지 못합니다. '빛이 어둠에 비치되 어둠이 깨닫지 못하더라'(요 1:5). 하나님을 통해 우리는 살고 숨 쉬며 생각하고 즐거움을 누립니다. 하지만 우리는 그 모든 것을 하나님을 통해서 하면서도 그런 하나님을 잊습니다. 우리가 사물을 볼 수 있는 것은 우주의 빛이시며, 우리 영혼의 태양이신 하나님 때문입니다. 하나님은 우리 몸에 그 어떤 것보다 더 밝은 빛을 비추십니다. 하나님을 통해서만 사물을 볼 수 있는 우리는 정작 하나님을 보지 못합니다. 하나님은 만물의 근원이십니다. 별에 빛을 주시고, 흐르는 샘에 물과 수로를 만들어주셨으며, 땅 위의 나무와 열매의 맛, 꽃의 향기, 자연의 풍부함과 아름다움을 만드셨습니다. 또한 사람들에게는 건강과 이성, 그리고 도덕을 주셨습니다. 이 모든 것이 하나님의 작품입니다. 하나님은 그 모든 것을 창조하고 다스리십니다.

저는 오직 하나님만을 바라봅니다. 한 번이라도 하나님을 본 사람이라면 하나님 외에 나머지 것들은 안개와 같이 사라질 존재로 여길 것입니다. 실로 세상은 하나님을 보지 못합니다. 슬프게도 하나님을 전혀 보지 못한 사람은 아무것도 보지 못한 자이며 일장춘몽처럼 인생을 사는 사람입니다. 제가 이해한 하나님의 말씀에 비추어보면 그런 사람들은 차라리 태어나지 않는 편이 더 좋았을 것입니다. 따라서 실제로 그들은 존재하지 않는 사람이며 매우 불행한 자들입니다.

나의 하나님! 하지만 저는 사방에서 하나님을 발견합니다. 제 안에서 제가 하는 선한 일은 실제로 모두 하나님의 일입니다. 저는 스스로 저의 기질과 습관을 다스릴 수 없으며, 교만을 제어하거나 정의에 따라 사는 것도 불가능합니다. 한때 바랐던 선한 욕망을 계속 갈망할 수도 없음을 깨닫습니다. 이 욕망을 주신 분은 하나님입니다. 그리고 그 욕망을 순수하게 만드시는 분도 하나님입니다. 하나님이 없다면 저는 미풍에도 쓰러지는 갈대에 지나지 않습니다. 하나님은 저에게 용기와 온전함, 그리고 고귀한 감정을 주셨습니다. 또한 저에게 새 마음을 주셔서 하나님의 의를 사모하게 하시고 영원한 진리를 갈급해하도록 하셨습니다. 하나님은 새 마음을 주시면서 제 옛사람의 마음을 거두어 가셨습니다. 그 옛 마음은 진흙, 타락, 시기, 공허, 야망, 불안, 부정, 쾌락으로 찌들어 있었습니다. 하나님께로 가서 폭군과 같은 제 욕정의 멍에를 벗어던질 수 없었다면 지금쯤 저는 엄청난 비참함 속에서 살아가고 있었을 것입니다.

이 모든 것을 없앨 수 있는 것은 한마디로 기적입니다. 실로 하나님만이 저 자신으로부터 저를 돌려세워 저 자신을 미워하고 경멸하도록 만들어주십니다. 이 일은 제가 한 것이 아닙니다. 우리는 스스로 자아에서 빠져나올 힘이 없습니다. 저 자신의 마음에서 빠져나가 자아의 가련함을 경멸할 수 있기 위해서는 초월적인 도움이 필요했습니다. 그리고 이 도움은 반드시 외부에서 와야 했습니다. 제 싸움의 대상인 자아 속에서 그것을 발견한다는 것은 어불성설이기 때문입니다. 또한 이 도움은 제 마음의 깊은 울타리 속에서 제 자아를 끄집어내야 하므로 저를 친밀히 잘 아는 존재한테서 와야 했습니다.

주님! 주님은 주님의 빛을 제 영혼 깊은 곳에 비추시고 모든 것을 꿰뚫어 거기서 저의 모든 더러운 것을 보여주십니다. 그것을 보면서도 바꾸려고 하지 않는 저는 주님의 눈에 여전히 가증한 존재임을 잘 알고 있습니다. 제 눈은 저의 극악함의 전부를 볼 수 없을지라도 그 일부는 볼 수 있습니다. 실로 저는 그 모든 것을 보기 원합니다. 저는 저의 끔찍함을 알고 있습니다. 그렇지만 제가 평안한 것은 비참함을 느끼면서도 그것으로 인해 낙담하지 않기 때문입니다. 저는 지금 그것을 보고 있습니다. 그리고 그 수치를 조용히 견딥니다. 그리고 주님을 바라보면서 저 자신과 싸웁니다.

오, 나의 하나님! 제 자아에 대해 제가 이런 태도를 보일 수 있는 것은 오직 하나님의 은혜입니다. 하나님이 제 안에서 하신 일을 보십시오. 하나님은 매일 끊임없이 제 안에서 사악한 옛 아담의 모습을 제거하고 새사람의 창조를 완성하기 위해 역사하십니다.

이에 따라 저는 나날이 새로워집니다.

오, 나의 하나님! 저 자신을 하나님의 손에 의탁합니다. 이 진흙을 다시 빚어주십시오. 새로운 토기로 만든 후에 깨뜨려주십시오. 그것은 전적으로 하나님의 것입니다. 토기인 저는 하나님에게 불평할 수 없습니다. 이 토기는 하나님의 계획을 충실히 이루는 것으로 만족합니다. 저의 존재 이유인 하나님의 선하신 기쁨을 위해서는 그 어떤 것도 방해될 수 없습니다. 요구하고 명령하고 금하십시오. 하나님의 뜻 중에 제가 해야 하는 것과 하지 말아야 할 것이 무엇입니까? 저는 귀천에 처하든 위로받거나 고난을 겪든 간에 오직 하나님의 사역에만 집중할 것입니다. 다른 일에는 쓸모없는 자처럼 항상 하나님만을 경배할 것입니다. 그리고 저의 모든 의지를 하나님께 맡길 것입니다. 오직 마리아가 '주의 여종이오니 말씀대로 내게 이루어지이다'(눅 1:38)라고 말한 것처럼 저도 모든 일에 그렇게 말할 수 있습니다.

이처럼 하나님이 제 안에서 역사하실 때, 또한 외부에서도 동일한 역사가 이루어집니다. 저는 곳곳에서, 심지어 가장 작은 미립자 속에서도 천지를 지탱하시며 장난감을 다루는 아이처럼 온 우주를 마음대로 하시는 위대한 하나님의 손길을 발견하게 됩니다. 하지만 저를 당혹스럽게 하는 한 가지 사실은 어떻게 하나님이 그 많은 악을 선함과 공존하도록 허락하셨는가 하는 의문입니다. 하나님은 악의 원천이 되실 수 없습니다. 하나님이 만드신 것은 모두 선합니다. 그런데 어떻게 이 땅에 범죄와 비참함이 가득 차 있을 수 있습니까? 마치 곳곳에서 악이 선을 이기는 것처럼 보입니다.

하나님은 이 세상을 하나님의 영광을 위해 지으셨습니다. 하지만 세상은 마치 하나님의 명예를 훼손시키기 위해 존재하는 것처럼 보입니다. 심지어 교회 안에도 의인보다 악인이 더 많은 것 같습니다. 모든 육체는 정도에서 벗어나 있고, 심지어 의인들도 의를 온전히 발휘하지 못합니다. 이런 모습을 보고 저는 신음하지 않을 수 없습니다. 모든 자가 고난을 겪고 모든 것이 폭력의 지배를 받고 있습니다. 이 비참함은 타락과 견줄 수 있습니다.

오, 나의 주님! 주님은 의인을 악인과 구별하기 위해 왜 그토록 오래 기다리십니까? 서둘러 주님의 이름을 영화롭게 하소서. 주님의 이름을 더럽히는 자들에게 주님의 이름의 위대함을 알도록 하소서. 주님은 모든 것을 질서 속에 바로잡을 책임이 있습니다. 불경건한 자들은 주님이 하늘 아래에 일어나는 모든 일에 눈을 감으셨다고 말하고 있습니다. 주여, 일어나소서! 주님의 적들을 발로 밟으소서!

하지만 나의 하나님! 하나님의 심판은 얼마나 정의로운지요. 하나님의 길은 우리의 길과 달라서 하늘이 땅에서 먼 것보다 더 멀고 위대합니다. 우리는 인내하지 못합니다. 우리의 전 생애는 오직 한순간에 지나지 않습니다. 반면 하나님의 오랜 인내는 하나님의 영원에 기초하고 있기에 천 년도 하나님에게는 하루처럼 보입니다. 하나님은 모든 시간의 흐름을 하나님의 능력 안에서 다스리고 계시지만 인간은 그것을 알지 못합니다. 인간은 참지 못합니다. 그래서 당황한 모습으로 하나님이 악에 졌다고 생각합니다. 그러나 하나님은 그런 그들의 무지와 잘못된 열정을 비웃으십니다.

하나님은 저에게 이 세상에 두 가지 종류의 악이 있음을 깨닫게 하십니다. 첫째는 인간들이 하나님의 법을 위반하고 자신의 자유를 남용함으로써 야기되는 악입니다. 둘째는 하나님이 허락하신 악입니다. 하지만 이 후자의 악은 하나님의 의도대로 악인을 심판하고 교정하기 위해 주어진 것이므로 오히려 축복되는 악입니다. 죄는 인간에게서 나오는 악입니다. 이에 비해 죽음, 병, 고통, 불명예, 그리고 모든 비참함은 하나님이 선을 만들기 위해 허락하신 악입니다. 그러므로 이런 악은 죄악을 교정해주는 기능을 합니다. 또한 죄도 사람들을 자유롭게 하고 성경에 따라 하나님 말씀의 장중에 있게 하려고 허용하십니다.

하나님은 실로 죄의 원천은 아니면서도 자신의 영광을 드러내기 위해 얼마나 놀라운 일을 행하시는지요. 하나님은 악인을 사용해서 의인을 바로잡고 창피함을 주어 온전한 사람으로 만들어가십니다. 그뿐만 아니라 하나님은 악인들이 그들의 뜻에 반해 서로를 심판하도록 하십니다. 하지만 더 인상적이고 감미로운 사실은 하나님이 악인의 불법과 박해를 통해 사람들을 개종시키신다는 점입니다. 하나님은 하나님의 은혜를 망각한 채 하나님의 법을 경멸하며 살았던 사람들에게 고난을 허락하시고, 그들이 세상을 떠나 하나님에게로 돌아오도록 하십니다.

하지만 나의 하나님! 저는 또 다른 경이를 보게 됩니다. 하나님은 심지어 매우 헌신된 사람들의 마음속에도 선과 악을 뒤섞어 놓으십니다. 하나님은 선한 영혼 속에 있는 불완전함을 통해 그들을 겸손하게 만들고 스스로에게서 멀어지도록 하십니다. 그리고 자신의 약점을 느끼게 하고 더욱더 하나님에게만 달려오도록 역사하십니다. 또한 그들이 그런 불완전함을 통해 기도가 모든 진실한 미덕의 원천임을 깨닫게 하십니다. 하나님이 허락하신 악을 통해 하나님은 얼마나 풍성한 축복을 끌어내시는지요. 하나님이 악을 허용하시는 것은 그 악으로 인해 더 많은 축복을 거두어들이시기 위함입니다. 하나님은 그런 악을 이용해 하나님의 전능한 선하심을 보여주십니다. 하나님은 하나님의 계획에 따라 악을 배열하십니다. 하나님은 인간의 악을 창조하지는 않으십니다. 하나님께는 그런 의도가 전혀 없습니다. 그런데도 하나님은 하나님의 기쁘신 뜻에 따라 정의와 자비를 위한 하나님의 심오한 계획을 수행하기 위해 악을 선용하십니다.

인간의 이성은 하나님을 판단하고 하나님의 영원한 비밀을 꿰뚫어 보고 나서 다음과 같이 말하고 싶어 합니다. '하나님은 악으로부터 선을 끌어낼 필요가 없으셨다. 그분은 모든 사람을 처음부터 의인으로 만드실 수 있었다. 그리고 그것을 하실 수 있는 능력이 충분히 있었다. 즉 그분의 은혜를 통해 일부 사람들이 자신의 자아에서 떨어지도록 하신 것같이 모든 사람에게도 동일한 은혜를 베풀어주실 수 있었다. 그런데 왜 하나님은 그렇게 하지 않으셨을까?' 나의 하나님! 저는 하나님이 이 질문에 어떻게 대답하실지 압니다. 실로 하나님은 하나님이 만든 어떤 것도 미워하지 않으십니다. 그리고 하나님은 어떤 영혼도 잃어버리기를 원치 않으십니다. 그런데도 하나님은 모든 사람이 아닌 특정한 사람들의 하나님이 되십니다.

하나님은 이 땅을 심판하실 때 그 심판을 통해 승리자가 되실 것입니다. 그리고 정죄받은 피조물은 정죄의 심판에서 공의를 발견하게 될 것입니다. 하나님은 피조물에게 하나님의 포도원을 개간하기 위해 하나님이 모든 노력을 기울였음을 분명히 보여주실 것입니다. 그를 통해 하나님이 피조물을 저버린 것이 아님이 드러날 것입니다. 그 피조물이 정죄받고 파멸의 자리에 서게 된 것은 오직 그의 탓입니다. 사람들은 이 점을 알지 못합니다. 그들은 자신의 마음을 알지 못하기 때문입니다. 그들은 자신에게 주어진 은혜와 자신의 진실한 감정, 그리고 자신의 내적인 저항을 몸소 느끼지 못합니다. 하나님이 심판하실 때 하나님은 그것을 그들의 눈에 펼쳐 보여주실 것입니다. 결국 그들은 자기 모습을 직시하고 그 모습에 놀라게 될 것입니다. 그들은 하나님이 자신을 위해 행하신 일과 그들 스스로 자신의 의지에 반해 저질렀던 일을 영원한 절망 속에서 바라보게 될 것입니다.

사람들은 이 세상에서 이 진리를 이해하지 못합니다. 하지만 나의 하나님, 그들이 하나님을 안다면 이 진리를 알지 못할지라도 틀림없이 하나님을 믿을 것입니다. 모든 것이 하나님에 의해 존재한다는 사실을 의심하지 않을 것입니다. 마침내 그는 주위에 어둠이 둘러싸여 있을지라도 하나님이 일부 사람에게 은혜를 베푸시는 동시에 모든 사람에게 정의롭게 대하시는 사실을 인정하지 않을 수 없게 될 것입니다. 심지어 하나님은 앞으로 엄격한 공의의 형벌을 영원히 받게 될 사람에게조차 은혜를 베푸십니다. 실로 하나님은 그들에게 구원받은 사람에게 주시는 은혜를 항상 베푸시지는 않지만 그런데도 그들이 심판받을 때, 아니 그들이 정죄받을 때 그들이 핑계 댈 수 없을 만큼의 은혜를 베풀어주십니다. 그래서 그들 속에 새겨진 진리가 그들을 정죄하게 될 것입니다. 실로 하나님은 그들에게 더 많은 것을 행하실 수도 있었습니다. 그렇지만 하나님은 그렇게 하기를 원하지 않으셨습니다. 그런데도 하나님은 그들에게 충분한 은혜를 베풀어주셨기에 그들이 파멸의 책임을 하나님께 전가할 수 없습니다. 하나님은 그 파멸을 허락하셨지만 그 원인은 아니었습니다. 사람들이 사악했다면 그것은 하나님이 그들에게 선할 수 있는 기회를 주지 않으셨기 때문이 아니라 그들이 선하기를 거부했기 때문입니다. 하나님은 그들이 스스로 자유를 만끽하도록 내버려두셨을 뿐입니다.

누가 감히 하나님이 그들에게 넘쳐나는 은혜를 주지 않으셨다고 원망할 수 있겠습니까? 종들에게 공정한 임금을 줄 때 주인에게는 그중 일부 사람에게 좀 더 많은 돈을 줄 수 있는 권한이 있습니다. 반면 어떤 이에게 더 많이 준다고 해서 다른 종들이 주인을 원망할 권리는 없습니다. 하나님은 오직 하나님의 길은 진실되고 공의롭다는 사실을 보여주길 원하십니다. 하나님은 모든 사람에게 선하십니다. 하지만 그 선함의 정도는 각기 다릅니다. 하나님이 어떤 특정 사람들에게 과도할 정도로 자비를 베푸신다고 해서 모든 사람에게 하나님이 그토록 자비로워야 한다는 법은 없습니다."

그러므로 배은망덕하고 타락한 피조물이여, 잠잠하라! 이 순간 당신이 하나님의 선물에 관해 생각한다면 바로 그런 생각이 하나님의 선물임을 기억하라. 당신을 향한 하나님의 은혜가 부족하다고 원망하고 싶은 생각이 들 때 당신이 하나님의 선물에 주의를 기울이게 하는 것은 바로 그분의 은혜이다. 그러므로 축복의 창조주에 대항해 불평하기보다 그분이 지금 당신에게 베푸시는 혜택을 누리라. 당신의 마음을 열라. 그리고 당신의 연약한 심령을 겸손하게 하

라. 당신의 헛되고 교만한 생각을 버리라. 질그릇인 당신을 만드셨기에 당신을 깨뜨릴 권리가 있는 그분이 당신을 깨뜨리길 원하지 않으신다는 사실을 깨달으라. 그분은 그분의 자비함 가운데에서 당신을 원하신다.

"오, 나의 하나님! 저는 항상 마음속에서 하나님의 선하심을 의심하도록 유혹하는 이성을 억눌러 없애기를 원합니다. 저는 하나님이 오직 선한 일만 하실 수 있다는 사실을 압니다. 하나님은 하나님의 작품을 하나님처럼 선하고 의롭고 정의롭게 만드셨습니다. 그러나 그 작품에서 선악을 선택할 수 있는 기회를 빼앗지는 않으셨습니다. 대신 그들에게 선함을 베푸셨습니다. 사실 그것만으로 충분합니다. 저는 이 점을 확신합니다. 제 내면에 계신 변함없고 흠 없는 하나님에 관한 생각으로 인해 이 점을 추호도 의심하지 않습니다. 또한 비록 제가 사람들의 내적인 삶을 알지 못하고 그들도 자신의 본성을 알지 못하지만, 저는 그 모든 사람 속에 하나님이 거하신다는 사실을 믿습니다. 그러므로 하나님이 심판하실 때 아무도 그 심판 앞에서 변명하지 못할 것입니다. 이런 사실 앞에 저는 평화를 누립니다. 비록 제가 망한다고 할지라도 그것은 저의 잘못입니다. 은혜로 내주하시는 성령을 거부했기 때문입니다.

오, 자비하신 아버지여! 저는 더 이상 하나님의 은혜에 관해 철학적으로 사변하지 않을 것입니다. 대신 고요함 속에서 저 자신을 그 은혜 앞에 내려놓겠습니다. 은혜는 사람들 안에서 모든 것을 성취합니다. 은혜는 항상 사람들과 함께, 그리고 그들을 통해 일을 성취해 나갑니다. 그러므로 저는 그 모든 은혜의 자취를 따라 행동하고 인내하며, 고난을 겪고 기다리며, 저항하고 믿고 소망하며 사랑해야 합니다. 그럴 때 그것이 제 안에서 모든 것을 성취할 수 있고, 저는 그것을 통해 모든 것을 이루어 나갈 수 있습니다. 제 마음을 감동하게 하는 것은 은혜입니다. 그러나 하나님은 마음을 감동하게 할 뿐 바로 사람을 구원하지는 않으십니다. 대신 사람이 행동하도록 만드십니다. 따라서 저를 끊임없이 재촉하는 은혜를 한순간도 잊지 않기 위해 일해야 하는 것은 제 몫입니다. 모든 선한 것은 은혜에서 출발합니다. 반면 모든 죄는 제게서 나옵니다. 제가 선한 행동을 할 수 있는 것은 제게 생기를 부어주시는 은혜 때문입니다. 제가 잘못한다면 그것은 제가 은혜를 대적하기 때문입니다.

오, 나의 주님! 제가 하나님을 기쁘게 해드리기 위해 더 이상 지식적으로 배우지 않게 하소서! 그런 것은 오직 제 속에 교만한 호기심만 양산할 뿐입니다. 오, 나의 하나님! 저를 항상 하나님의 비밀을 깨닫는 작은 어린아이의 자리에 있게 하소서. 하나님은 이 세대의 지혜롭고 총명한 자들에게는 그 비밀을 숨기십니다.

오, 위대하신 하나님이여! 저는 더 이상 제 마음을 짓눌렀던 다음과 같은 물음 앞에서 의심하며 머뭇거리지 않을 것입니다. '매우 선하신 하나님이 어떻게 많은 사람이 길을 잃도록 방치하실까? 왜 그분은 독생자를 보내어 죽게 하시고, 그 결과로 오직 적은 수의 사람들만을 구원하셨을까?'

오, 전능하신 주여! 이제 저는 하나님이 행하신 모든 일이 하나님 께는 아무런 손해도 되지 않는다는 사실을 새로 깨닫습니다. 우리의 한계를 훨씬 뛰어넘는 경탄할 만한 것들이라 할지라도 하나님께는 우리가 너무나 익숙해 소중히 여기지 않는 것들처럼 매우 단순한 것입니다. 하나님은 노동의 열매를 손해 보는 일에 투자하시는 분이 아닙니다. 하나님께는 어떤 수고와 노력도 희생이 될 수 없습니다. 하나님의 일을 통해 오직 하나님의 선하신 뜻을 이룰 뿐입니다.

사실 하나님께는 어떤 것도 필요하지 않습니다. 하나님이 가질 수 없는 것은 그 어떤 것도 존재하지 않습니다. 하나님은 하나님 안에서 모든 것을 행하십니다. 하나님이 외부에서 어떤 일을 행하실지라도 그것이 하나님께 더 많은 행복과 영광을 가져다주는 것은 아닙니다. 심지어 사람들이 구세주의 죽음의 은총을 받아들이지 않는다고 할지라도 하나님의 영광은 조금도 손상되지 않습니다.

하나님이 마음먹으셨다면 오직 선택된 한 영혼만을 위해 독생자 를 보내실 수도 있었습니다. 실로 한 사람만 구원시키기를 원하셨다면 하나님은 한 사람만을 위해 독생자를 죽이실 수도 있었습니다. 그 이유는 하나님이 행하시는 모든 일이 어떤 필요를 위해서나, 또는 하나님 자신의 영광을 위해서가 아니라 하나님의 자유로우신 뜻을 성취하기 위함이기 때문입니다. 그 자유로우신 뜻은 바로 하나님의 선하신 뜻입니다. 하나님 아들의 피에 씻김 받은 사람들이 다시 멸망한다고 할지라도 그것은 하나님이 그들을 그들의 자유로움 속에 내버려두셨기 때문입니다.

하나님은 의인에게 자비를 베풀어 자신의 영광을 드러내듯이 악인에게는 공의를 통해 하나님의 영광을 보여주십니다. 하나님이 죄인을 벌하시는 이유는 그들에게 성도가 될 수 있는 기회가 있었지만 하나님의 은혜에도 그들이 죄를 지었기 때문입니다. 그리고 하나님이 성도에게 면류관을 씌워주시는 이유는 그들이 하나님의 은혜를 통해 성도가 되었기 때문입니다. 그러므로 저는 하나님 안에서 모든 것이 공의롭고 선하다는 사실을 깨닫습니다.

오, 영원하신 지혜자여! 저는 하나님이 이 세상에 눈에 보이는 악을 허락하신 이유를 깨달았습니다. 바로 그것을 통해 가장 위대한 축복을 만들고자 하시는 하나님의 섭리 때문입니다. 하나님의 길을 알지 못하는 연약한 인간들은 악을 보고 경악합니다. 그리고 마치 하나님의 정의가 사라진 것처럼 한탄합니다. 사실 그들이 하나님을 실패자라 생각하고 불신앙으로 당신 앞에서 의기양양하지 않는다면 문제가 되지 않습니다. 하지만 그들은 더 나아가 하나님이 세상에서 일어나는 일을 보지 못한다고 생각합니다. 아니면 하나님이 세상에 무관심하다고 믿으려 합니다. 이런 참을 성 없고 무지한 사람들이 인내할 수 있도록 도와주소서. 이 불신 앙은 의기양양하지만 결국 승리할 수 없습니다. 그것은 아침에 무성하다가 저녁에 사람의 발에 밟히는 들의 풀과 같은 것입니 다. 그래서 그것이 죽게 되면 모든 것이 다시 원상 복구됩니다.

하나님은 대적자들을 압도하시려고 조바심 내지 않으십니다. 하 나님은 영원하신 분이기에 성 어거스틴이 말한 것처럼 인내하십 니다. 하나님은 대적자들을 궤멸시킬 일격을 지니고 계십니다. 하지만 하나님은 오랫동안 그 팔을 그들을 향해 높이 올리고만 계십니다. 그 이유는 그 팔의 위력을 잘 아시기에 어쩔 수 없이 내리쳐야 할 때까지 기다리시기 때문입니다. 그러므로 인내하지 못하는 사람들이 공포에 질리게 하소서.

저는 지금까지의 세월이 순간에 지나지 않는다는 사실을 잘 압 니다. 실로 하나님께 그 시간은 찰나보다 더 작은 시간입니다. 우리가 세상의 시간이라고 부르는 세월의 연속은 지나가며 사라 지는 이미지처럼 결국 사라지게 될 토막토막에 불과합니다."

아무것도 보지 못하는 인간이여, 잠시 후면 너는 하나님이 무엇 을 준비하고 계시는지 보게 될 것이다. 너는 그분이 자기 발로 대적 자들을 짓밟고 계신 모습을 보게 될 것이다. 너는 이런 무시무시한 일이 오랜 후에 일어날 것이라고 말할지 모른다. 하지만 사실 그것은 가련한 인생에 매우 가까이 다가와 있다. 그때가 되면 선인과 악인이 영원히 나뉘게 될 것이고 모든 것을 위한 시간이 성취될 것이다. 하나님은 그 성취가 이루어지기까지 지금 세상의 모든 일이 합력해서 선을 이루도록 주관하고 계신다. 그분의 빛과 영원 안에 있을 때 비로소 우리는 세상에서 우리의 열망이 우리에게 치명적인 해를 끼칠 수 있었음을 깨닫게 될 것이다. 반대로 우리가 피하고자 했던 일이 오히려 우리의 행복을 위해 없어서는 안 될 요소였다는 사실을 깨닫게 될 것이다.

거짓으로 가득 찬 세상의 축복이여, 나는 결코 너를 축복이라고 말하지 않을 것이다. 너로 인해 나는 사악하고 불행한 자가 되었기 때문이다. 반면 하나님이 내게 지워주신 십자가여, 나의 연약한 인간 본성은 너를 보고 당황하고 무지한 세상은 너를 재난이라고 부르지만 사실 너는 내게 전혀 재난이 아니다. 이 시대의 자녀들은 십자가 앞에서 저주스러운 말을 하지 말고 차라리 잠잠하라. 실로 십자가는 나의 진실한 축복이다. 너를 통해 나는 겸손해지고 세상에서 초연할 수 있게 된다. 또한 너는 내게 내 무익함과 내가 이 땅에서 사랑하고자 했던 모든 것이 헛되다는 사실을 깨닫게 해준다. "오, 진리의 하나님! 하나님의 영원한 사랑의 대상으로 삼기 위해 저를 하나님의 아들과 함께 십자가에 매달아 주시니 하나님께 영광을 돌립니다!"

하나님이 인간사에 일어나는 일을 세밀하게 보지 않으신다고 말하지 말라. 그렇게 말하는 무지한 당신이여, 당신은 심지어 하나님이 누구신지도 알지 못한다. 이 세상의 실존이 오직 그분의 무한한 존재의 흐름을 통해 있는 것처럼 인간의 깨달음은 오직 그분의 지고한 지성의 발현 결과이다. 그리고 사람의 행동은 모두 그분의 지고한 행동의 표현으로 가능한 것이다. 만물 안에서 모든 것을 하시는 분은 바로 하나님이시다. 하나님은 매 순간 우리 마음의 호흡이며 우리의 일거수일투족 움직임이시다. 우리 눈의 빛이시다. 또한 우리 영의 총명이시며 우리 영혼의 진정한 영혼이시다. 우리 안에 있는 모든 것, 즉 생명, 행동, 사고, 뜻은 그분의 능력, 생명, 생각, 그리고 그분의 영원하신 뜻에서 각인되어 나온 산물이다.

"오, 나의 하나님! 하나님이 우리 안에서 행하신 일을 어떻게 우리가 무시할 수 있겠습니까! 우리 안에서 하나님을 거부함으로써 우리가 방조하는 죄악에 관해 하나님이 어떻게 무관심하실 수 있겠습니까? 또한 우리 안에서 하나님 스스로 행하기를 기뻐하심으로 이루어지는 선행에 관해 어떻게 하나님이 관심을 두시지 않겠습니까? 우리를 향한 하나님의 돌봄은 하나님께 희생이 되지 않습니다. 이런 돌봄이 없다면 만물은 당장 멸망하고 말 것입니다. 무엇을 바라고 생각할 수 있는 피조물은 하나도 남지 못할 것입니다. 하나님이 많은 지역을 살피며 사역한다면 곧 지치게 될 것으로 생각하는 인간들은 자신의 무능과 무가치함을 알고, 하나님의 능력과 하나님의 무한한 활동을 깨달을 필요가 있습니다!"

불은 어느 곳에서든 태우는 속성이 있다. 그만큼 불은 매우 활동적이고 적극적이기 때문에 그 불이 번지지 않도록 하기 위해서는 불을 꺼야 한다. 마찬가지로 하나님은 모든 활동과 생명과 움직임의 근원이시다. 말씀처럼 하나님은 소멸하는 불이시다(히 12:29). 하나님은 무소부재하시기에 동시에 모든 지역에서 모든 것을 행하신다. 그분은 우리가 보는 바와 같이 이 세상을 영원한 피조물로 만드셨다. 그리고 모든 피조물을 위해 그것을 계속 새롭게 하신다. 모든 피조물을 자유롭고 지능 있는 존재로 매 순간 창조하신다. 하나님은 피조물에게 생각, 뜻, 선한 의도를 주신다. 그러나 피조물마다 하나님의 뜻을 따르는 정도를 다르게 하신다. 실로 하나님은 우리에게 뜻과 행동의 원천이 되신다.

"오, 나의 하나님! 적어도 하나님의 작품 안에서 하나님이 어떤 존재인지를 보게 하소서. 어떤 사람도 영광의 근원이신 하나님께 스스로 나아갈 수 없습니다. 우리는 그 영광 앞에서 눈 뜰 수 없으며, 하나님이 어떠한 존재가 되시는지 도저히 이해할 수 없습니다. 하지만 적어도 저는 하나님이 피조세계의 악과 불완전함을 이용해서 하나님이 의도하시는 선을 창조하신다는 사실을 분명하게 깨닫습니다. 때때로 하나님은 침략자의 모습으로 나타나서서 인내하지 못하고 제멋대로 행하는 신앙인에게 고난을 허락하십니다. 그래서 신앙인이 자신의 선한 행실을 보고 기뻐하지 못하도록 역사하십니다.

또한 하나님은 죄 없는 사람들이 자신의 명성을 소중하게 여길 때 중상모략을 통해 그 명성을 일부러 더럽히십니다. 하나님은 시기하는 자들의 사악한 계교와 비열한 속임수를 이용해서 여전히 헛된 영화에 미련을 둔 종들의 부와 재산을 거두어가십니다. 또한 계속 삶의 위협을 받아 죽음이 오히려 축복되는 사람들에게 갑작스러운 죽음을 허락하십니다. 하나님은 이런 사람들의 죽음을 통해 생전에 그들과 친밀하고 감미로운 우정을 나누었던 사람들에게 비록 쓰지만 건전한 치료책을 처방해주십니다. 이처럼 하나님은 한 죽음을 통해 한 영혼을 구원하시면서 동시에 그 망자와 친밀하게 지냈던 사람들이 그 죽음을 보고 스스로 자기 죽음을 준비할 수 있도록 하십니다.

오, 나의 하나님! 하나님의 자비 속에서 하나님은 하나님이 아닌 모든 것에 고통을 허락하십니다. 그 결과 하나님을 사랑하고, 그 속에서 타인을 사랑하도록 지음받은 우리 마음은 하나님께로 달려가기 위해 더욱 탄력을 받게 됩니다. 하나님만이 참 버팀목이 되심을 깨닫게 됩니다.

오, 나의 하나님! 하나님은 사랑 자체이기에 또한 질투의 화신입니다. 질투의 하나님! 하나님은 자신을 이렇게 부르셨습니다. 하나님은 우리 마음이 나뉠 때 괴로워하시며 우리 마음의 실수를 측은히 여기십니다. 하나님은 모든 것 안에서 무한하신 분이기에 지혜와 능력과 마찬가지로 무한한 사랑을 갖고 계십니다. 하나님은 하나님으로서 우리를 사랑하십니다. 하나님은 사랑하시는 자를 구원하기 위해 하늘과 땅도 없애시는 분입니다. 하나님은 스스로 사람이 되시고 인간 중에 가장 작은 자로서 수치를 입고 불명예스럽게 십자가에서 죽으셨습니다.

하지만 하나님의 무한하신 사랑 때문에 그것을 버거워하지 않으셨습니다. 실로 유한한 사랑과 제한된 지혜는 그것을 이해할 수 없습니다. 유한한 자가 무한하신 분을 어떻게 이해할 수 있겠습니까? 유한한 자에게는 무한한 것을 볼 수 있는 눈과 그것을 느낄 수 있는 가슴이 없습니다. 인간의 천하고 쪼그라진 마음과 그의 헛된 지혜는 무한 앞에서 충격을 받고, 하나님의 초월적인 사랑을 제대로 인식하지 못합니다. 하지만 저는 하나님의 무한하신 사랑을 느낄 수 있습니다. 하나님은 이 사랑을 통해 만물을 창조하셨습니다. 심지어 우리가 당하는 고난도 이 사랑의 발로입니다. 하나님은 이 고난을 통해 우리를 위한 진정한 축복을 예비하십니다."

하지만 우리는 하나님의 사랑을 어떻게 갚을 수 있는가? 우리를 찾으시고 우리를 자기 팔로 안으시는 그분을 언제 찾아가서 만날 것인가? 우리는 사랑스러운 아버지의 품 안에서 그분을 망각한다. 그분의 선물이 주는 달콤함 때문에 우리가 더 이상 그분을 생각하지 않기 때문이다. 그분이 매 순간 우리에게 베푸시는 것으로 인해 우리가 길을 잃어버리는 형국이다. 그분은 우리의 모든 즐거움의 원천이며 피조물은 오직 그 즐거움을 발산하는 통로에 불과하다. 그런데 이 통로가 자신의 원천을 망각하는 것이다. 그분의 엄청난 사랑은 모든 일에서 우리에게로 달려온다.

하지만 우리는 끊임없이 그것을 회피한다. 그 사랑은 곳곳에 있지만 우리는 어디에서도 그것을 보지 않으려고 한다. 우리는 그분과 함께 있을 때도 혼자 있다고 생각한다. 그분은 모든 것을 행하신다. 하지만 우리는 모든 일에 그분을 의지하지 않는다. 섭리자의 도움을 받을 수 있는 상황에서도 우리는 우리의 상태가 절망적이라고 치부한다. 마치 무한하고 전능한 사랑이 아무것도 할 수 없는 것처럼 말이다. 이 얼마나 어리석은 생각인가? 인간의 전 인격을 전도시키는 행위여, 정말 나는 더 이상 말하고 싶지 않다. 이런 어리석은 피조물은 우리에게 남아 있는 이성까지 혼란에 빠뜨린다. 이것은 견딜 수 없는 모욕이 아닐 수 없다.

"오, 사랑이시여! 그런데도 하나님은 그것을 견디십니다. 하나님은 끝없는 인내로 그런 자를 기다리십니다. 오히려 하나님의 인내는 인간의 감사하지 않음을 부추길 정도로 지나치다는 인상을 줍니다. 하나님을 사랑하길 원한다고 말하는 사람들도 실상은 자신을 위해, 그리고 자신의 안전과 위로를 위해 하나님을 사랑합니다. 진정으로 하나님만을 위해 하나님을 사랑하는 자는 어디에 있습니까? 저는 그런 자를 보지 못했습니다. 이 지구상에 그런 자들이 있습니까? 만약 아무도 없다면 그런 자들을 친히 창조하소서! 아무도 하나님을 사랑하지 않는다면, 다시 말해 하나님 안에 자기 자신을 몰입할 정도로 하나님을 진정으로 사랑하는 사람이 없다면 이 세상이 무슨 소용이 있습니까? 사랑은 외부 세계에서 하나님이 아닌 것을 창조하셨을 때 하나님이 원래 바랐던 것입니다. 즉 하나님은 인간을 창조하셨을 때 모든 것을 하나님으로부터 공급받는 그들이 자신을 오직 하나님께만 드리기를 원하셨습니다.

오, 나의 하나님! 오, 나의 사랑이시여! 제 안에서 하나님을 사랑하게 하소서! 그렇게 하시면 사랑받기에 합당하신 하나님은 사랑받으시게 될 것입니다. 오직 등불이 하나님의 제단 앞에서 계속 타오르듯 제 삶이 하나님 앞에서 태워지기를 원하나이다. 저는 자신을 위해 존재하지 않습니다. 실제로 존재하는 것은 하나님을 위해 존재하는 하나님입니다. 저를 위해서는 아무것도 존재하지 않으며 모든 것은 오직 하나님만을 위해 있습니다. 이것은 지나친 것이 아닙니다. 저는 제 자아에 대항해서 하나님을 시기할 정도로 사모합니다. 하나님께 드려야 할 사랑이 제게로 돌아오느니 차라리 제가 없어지는 게 낫습니다.

계속 하나님을 사랑하게 하소서. 오, 나의 사랑이시여! 하나님의 연약한 피조물 안에서 사랑하게 하소서! 하나님의 지고한 아름다움을 사랑하게 하소서! 오, 아름다움이시여! 오, 무한한 선이시여! 오, 무한한 사랑이시여! 제 마음을 태우고 소멸시키고 변형시켜서 말살하소서. 그 마음을 완전히 불태워 사라지게 하소서!

저는 사람들이 하나님을 알지 못할지라도 놀라지 않습니다. 하나님을 알아갈수록 하나님은 제게 더욱 이해할 수 없는 존재입니다. 사람이 무한한 성품 가운데 계신 하나님을 자신의 얕은 생각으로 안다는 것은 말이 안 됩니다. 하나님의 지고한 완전함 때문에 사람의 불완전함이 더욱 뚜렷이 드러납니다. 사람들 속에 어떤 선함이 있어서 하나님이 그들을 선택하시는 것이 아닙니다. 사람들의 선은 오직 피조물 속에서 하나님 스스로 만들어 놓으신 선입니다. 즉 사람들 자체가 선하므로 하나님이 그들을 선택하신 것이 아니라 먼저 그들을 선택하셨기 때문에 그들이 선해지는 것입니다. 하나님은 매우 위대하시기에 우리는 하나님의 결정에 이유를 달 필요가 없습니다. 하나님의 선하신 뜻이 바로 최고의 이유입니다. 하나님은 하나님의 영광을 위해 모든 것을 행하십니다. 그리고 그 모든 것을 오직 하나님과 결부시키십니다. 하나님은 화해할 수 없는 질투의 하나님이십니다.

그러므로 전적으로 하나님을 위해 있어야 할 인간의 마음속에 조금이라도 주저함이 있을 때 그것을 용납하지 않으십니다. 그래서 원수를 갚는 일이 자기 일이라고 말씀하시는 하나님은 사람들에게 영원한 형벌을 내리십니다. 하나님은 믿을 수 없는 겸손과 인내로 하나님과 세상 사이에서 왔다 갔다 하는 겁 많은 영혼을 인도하시면서, 자신을 아무것도 아니라고 생각하고 오직 하나님께만 헌신하는 사람들에 대해서는 그들을 극한까지 몰고 가십니다. 실로 하나님의 사랑은 폭군과 같습니다. 그것은 결코 '이제 됐다'라고 말하지 않습니다. 이 사랑은 베풀어질수록 더욱 많은 것을 요구합니다. 심지어 이 사랑은 신실한 영혼에 매우 이율배반적으로 역사하기도 합니다. 처음에는 부드러움으로 영혼을 끌어냅니다. 그렇지만 이후에는 매우 엄격해집니다. 그리고 마지막에 가서는 자신을 숨기고, 영혼에 치명적인 일격을 가하며 영혼의 외부적인 도움을 모두 차단합니다. 오, 이해할 수 없는 하나님이여! 저는 하나님을 경배합니다! 하나님은 저를 하나님 자신만을 위한 존재로 만드셨습니다. 그러므로 저는 저 자신이 아닌 오직 하나님만을 위해 존재합니다."

하나님의 임재

우리의 진실한 목적이며 최고의 선이신 하나님만을 바라보라

우리가 온전하게 되기 위해서는 하나님의 임재 안에 거해야 한다. 이것은 하나님이 아브라함에게 하신 말씀에 잘 함축되어 있다. "나의 임재 안에서 걸으라. 그러면 너는 완전하게 될 것이다"(창 17:1 참조). 하나님의 임재는 하루의 힘든 일과 중에도 마음을 안정시키고 평화로운 잠과 휴식을 가져다준다. 이때 우리가 할 일은 어떤 토도 달지 않고 무조건 하나님의 소유가 되는 것이다. 일단 하나님의 임재를 느낀 사람은 더 이상 사람에게서 무언가를 바라지 않는다. 그래서 우리는 가장 좋은 친구조차 버릴 수 있다. 진실로 좋은 친구는 우리 마음속에 있기 때문이다. 그분은 질투하시는 우리의 신랑으로서 자신 외에 다른 모든 것은 버리기를 원하신다.

우리가 자신을 새롭게 하려고 하나님의 임재 속에 거하는 일은

많은 시간이 필요하지 않다. 또한 우리 마음을 그분께로 북돋아 올리며, 그분을 마음속 깊은 곳에서 예배하고, 우리의 행함과 고난 겪음을 그분께 그대로 아뢰는 일에도 그렇게 많은 시간이 필요하지 않다. 우리 안에 있는 하나님 나라는 그 어떤 것으로도 방해할 수 없는 요새와도 같기에 우리는 신속히 하나님께 아뢸 수 있는 것이다.

우리 영혼이 산만한 정신과 잡다한 상념으로 인해 조용히, 그리고 민감하게 묵상할 수 없을 때도 우리는 굳은 의지를 갖고 스스로 잠잠해지려고 노력해야 한다. 이때 묵상하고자 하는 마음 자체가 이미 묵상하는 것이다. 우리는 하나님께로 시선을 돌려 올바른 목적을 가지고 그분이 우리에게 원하시는 모든 일을 수행해야 한다. 우리는 영혼의 온 힘을 다해 그분을 알고 그분을 생각하고자 하는 마음을 자주 가져야 한다. 우리 안에서 하나님과 함께하고자 하는 소원이 나올 수 있도록 힘써야 한다. 또한 우리의 외부감각이 그분께 온전히 헌신될 수 있기를 간구해야 한다.

우리는 마음과 생각을 산만하게 해서 하나님을 다시 찾는 데 어려움을 주는 일에 너무 오랫동안 몰입하지 않도록 주의해야 한다. 어떤 새로운 일이 우리에게 기쁨이나 즐거움을 준다면 그 일로부터 마음을 단절시키고, 그 일이 우리 마음속에 자리 잡지 못하도록 조치해야 한다. 대신 가능한 한 빨리 마음속으로 우리의 진실한 목적이며 최고의 선이신 하나님만을 생각해야 한다.

다른 피조물과의 관계를 단호히 물리치고 그것이 우리 마음속 깊은 곳에 자리 잡지 못하도록 노력한다면, 모든 인간적인 애정에서 탈피해 하나님이 자유로운 영혼에 주시는 진실한 기쁨을 맛보게 될 것이다. 우리 마음속에는 오직 하나님만이 거하셔야 하며 그 속에서 우리는 하나님만을 경배하고 사랑해야 한다.

우리 안에 어떤 욕망이 일어날 때, 그리고 기질상 어떤 일을 해야 한다는 생각이 들 때 그것이 비록 말 한마디를 하거나 어떤 대상을 한 번 보는 일, 또는 발걸음을 한 발짝 옮기는 것처럼 사소한 일이라도 우리는 자신을 자제하고, 주님께 우리의 성급한 생각과 행동의 동요를 막아달라고 간구해야 한다. 하나님의 영은 혼란스러운 마음에는 절대 임하시지 않는다고 말씀하셨기 때문이다.

그러므로 우리는 이미 행한 말과 행동에 너무 집착하지 않도록 주의해야 한다. 지나친 집착과 몰입은 우리의 정신을 산만하게 하는 가장 큰 요인이다. 하나님이 우리에게 하라고 보여주신 것만 신경을 쓰고 나머지는 멀리하자. 그렇게 하면 우리 영혼은 자유롭고 항상 균형을 유지하게 될 것이며, 우리 마음을 혼란스럽게 하고 하나님을 향하는 마음을 가로막는 모든 쓸데없는 것을 철저하게 끊어버릴 수 있게 될 것이다.

우리 마음이 자유를 누리면서 외부와 항상 단절될 수 있게 하는 한 가지 좋은 방법은 어떤 활동이 끝날 때마다 바로 그 자리에서 모든 생각을 접고, 기쁨이든 슬픔이든 자신과 관련된 감정이 일어날 때 그것을 과감히 떨쳐버리는 것이다. 이런 감정은 우리의 정신을 혼란스럽게 하는 원인이 된다. 항상 가난한 마음을 유지하며 모든 시간에 마땅히 생각할 것만 생각하는 자는 복이 있다. 마땅히 해야 할 하나님의 뜻을 지각하고 그것에 열정을 갖는 것은 우리가 마음먹는다고 되는 일이 아니다. 그것은 하나님이 하시는 일이다.

무엇보다 일과 중에 하나님만 바라보며 스스로 묵상하는 일에 익숙해져야 한다. 우리 마음속에 동요가 일어날 때마다 그 움직임을 잠잠하게 해야 한다. 하나님으로부터 오지 않은 모든 쾌락에서 우리를 단절시켜야 한다. 쓸데없는 꿈과 생각을 끊어버리고 헛된 말을 삼가야 한다. 대신 우리 안에서 하나님을 구하자. 틀림없이 그분을 발견하게 될 것이고 그분과 함께 기쁨과 평화를 누리게 될 것이다.

우리가 해야 하는 모든 의무 가운데서도 다른 어떤 것보다 먼저 하나님을 생각하자. 그 모든 일을 잘 수행하기 위해 항상 하나님을 위해 행한다는 마음을 갖자. 하나님의 웅대하심을 바라본 영은 잠잠함과 고요함을 누리게 된다. 하나님은 말씀 한마디로 광포한 바다를 잠잠하게 하셨다. 마찬가지로 그분이 우리에게 눈길을 한 번 주시고 우리가 그분을 한 번 바라본다면 오늘도 똑같은 역사가 반복되어 일어날 것이다.

우리는 시간마다 우리 마음을 하나님께로 향하도록 해야 한다. 그분은 우리 마음을 정화하고 깨닫게 하여 올바른 길로 이끌어주실 것이다. 그렇기에 우리는 항상 이 진리를 실천하고, 이런 고백이 마음속에서 자연스럽게 흘러나오도록 해야 한다. "오, 나의 하나님! 하늘과 땅에서 제가 하나님 외에 누구를 바랄 수 있습니까? 하나님은 제 마음의 영원한 하나님이십니다."

하루의 일과를 마치고 삶의 문을 닫을 수 있는 한가한 시간이 올 때까지 기다려서는 안 된다. 묵상할 수 없다고 생각하는 바로 그 시간에도 충분히 묵상할 수 있다. 자신감을 가지고 자신에게 익숙한 단순한 방법으로 우리 마음을 하나님께로 향하도록 하자. 어떤 일에 몰입해 있는 순간일지라도, 심지어 밥을 먹거나 다른 사람들의 말을 경청할 때도 충분히 묵상할 수 있다. 무익하고 지루한 이야기들을 들을지라도 지겨워하는 대신 그 시간을 통해 규칙적으로 묵상함으로써 자신을 새롭게 할 수 있다. 결국 하나님을 사랑하는 자에게는 모든 것이 합력해서 선을 이룬다. "우리가 알거니와 하나님을 사랑하는 자 곧 그의 뜻대로 부르심을 입은 자들에게는 모든 것이 합력하여 선을 이루느니라"(롬 8:28).

또한 우리는 자주 우리의 취향과 필요에 맞는 신앙서적을 읽어야 한다. 하지만 독서할 때도 우리 안에 내주하시는 성령님께 가끔 자리를 양보해서 그분의 인도하심 가운데 묵상할 수 있어야 한다. 단순하면서도 하나님의 마음을 가장 잘 대변해주는 것은 바로 말씀이며, 이것이 곧 비밀스러운 만나이다. 하지만 우리는 이 말씀을 자주 망각한다. 실로 이 말씀은 우리 영혼에 은밀하게 역사해서 자양분을 공급함으로써 우리를 자라게 한다.

하나님을 향한 신뢰

오직 하나님을 향한 순수한 신뢰만을 마음의 양식으로 삼으라

가장 최고의 신뢰는 하나님이 우리에게 허락하시는 모든 일을 순종의 자세로 무조건 받아들이는 것이다. 외형적으로 볼 때 불쾌한 일과 유쾌한 일이 있을 수 있다. 불쾌한 일의 경우 용감하게 인내해야 하며, 유쾌한 일의 경우 그것에 집착해서는 안 된다. 우리는 역경을 담담히 수용해 거기서 나오는 유혹을 물리쳐야 하며, 우리를 속이는 것에 대항하기 위해 처음부터 그것에 개의치 말아야 한다.

내부에서 일어나는 생각이나 감정도 마찬가지다. 비통한 감정이 솟구쳐 나올 때 그것을 그저 담담히 수용한다면 오히려 그것을 통해 우리 영혼은 십자가에 자신을 못 박는 일에 도움과 유익을 얻을 수 있다. 외부적인 행동을 통해 어떤 위안을 얻어 유쾌한 감정이 일어날 때도 그것을 그대로 수용해야 한다. 다만 방법은 약간 다르다. 이

경우 그런 감정을 주신 분이 하나님이시기에 우리가 그것을 받아들이는 것이다. 하지만 받아들이는 목적은 하나님이 주신 감정을 사랑하기 위함이 아니라 하나님의 계획에 우리를 맞추기 위함이다. 우리는 그런 감정을 치료책처럼 사용해야 한다. 거기서 자기만족, 애착, 소유의식 등을 갖는 것은 잘못이다.

우리는 하나님이 허락하시는 것을 모두 받아들여야 한다. 하지만 그것에 너무 집착해서 하나님이 도로 취하실 때 괴로워하거나 낙담해서는 안 된다. 그런 덧없고 감각적인 것에 집착하는 일은 주제넘은 행동이다. 이것은 하나님의 은사를 의지한다고 말하면서도 하나님의 은사를 소유한 자신을 의지하는 것과 다름없다. 한마디로 하나님의 은사와 자신을 혼동하는 셈이다. 이렇게 될 때 우리는 크게 실망해서 낙심하게 된다.

하지만 오직 하나님만 의지하는 영혼은 결코 자신의 가련함에 놀라는 법이 없다. 그는 자신이 아무것도 할 수 없다는 것과 하나님만이 모든 것을 하실 수 있음을 보고 기뻐한다. 성부 하나님이 무한한 부를 소유하고 계시고, 그것을 자신에게 베풀기를 원하신다는 사실을 알고 있기에 자신의 가난함에 개의치 않는다. 오직 하나님을 향한 순수한 신뢰를 마음의 양식으로 삼을 때 우리는 자신을 신뢰하지 않고 오직 하나님만을 바라게 된다.

바로 이런 이유로 우리 스스로 완전을 위해 어떤 지혜로운 행동을 취하려 하거나 열정적인 감정을 추구하는 일은 잘못이다. 대신 우리는 단순함, 모든 욕망의 부정, 작아짐, 은혜의 영감에 온전한 헌신만을 의지해야 한다. 그 밖의 행동은 눈에 띄지는 않지만 결국 은밀히 자신의 공로를 더욱 부추기는 결과만 가져다준다. 하나님께 우리 마음속에 스스로 심기 원하는 것을 제거해달라고 기도하자. 그리고 대신 그 자리에 열매가 풍성한 생명 나무를 그분의 손으로 직접 심어달라고 간구하자.

하나님께 맡길 때의 즐거움

곧 사라질 세상을 떠나 하늘의 양식을 받아 누리라

그리스도인의 완전함은 우리가 생각하는 것처럼 엄격하고 지루하며 우리를 속박하는 성질의 것이 아니다. 그것은 우리에게 마음 깊은 곳에서부터 하나님의 소유가 되도록 요구하는 것이다. 우리가 하나님의 소유가 될 때 그분을 위해 모든 것을 기쁘게 할 수 있다. 하나님의 소유가 된 사람은 항상 기쁘다. 그 마음은 갈등하지 않는다. 그의 바람은 오직 하나님의 뜻이기 때문이다. 그는 하나님이 원하시는 것을 하나님을 위해 즐겁게 행한다. 그는 자신에게 있는 모든 것을 포기한다. 그는 포기를 통해 오히려 하나님으로부터 수백 배의 축복을 받는다.

하나님의 자녀들이 자기 십자가를 신실하게 지고 갈 때 양심의 평화, 마음의 자유, 하나님의 손에 자신을 맡길 때의 달콤함, 마음속에 빛이 점점 환하게 비치는 경험, 세속의 탐욕스러운 욕망과 두려움에서의 해방을 누리게 된다. 그들은 자신을 희생한다. 하지만 그 희생은 자신이 가장 사랑하는 분을 위한 것이다. 그들은 모든 거짓된 기쁨보다 고난을 더 원한다. 그들의 몸이 날카로운 상처투성이고, 그들의 기지가 궁색한 처지에 몰려 있으며, 그들의 정신이 약함과 탈진으로 기를 펴지 못할지라도 여전히 그들의 의지는 가장 깊고 친밀한 자아 속에서 굳건히 자리 잡고 평정심을 잃지 않는다. 그들의 의지는 하나님이 자신의 자아를 희생제물이 되게 하려고 그런 고통을 주신 것으로 생각하며 항상 "아멘!"이라고 외친다.

하나님이 우리에게 요구하시는 것은 그분과 다른 피조물 사이에서 더는 갈등하지 않는 굳은 의지이다. 다시 말해 하나님의 뜻이면 주저 없이 행하고, 어떤 것도 일부러 구하거나 거부하지 않는, 하나님의 장중에서 순종할 수 있는 의지인 것이다. 이 의지는 결코 여러 핑계를 대며 하나님이 원하시지 않는 일을 하지 않는다. 우리가 이런 상태에 있을 때 모든 것이 형통하게 된다. 그리고 가장 쓸데없는 오락일지라도 선한 일로 바뀌게 된다.

자신을 하나님께 드리는 자는 복이 있다. 이런 사람은 자신의 욕망, 타인의 판단, 사람들의 악의, 폭력적인 말, 그들의 냉대와 비열한 조소, 친구들의 배신과 변덕스러움, 적들의 계략과 함정에서 자유롭게 된다. 또한 자신의 약점, 인생의 덧없음과 비참함, 세속적인 죽음의 공포, 사악한 쾌락 뒤에 생기는 잔인한 후회, 그리고 하나님의 영원한 형벌로부터 자유로워진다. 실로 그는 셀 수 없는 악에서 해방된다. 자신의 의지를 전적으로 하나님의 손에 맡긴 채 오직 그분이 원하시는 것만 사모하기 때문이다. 그는 오직 믿음에서 위안을 찾기에 고난 중에도 소망을 갖는다. 하나님께 자신을 맡김으로써 이와 같은 놀라운 축복을 얻는다면 우리가 그것을 두려워하는 것은 정말 불쌍한 일이다.

믿음의 새로운 통찰을 얻게 될 때 우리는 마치 보물을 발견한 구두쇠처럼 환희에 빠지게 된다. 진정한 그리스도인은 하나님의 섭리 안에서 자신에게 불행이 찾아올지라도 그것을 기꺼이 받아들이고 남에게 있는 것을 바라지 않는다. 그는 하나님을 사랑할수록 더욱 만족함을 얻는다. 이처럼 완전함의 최고 경지에 도달하면 무거운 짐을 지는 대신 오히려 그의 멍에는 가벼워진다.

전적으로 하나님의 소유가 되는 것을 두려워하는 일은 정말 어리석은 짓이다. 그것은 지나치게 행복한 일이 두렵다고 말하는 것과 같다. 이 두려움은 모든 일에서 하나님의 뜻을 사랑하는 게 두렵다는 의미이다. 많은 용기를 갖고 피할 수 없는 십자가를 지는 게 무섭고 하나님의 사랑 안에서 너무 많은 위로를 받는 게 두렵다는 것과 같다. 또한 우리를 비참하게 하는 모든 욕망의 사슬을 끊는 것이 두렵다는 뜻이다.

우리는 전적으로 하나님의 소유가 되기 위해 지상의 것을 경멸해야 한다. 그렇다고 이 세상의 모든 것에서 전적으로 떠나라는 뜻은 아니다. 이미 우리가 정직하고 규모 있는 삶을 살고 있다면 우리가 할 일은 사랑 안에서 마음 깊은 곳을 바꾸기만 하면 된다. 앞으로 우리가 하게 될 일은 과거에 해왔던 것과 별반 차이가 없다. 하나님은 인간의 상태를 뒤집어 놓으시거나 사람들에게 허락한 책임을 바꾸시는 그런 분이 아니다. 그러므로 우리는 과거에 세상을 섬기고 세상을 즐겁게 하며 자신을 만족시키기 위해 해왔던 일을 이제 하나님을 섬기기 위해 하면 된다.

문제는 자세의 변화이다. 이런 변화 속에서 행동할 때 우리는 교만에 사로잡혀 악의에 차서 세상을 비판하지 않게 된다. 대신 하나님 안에서 소망과 용기, 그리고 자유를 누리며 행동할 수 있게 된다. 자신감으로 활력을 얻게 된다. 고통 중에도 이 땅의 것은 사라질 것임을 알고 영원한 축복이 다가올 것이라는 기대 속에서 힘을 얻게 된다. 하나님을 사랑하게 될 때 우리는 우리를 향한 그분의 사랑을 느끼게 됨으로써 그분이 인도하시는 길 위에서 날 수 있는 날개를 갖게 된다. 그리고 그 날개로 모든 고통 위에서 높이 날게 된다.

우리 주 예수님은 따르는 모든 사람에게 예외 없이 "누구든지 나를 따라오려거든 자기를 부인하고 자기 십자가를 지고 나를 따를 것이니라"(마 16:24)고 말씀하셨다. 넓은 길은 멸망으로 인도한다. 그러므로 우리는 찾는 이가 별로 없는 좁은 길을 걸어야 한다. 오직 자신을 부정하고 해체하는 자만이 천국을 얻을 수 있다. 우리는 거듭 자신을 부인하고 미워해야 한다. 그리고 어린아이가 되어 심령이 가난해져 위로받기 위해 울어야 하며 저주받은 세상에 속한 자가 되지 말아야 한다. 많은 사람이 이런 진리를 듣고 놀란다. 진정한 신앙을 위해 지불해야 할 희생만 바라보고 놀랄 뿐 그 축복은 보지 못한다. 그들은 모든 것을 수월하게 만드는 사랑의 정신에 무지하다. 이 사랑이 모든 수고를 달콤하게 하는 평화와 사랑의 감정을 줌으로써 우리를 온전함의 최고의 경지로 이끌어준다는 사실을 알지 못한다.

전적으로 하나님의 소유가 된 사람들은 항상 행복하다. 그들은 경험으로 주님의 멍에가 '쉽고 가볍다'는 사실을 안다. 그리고 우리가 주님 안에서 '영혼의 안식'을 누릴 수 있고, 그분이 자신의 말씀처럼 무거운 짐으로 인해 지친 자들을 위로해주신다는 것을 체험한다. "수고하고 무거운 짐 진 자들아 다 내게로 오라. 내가 너희를 쉬게 하리라"(마 11:28). 반면 하나님과 세상에 양다리를 걸친 채 사는 연약하고 겁 많은 영혼들은 화가 있다. 이처럼 저주받은 자들은 욕망과 회한에 동시에 사로잡혀 갈등한다. 그들은 하나님을 원하면서도 원하지 않는다. 또한 하나님의 판단과 사람들의 판단을 똑같이 두려워한다. 그들은 악을 무서워하면서도 선한 행동에 수치심을 갖는다. 그들은 도덕적인 행동에서 오는 위안을 맛보지 못하고 대신 그에 따른 고통만 느낀다. 오, 가련한 인생이여! 그들에게 공허한 잡담을 멸시하고, 차가운 냉소와 사람들의 성급한 비판을 경멸할 줄 아는 작은 용기만 있었어도 하나님의 품속에서 엄청난 평화를 누릴 수 있었을 텐데!

항상 자신이 있는 곳에서 한 발짝도 떨어지기 싫어하는 것은 우리의 구원을 위해 위험한 태도이다. 그것은 하나님과 우리 자신에게도 무가치한 일이며 우리 마음의 평화에도 해가 된다. 우리의 인생은 원래 하늘나라를 향해 거보를 내디디며 진군하도록 만들어진 존재이다. 이 세상은 속이는 그림자같이 사라진다. 벌써 영원한 세계가 우리를 맞이하기 위해 나오고 있다. 아버지의 자비의 빛이 우리를 향해 비추고 있을 때 왜 우리는 나아가기를 지체하는가? 어서 빨리 하나님 나라에 들어가기 위해 서두르자.

　　하나님 앞에서 우리의 주저함을 합리화하는 모든 변명을 일거에 날려버리기 위해 하나님은 우리에게 다음과 같이 명령하신다. "네 마음을 다하고 목숨을 다하고 뜻을 다하고 힘을 다하여 주 너의 하나님을 사랑하라"(막 12:30). 인간이 질투하시는 하나님을 사랑하는 데 있어 주저하지 않게 하려면 그와 같은 명령과 더불어 성령이 어떻게 일하시는지 보라. 사실 우리가 하나님을 위해 우리의 모든 것을 쏟아부었다 할지라도 그분은 여전히 만족하지 않으실 것이다. 그분은 조금의 이탈도 용납하시는 분이 아니다. 그래서 하나님 외에 다른 것을 사랑하는 행위를 조금도 허락하시지 않는다. 그러므로 우리는 오직 하나님만 사랑하기 위해 우리에게 명령하신 것을 수행해야 한다. 우리는 온 마음과 힘을 다해 그분을 사랑해야 할 뿐만 아니라 우리의 생각을 집중해서 하나님을 사랑해야 한다. 모든 것을 하나님의 법 위에서 생각하고, 모든 에너지를 그분의 뜻을 위해 기울일 것을 다짐하지 않는다면 어떻게 우리가 하나님을 사랑한다고 말할 수 있겠는가?

하나님을 사랑하기 위해 그분이 요구하시는 뜻이 무엇인지 보기 두려운 사람은 처음부터 하나님을 사랑한 것이 아니다. 만약 그가 하나님을 사랑한다고 생각한다면 그것은 자신을 속이는 꼴이 된다. 진정 하나님을 사랑하기 위해서는 오직 그분과의 동행 없이는 한걸음도 나아가지 않겠다는 자세가 필요하다. 그리고 용감한 마음으로 하나님이 이끄시는 대로 따라가야 한다. 세상을 부정하면서도 세상의 가치를 어느 정도 버리지 못하는 사람은 미지근한 자로서 나중에 '토함'을 받게 되는 위험에 처하게 될 것이다. "네가 이같이 미지근하여 뜨겁지도 아니하고 차지도 아니하니 내 입에서 너를 토하여 버리리라"(계 3:16).

하나님은 "제가 갈 수 있는 곳은 여기까지이며 그 이상은 안 됩니다"라고 말하는 연약한 영혼을 참지 못하신다. 피조물이 자신의 창조자를 위해 법을 만드는 것은 월권행위이다. 신하나 하인이 왕과 주인을 자신의 방식대로 섬기고 왕과 주인에게 지나치게 신경 쓰는 일을 싫어하며 자신이 왕과 주인 밑에 있다는 사실을 대중 앞에 공표하기를 꺼린다면, 그런 종과 신하를 보고 주인과 왕은 무엇이라고 말하겠는가? 하물며 우리가 만왕의 왕께 겁쟁이 하인처럼 행동한다면 그분은 무슨 말씀을 하시겠는가?

우리는 하나님의 일반적인 뜻이 무엇인지 알아야 할 뿐만 아니라 구체적으로 각각의 일에서 그분의 뜻이 무엇인지 깨달아야 한다. 그리고 어떻게 하면 그분을 더욱 기쁘시게 하고 무엇이 가장 완전한 것인지 배워야 한다. 하나님의 뜻을 항상 구하고 그것에 순응하려고 할 때 우리는 진실로 분별 있게 행동할 수 있다. 이것이 바로 우리가 따라가야 할 진실한 빛이다. 다른 모든 빛은 거짓이다. 그것은 가공된 빛으로 진실한 것이 아니다. 스스로 지혜롭다고 생각해서 예수 그리스도의 지혜 속에 있지 않는 자는 눈먼 자이다. 예수 그리스도만이 지혜의 이름을 받으실 자격이 있다.

이런 자들은 어두운 밤에 환영을 좇아 달려간다. 그들은 꿈에서 깨어날 때 꿈속의 장면이 모두 진짜라고 생각하는 사람들과 같다. 지혜 있는 자나 늙은이나 세상의 위대한 사람들이나 모두 이렇게 속은 채 거짓된 쾌락에 사로잡혀 있다. 순수한 진리의 빛 안에서 걷는 사람은 오직 하나님의 자녀들뿐이다. 자신의 헛된 야욕에 가득 찬 사람들 앞에는 무엇이 있는지 아는가? 창피, 죽음, 하나님의 심판뿐이다. 이처럼 세속의 사람들에게는 참혹한 운명만이 기다리고 있다. 하지만 그들은 그것을 알지 못한다. 그들은 모든 것을 미리 예견하려고 하지만 자신이 추구하는 것이 필연적으로 파괴되고 없어진다는 사실을 알지 못한다. "오, 눈먼 자여! 그대는 하늘 아래 이곳의 화려함이 아무것도 아님을 깨닫게 하는 예수 그리스도의 빛에 언제 눈뜰 것인가?"

그들은 자신이 행복하지 않다는 사실을 느낀다. 그런데도 자신을 비참하게 만드는 세상의 것을 가지고 계속 행복해지려고 몸부림친다. 그들은 자신에게 없는 것을 가지고 괴로워한다. 하지만 그것을 소유한다고 그들이 행복해지는 것은 아니다. 그들의 고통은 사면초가처럼 그들을 둘러싸고 있다. 그들의 기쁨은 짧으며 공허하고, 오히려 쓰다. 그런데도 그런 기쁨을 얻기 위해 지나치게 많은 것을 희생한다. 그들의 생애는 계속된 혼란의 연속이다. 그들의 머리 위에는 이미 영원한 하나님의 심판이 둘려 있다. 마침내 그들의 거짓된 기쁨은 나중에 절대 멈추지 않는 눈물과 슬픔으로 변하게 된다. 그들의 삶은 사라질 그림자와 같다. 아니, 아침에 피었다가 저녁에 시들어져 사람들 발에 밟히는 꽃과 같다는 게 더 정확할 것이다.

이 세상 미치광이들의 종국은 무엇인가? 그들은 임종의 순간 낙담하고 절망해서 풀이 죽는다. 그들은 자신이 환영을 좇아 살았던 사실을 인정하고 자신의 실수를 한탄한다. 그러다가 종종 다시 극단적으로 신앙을 저주하고 두려움 속에서 스스로 미신에 사로잡힌다. 이처럼 사람들이 자신의 죄악된 습성을 고치기보다는 영원을 희생하려고 하는 것은 정말 무서운 일이 아닐 수 없다.

실로 이와 같은 일이 아주 평범하게 일어나고 있다. 이런 사람들에게 피조물의 공허함과 덧없음을 설명해보라. 그들에게 인생의 짧음과 불확실성, 재산의 덧없음, 친구의 배반, 많은 소유의 거짓됨, 소유로 인한 고통, 가진 자의 불만, 가장 큰 소망의 허무함, 모든 선한 것의 허상, 모든 악의 실재 등을 말해주라. 하지만 이런 말은 그들의 마음을 피상적으로 자극할 뿐 그들 속으로 파고들지는 못한다. 그들은 오직 그 말을 표피적으로 받아들일 뿐이다. 그 깊은 중심은 전혀 변하지 않는다. 그들은 자신이 공상의 노예라는 사실을 알고 한숨짓는다. 하지만 그런 속박에서 벗어나려 하지는 않는다.

이런 사람이 그 불쌍한 상황에서 벗어나기 위해서는 무엇을 해야 하는가? 그는 전적으로 하나님으로부터 깨우침을 얻기 위해 기도해야 한다. 그는 먼저 선의 심연이 하나님이시고 악의 심연은 타락한 피조물임을 알아야 한다. 그런 다음 자신을 경멸하고 자신을 미워해야 한다. 그는 자신을 포기하고 두려워하며 부정해야 한다. 그리고 하나님께 자신을 맡겨야 한다. 하나님 안에서 자신을 모두 잃어버려야 한다. 더는 무엇인가를 스스로 추구하려 하지 않고 모든 것을 버릴 때 그 손실은 복된 것이다.

이 사람은 더 이상 자신의 이익을 추구하지 않게 된다. 그 결과 모든 것이 선으로 바뀌게 된다. 하나님을 사랑하고 그분의 영에 불타오르는 자에게는 모든 것이 합력하여 선을 이룬다. 이와 같은 영을 갖지 않은 사람은 불행하다. 다시 말해 그 영을 잃었거나 더는 구하지 않는 사람, 또는 잘못된 방법으로 그것을 구하는 사람은 불행한 것이다. 우리 안에 이 생명의 영을 가지려면은 입술이나 외형적인 행동이 아니라 마음에 진정한 소원과 하나님 앞에서 자신을 낮추려는 심오한 겸손이 필요하다. 실로 이 영이 없다면 아무리 훌륭한 행동도 생명력이 없다.

하나님은 매우 선하셔서 우리가 그분만으로 만족하기를 소원할 때까지 기다리신다. 성경은 우리가 마음속으로 어떤 소원을 부르짖을 때 실상은 하나님이 우리 안에 그 기도를 허락하신 것이라고 말씀한다. "또 여호와를 기뻐하라. 그가 네 마음의 소원을 네게 이루어 주시리로다"(시 37:4). 이처럼 하나님은 우리 마음에 직접 기도 제목을 주신다. 따라서 우리는 조용한 가운데 신앙의 진리를 묵상하다가 하나님이 우리 안에 기도 제목을 주시면 즉시 그것을 자신에게 적용해서 부르짖고 하나님 앞에 결단해야 한다. 하나님이 우리에게 용기를 주시고 우리에게 다짐하게 했던 것을 실행할 수 있도록 영감을 달라고 구해야 한다.

기도 중에 마음이 복잡할 때 우리는 그 잡념을 조용히 하나님께 내려놓기만 하면 된다. 그런 완고한 잡념들이 있다고 낙심하거나 괴로워할 필요는 없다. 불현듯 일어나는 생각은 전혀 자신에게 해를 끼치지 못한다. 자신도 모르게 일어나는 생각은 오히려 열렬히 기도할 때보다 자신에게 더 큰 유익을 준다. 그런 생각을 통해 우리는 겸손해지고 자신을 죽이게 되며 하나님을 순전히 구할 수 있기 때문이다.

우리가 매일 직장에서 하는 일이 아무리 중요하다 할지라도 하루하루 영의 양식을 먹기 위해 항상 시간을 낼 수는 있다. 우리는 정기적으로 특별히 시간을 내어 기도드리려고 노력해야 한다. 그 외에도 우리는 자주 짧게 단순히 우리 마음을 하나님께로 향하는 습관을 길러야 한다. 이런 습관을 기르기 위해 시편이나 복음서의 말씀 한 구절을 묵상하는 것으로도 충분하다. 이렇게 되면 사람들 사이에 파묻혀 있을지라도 사람들이 눈치채지 않게 우리 마음을 하나님께로 향하며 기도할 수 있다. 이런 짧은 기도는 기도 제목을 따라 기도하는 것보다 우리에게 더 많은 유익을 준다. 예를 들어 이런 습관을 지니면 아침과 오후에 어떤 일이나 사람을 만날 때마다 짧은 시간을 내어 하나님께 기도할 수 있게 되고 우리의 행동을 미리 점검할 수 있게 된다. 이것은 하나님의 임재 속에서 행동하는 진정한 방법이기도 하다. 그리고 이 하나님의 임재를 통해 우리는 진정으로 세상을 경멸할 수 있게 된다.

하나님을 보는 사람은 이 세상이 안개와 같이 잠시 있다가 사라지는 덧없는 것임을 깨닫는다. 세상의 화려함과 번잡함은 일장춘몽처럼 사라질 것이다. 높아진 곳은 모두 낮아지게 될 것이고 모든 권력은 무너지며 높이 들려진 머리들은 하나님의 영원한 장엄함 앞에서 고개를 숙이게 될 것이다. 종말의 심판 날에 하나님은 마치 태양이 떠오를 때 모든 별이 자취를 감추듯 세상의 밤에 화려하게 빛났던 것들을 모두 제거하실 것이다. 그리고 우리는 오직 하나님만 바라보게 될 것이다. 우리는 그분만을 발견하게 될 것이고 그분은 모든 것을 채우실 것이다. 그때 우리는 "우리 마음을 현혹했던 것이 어디로 사라졌는가? 그것들이 남긴 것은 무엇인가?"라고 묻게 될 것이다. 심지어 그것들이 있었던 흔적조차 남지 않을 것이다. 그것들은 떠오르는 태양에 사그라지는 그림자처럼 사라져버릴 것이다. 실로 그것들이 존재했다고 하는 말은 사실이 아니다. 단지 외형상 나타났다가 사라지는 신기루에 불과한 것이다.

또한 아직 세상이 끝나지 않았다고 할지라도 우리가 이 땅에서 한 일은 머지않아 우리를 떠나게 될 것이다. 얼마 동안은 아무런 변화가 없을 것이다. 하지만 몇 년이라는 세월이 유수처럼 지나가고 꿈처럼 사라질 때 우리의 젊음도 사라지게 되고 이 세상은 딴 세상으로 변하게 될 것이다. 그리고 여전히 세상은 자신을 경멸하는 사람을 비웃을 것이다. 하지만 이제 곧 세상의 끝이 올 것이다. 우리 모두 서둘러 그것을 맞이할 준비를 하자. 절대 늙지 않으며 자신을 사랑하는 자에게 젊음을 잃지 않도록 해주는 영원한 빛을 사모하자. 이미 모든 면에서 무너져 내려가고 있는 이 세상을 경멸하자.

당신은 얼마나 많은 세월 동안 사람들이 죽음 앞에서 놀라며 배고픈 영원의 심연 속으로 빠져들어 갔는지 보지 않았는가? 과거에 우리가 알고 있었던 세상은 다시 새로운 세상으로 대치될 것이다. 비록 이 땅에서 우리의 삶은 짧지만, 우리로부터 옛 친구들이 떠나가고 있기에 우리는 새로운 친구들을 찾아야 한다. 우리가 늙어갈 때 가족들이 항상 변함없이 옆에 있어 주는 것은 아니다. 가족들은 사라지고 그 자리에 전혀 알지 못하는 친척들이 꿰차고 들어온다. 30년 전에 무대를 채웠던 위대한 배우들은 지금 어디에 있는가? 그렇게 멀리 갈 것 없이 지난 7~8년 사이에 얼마나 많은 사람이 죽었는가? 곧 우리도 그들의 뒤를 따르게 될 것이다. 이런 세상에 우리가 그토록 헌신해왔단 말인가? 이 세상 그 자체는 비참함, 허영, 그리고 어리석음이다. 우리는 단순히 이 세상을 통과해서 지나가는 나그네이고 허상일 뿐이다.

나약하고 광신적인 세상이여! 우리가 믿는 것이 바로 너란 말인가? 있다가 사라질 공허한 신기루여! 무슨 낯짝으로 우리를 감히 속이려고 드는가? 단지 꿈에 불과한 너는 우리가 너 자신을 믿기를 바란다. 하지만 우리가 너를 소유할지라도 너는 결코 우리 마음을 채워주지 못할 것이다. 너는 너에게 달라붙은 사람들을 속이기 위해 겉만 번지르르한 비참함을 어떻게 그럴듯한 이름으로 포장했는가? 네가 우리에게 미소 지을 때 우리는 너에게서 천배의 고통을 당한다. 너는 곧 없어지게 될 순간에도 뻔뻔스럽게 끝까지 우리를 행복하게 해주겠다고 약속한다.

실로 예수 그리스도의 빛 안에서 자신이 아무것도 아님을 깨닫는 사람은 복이 있다. 하지만 무섭게도 수많은 사람이 눈이 멀어 자신의 무가치함을 깨닫게 해주며 그들의 어두운 행실을 정죄하는 참빛을 외면하고 있다. 짐승같이 살기 원하는 그들은 그 이상을 바라지 않는다. 그래서 스스로 품위를 떨어뜨리고 모든 체면과 수치심을 헌신짝처럼 버린다. 그들은 영원을 심각하게 생각하는 자들을 조롱한다. 그리고 모든 것을 공급하시는 하나님께 항상 감사하는 신앙심을 연약한 것이라고 치부한다. 우리는 이러한 자들과 관계를 피해야 한다. 위험하다고 생각하는 이런 사람들과의 관계를 바로 끊는 것이 중요하다. 그들과 많이 접촉할수록 우리는 자신을 더욱 돌아보고 배가의 노력을 기울여야 한다. 그리고 더욱 열심히 성실하게 말씀을 묵상하고 기도에 열심을 내야 한다.

우리 아버지이신 하나님께 매일의 양식을 구하는 것은 그분의 만찬에 참여하는 행동이라 할 수 있다. 우리는 매일 이런 양식을 먹을 필요가 있다. 이 양식을 먹기에 합당한 자가 되기 위해서는 우리 자신의 정욕을 조금씩 다스려 나가고 미덕을 쌓으며 항상 단순하고 짧은 기도로 하나님을 생각하는 일에 익숙해져야 한다. 그것도 온 마음을 다해서 해야 한다.

우리가 이 세상에서 즐겁게 누렸던 것들은 잠시 후면 우리도 모르는 사이에 사라지게 된다. 하지만 말씀을 통해 주어지는 은혜의 새로운 단맛은 우리 마음을 계속 사로잡을 것이다. 우리는 예수 그리스도를 향해 계속 목마르게 될 것이고, 그때 그분은 영원토록 우리를 채워주실 것이다. 우리가 이 성스러운 떡을 먹을수록 우리의 믿음은 더욱 성장하게 된다. 그래서 불경건한 행동으로 거룩한 성찬에 참여하지 못할까봐 두려워하게 된다. 우리의 헌신적인 행동은 불편한 짐이라기보다 오히려 우리의 십자가를 위로하고 감미롭게 해주는 근원이 된다. 그러므로 만찬에 참여할 수 있는 자격이 되도록 항상 준비하자. 그렇지 않으면 우리의 삶은 단순히 구원만을 갈망하는 미지근한 삶이 될 것이다. 그 결과 맞바람과 싸우며 노를 젓지만 앞으로 나아가지 못하는 지경에 이를 것이다. 하지만 예수 그리스도의 살과 그분 말씀의 양식을 먹는다면 순풍에 돛을 단 배처럼 앞으로 힘차게 나아가게 될 것이다. 이와 같은 상태, 아니 적어도 그렇게 되기를 바라는 자들은 실로 복이 있다.

하나님의 뜻에 순응하기

주저함이나 두려움 없이 자신의 의지까지 하나님께 맡기라

당신은 하나님의 뜻에 순응하는 과정에서 그리스도를 본받는 단계가 있음을 발견하게 될 것이다. 실로 이 단계는 경이로운 과정이다. 당신은 만나와 같은 하나님의 은혜를 목격하게 될 것이다. 모든 미덕은 본질적으로 선한 의지에 달려 있다. 예수님은 하나님의 나라는 너희 안에 있다고 말씀하심으로써 우리가 이 진리를 깨닫게 하셨다. "또 여기 있다 저기 있다고도 못하리니 하나님의 나라는 너희 안에 있느니라"(눅 17:21).

중요한 것은 얼마나 다양한 지식과 큰 재능이 있고 얼마나 많은 일을 하느냐가 아니다. 우리에게 필요한 것은 오직 선을 갈망하려는 마음이다. 외적인 행위는 우리 안에 진정한 헌신을 보여주는 열매이며 결과일 뿐이다. 모든 행동의 근원인 진실한 헌신은 우리 마음 깊

숙한 곳에 자리 잡고 있다. 우리의 미덕은 어떤 상황에서는 필요하지만 어떤 상황에서는 적합하지 않을 수 있다. 때에 따라 다른 행동이 요구된다. 하지만 시간과 장소를 막론하고 우리 행동의 의도는 선해야 한다. 모든 상황에서 예외 없이 항상 하나님이 원하시는 것만 사모하는 사람은 그 마음속에 천국을 이룬다. 실로 천국은 하나님의 뜻이 하늘에서 이루어진 것처럼 땅에서 이루어질 때 도래하게 된다(마 6:10).

그러므로 우리는 하나님이 우리 안에 심어놓으신 그분 최고의 뜻만을 원해야 한다. "심령이 가난한 자는 복이 있나니"(마 5:3). 자신에게 속하지 않기 위해 자신에게서 모든 것, 심지어 자신의 의지까지 벗어버리는 자는 복이 있다. 실로 우리가 더는 자신에 속하지 않고 자신의 모든 권리까지 팽개칠 때 우리의 심령은 진정으로 가난해질 수 있다.

그러면 우리의 뜻은 어떻게 선해질 수 있는가? 그 답은 주저 없이 우리의 뜻을 하나님의 뜻에 맞추는 것이다. 그래서 그분이 원하시는 일을 행하는 것이다. 그분이 원하시지 않는 것을 원해서는 안 된다. 우리는 우리의 약한 의지를 그분의 전능하신 의지에 접목시켜야 한다. 그렇게 되면 자연스럽게 하나님의 뜻을 행할 수 있다. 그 결과 하나님의 뜻이 수행될 때 온전히 만족하게 되며 하나님의 선하신 뜻 안에서 형용할 수 없는 평화와 위안을 체험하게 된다. 우리의 전 생애는 항상 "아멘! 아멘!"이라고 부르짖는 복 받은 자와 같이 평강으로 충만하게 될 것이다.

그 결과 우리는 모든 일에 하나님을 경배하고 찬양하고 축복한다. 우리는 모든 일을 할 때마다 끊임없이 그분을 바라보며 모든 것 안에서 아버지의 손길에만 주의를 기울이게 된다. 그리고 더는 악을 악으로 보지 않게 된다. 사도 바울의 말처럼 하나님을 사랑하는 자에게는 모든 것이 선으로 변하기 때문이다. "우리가 알거니와 하나님을 사랑하는 자 곧 그의 뜻대로 부르심을 입은 자들에게는 모든 것이 합력하여 선을 이루느니라"(롬 8:28). 우리를 정화시키고 하나님의 축복받을 자격이 있는 자로 만들기 위해서 하나님이 허락하시는 고난을 과연 우리가 악이라고 칭할 수 있겠는가? 그것은 오히려 우리에게 엄청난 유익을 가져다주는 것이기에 더는 악이라고 말할 수 없다.

그러므로 선하신 아버지의 품에 우리의 모든 걱정을 맡겨버리자. 그리고 하나님이 그분의 뜻대로 행하시도록 허락하자. 모든 일에서 하나님의 뜻을 따르는 일에 만족하고 우리의 뜻을 하나님의 뜻 안에 놓고 우리의 것을 포기하자. 스스로에 속해 있지 않은 우리가 우리 자신을 위해 무엇을 한다면 그것은 옳은 행동이 아니다. 종은 자신을 위해 아무것도 소유하지 않은 사람이다. 하물며 밑바닥에 사실상 죄 외에는 아무것도 없고, 오직 하나님의 은사와 순수한 은혜로 채워진 피조물이 소유의식을 갖는 것은 더욱 이치에 맞지 않는다.

하나님은 인간에게 자신을 소유할 수 있는 자유의지를 주셨다.

하지만 인간은 그런 선물을 통해 더욱 자원해서 자신의 것을 벗어버리릴 의무가 있다. 우리에게는 오직 의지만 있을 뿐 사실 그 밖의 것은 우리 것이 아니다. 병은 우리의 건강과 생명을 빼앗아간다. 그리고 부는 폭력을 통해 없어진다. 또한 마음의 재능은 몸의 상태에 좌우된다. 그러므로 진정 우리의 것은 의지밖에 없다.

그리고 하나님은 이것마저도 시기하신다. 하나님이 우리에게 의지를 주신 이유는 우리가 그것을 차지하도록 하기 위함이 아니라 우리에게서 하나도 남김없이 전적으로 돌려받으시기 위함이기 때문이다. 누구든지 이에 반발하고 조금이라도 자신의 욕구를 버리지 않는 사람은 창조의 질서에 대항해서 하나님의 것을 훔치는 짓을 하는 셈이다. 모든 것이 하나님한테서 왔기에 우리는 모든 것을 하나님께 마땅히 돌려드려야 한다.

슬프게도 선을 행하며 하나님을 사랑하길 원하면서도 자신이 주도권을 가지고 자기 뜻대로 하기 원하는, 스스로 주인임을 자처하는 영혼이 너무나 많다. 그들은 하나님이 자신을 어떻게 만족시키실지, 그리고 어떤 식으로 인도하실지 그 방법을 자신이 직접 결정하기를 원한다. 그들은 분명 하나님을 섬기고 그분을 소유하길 원한다. 그러면서도 하나님께 자신을 내드리려고 하지는 않는다. 하나님의 소유가 되는 것을 거부한다. 그들이 아무리 외형상 열심과 열정으로 가득 차 있을지라도 하나님은 이런 영혼을 거절하신다.

이처럼 그들의 영적인 풍부함은 어떤 의미에서 그들에게 걸림돌이 된다. 모든 것, 심지어 자신의 미덕까지 자신의 것으로 생각하고 끊임없이 자신의 선한 행동에서 자아를 내세우려고 하기 때문이다. 하지만 자신이 정한 방법대로 도덕적인 행동을 하기 원하는, 겉으로는 화려하고 열정적으로 보이는 영혼보다 자기 삶과 자연적인 본능을 포기하고 진정으로 가난해진 영혼이 더 위대하다. 이런 가난한 영혼은 오직 매 순간 하나님이 원하시는 것을 원하기 위해 자기 뜻 따위에 연연해하지 않는다. 그리고 하나님의 복음의 법칙과 그분의 섭리 경로를 묵묵히 뒤따른다.

이것이 바로 예수님이 "아무든지 나를 따라오려거든 자기를 부인하고 날마다 제 십자가를 지고 나를 따를 것이니라"(눅 9:23)고 하신 말씀의 핵심이다. 우리는 한 걸음씩 예수님을 따라가야 한다. 여기에는 왕도가 없다. 오직 자신을 부정함으로써 예수님을 따라가야 한다. 자기 부정이란 자아에 대한 권리를 주저 없이 포기하는 것을 의미한다. 사도 바울은 우리에게 "너희는 그리스도의 것이요"(고전 3:23)라고 말했다. 실로 우리 안에는 우리 소유라고 할 수 있는 것이 하나도 없다. 자아를 포기한 후 다시 그것을 도로 찾아가는 사람은 화가 있을 것이다.

나는 자비의 하나님이며 모든 위로의 하나님이 당신에게서 당신 마음을 떼어 당신이 조금도 그것을 주장하지 못하도록 하시기를 진정으로 바란다. 사실 고통스러운 수술에는 많은 희생이 따른다. 하나님의 칼이 우리의 몸을 자를 때 그분의 손 아래서 우리는 많은 고통을 느낄 수밖에 없다. 하지만 이것은 성도의 인내이며 순수한 믿음의 희생이므로 참아야 한다.

우리 안에서 하나님이 그분의 뜻대로 하시도록 맡겨드리라. 한순간도 의도적으로 하나님의 뜻에 저항하지 말라. 본능적으로 인간 본성의 반항적인 심리가 싹틀 때 하나님을 찾아가 은밀히 대면하고, 다시 하나님 편에 서서 당신의 연약하고 반항적인 본성에 대항해서 싸우라. 우리는 그 본성을 하나님께 맡겨드려야 한다. 그러면 하나님은 그것을 조금씩 없애주신다. 하나님의 임재 속에서 우리 안의 모든 것을 시기하시는 성령을 근심하게 하지 않기 위해 작은 실수까지도 조심하자. 그리고 이미 실수를 저질렀다면 그로 인해 탈진하거나 낙담하지 말고 자신의 가련함을 겸손하게 인식하고 전화위복의 기회로 삼자.

하나님을 영화롭게 해드리기 위해 우리의 모든 의지에서 우리를 해방시키는 것보다 더 좋은 방법은 없다. 그렇게 되면 하나님은 그분의 선하신 뜻에 따라 행동하실 수 있다. 그때 하나님은 진실로 우리의 하나님이 되시고 그분의 왕국이 우리 안에 임하게 된다. 우리는 모든 외적인 도움과 내적 위안을 제쳐 두고 오직 모든 것에 역사하시는 하나님의 손길을 보게 되고 끊임없이 그분을 경배하게 된다.

특정한 장소에서, 특정한 방식으로만 하나님을 섬기길 원하는 것은 하나님의 방법이 아니다. 우리 식으로 하나님을 따르겠다는 의미이다. 하지만 똑같이 모든 것에 준비되어 있고, 모든 것을 원하면서 모든 것을 원하지 않는 태도, 섭리의 손길에 자신의 모든 것을 맡기는 자세, 그리고 순종의 자세를 제한하지 않으려는 노력이 있어야 진정으로 자신을 부정하고 하나님을 섬긴다고 말할 수 있다. 이것이야말로 진정으로 하나님을 하나님답게 섬기고 자신을 그분의 피조물로 여기는 태도이다.

하나님이 우리에게 혹독한 시련을 주실지라도 우리는 행복한 사람이다. 이때 우리를 지으신 하나님이 우리 마음에서 주저함이나 반항심을 보게 된다면 우리의 선함은 결국 무용지물이 될 것이다. 그러므로 마음을 활짝 열고 하나님과 그분의 사랑이 그지없이 당신 속에 물밀듯이 파고들 수 있도록 하라. 하나님과 동행하는 길에서 어떤 것도 두려워하지 말라. 주저하거나 자신을 위해 두려워하는 대신, 오직 그분의 사랑에 충만해 있다면 하나님은 그런 당신의 손을 잡고 인도해주실 것이다.

순수한 사랑

나의 유익이 아닌 오직 하나님의 영광만을 구하라

성경 말씀처럼 하나님은 스스로 모든 것을 만드셨다(창 1:1). 그분의 능력으로 그 모든 것을 만드신 것이다. 그러므로 그분은 만물에 대한 자신의 권리를 절대 양보하실 수 없다. 지능 있고 자유롭게 행동하는 피조물도, 지능과 자유가 없는 다른 피조물도 모두 그분의 소유이다. 지능 없는 피조물의 경우 하나님은 그것들이 모두 전심으로 하나님을 찾아올 수 있도록 하신다. 또한 지능 있는 피조물의 경우 그들이 전적으로 주저함 없이 하나님께 자신을 드리길 원하신다. 실로 하나님은 우리의 행복을 바라신다. 하지만 우리의 행복이 그분 사역의 진실한 목표는 아니다. 또한 그분의 영광과 견줄 수 있는 목적도 아니다. 실로 하나님이 우리의 행복을 바라시는 것은 자신의 영광을 위함이다. 우리의 행복은 최종적이며 본질적인 목표인 하나님의 영광에 비하면 견줄 수 없는 아주 보잘것없는 목표이다. 하나님만이 모든 것에서 최고의 유일한 목적이다.

우리가 이 창조의 목적을 이루기 위해서는 자신보다 하나님을 더 좋아해야 한다. 또한 우리의 구원도 그분의 영광을 위해 사모해야 한다. 그렇지 않다면 하나님의 질서를 뒤집는 행위가 된다. 우리가 그분의 영광을 사모하는 이유가 우리의 행복을 위한 관심에서 출발한다면 잘못이다. 오히려 그분의 영광을 사모할 때만 그분 영광의 일부분으로 기쁘게 창조된 우리의 행복을 진정으로 바랄 수 있게 된다.

의로운 영혼이라 할지라도 그들에게는 자신보다 하나님을 더 사랑할 수 있는 능력이 없다. 그런데도 희미하게나마 하나님을 자신보다 더 사랑하려는 태도가 우리에게 절실히 요구된다. 물론 드러내 놓고 분명하게 사랑하는 것이 가장 완전한 사랑이다. 이런 태도는 하나님이 영혼에 통찰과 힘을 주셔서 자신보다 하나님을 더 사랑할 수 있도록 하셨기 때문에 가능하다. 그 결과 그들은 하나님의 영광을 위해 자신의 구원을 바라게 된다.

사람들이 이 진리를 이해하지 못하고 힘들어하는 이유는 그들이 자신을 사랑하고 자신의 이익을 위해 자신을 사랑하고자 하기 때문이다. 그들은 일반적으로, 그리고 피상적으로 자신이 하나님을 모든 피조물보다 더 많이 사랑해야 한다는 것을 안다. 하지만 그들은 자신보다 하나님을 더 사랑해야 하고 오직 그분을 위한 목적으로 자신을 사랑해야 한다는 사실을 이해하지 못한다. 그들은 사랑해야 한다고 쉽게 말한다. 그러나 그 전체 의미를 이해하지는 못한다. 누군가가 그들에게 우리가 우리 자신과 우리의 복보다도 하나님과 그분의 영광에 더욱 마음을 써야 하고, 전자를 후자보다 열등한 것으로 여겨야 한다고 설명하면 그들은 몸을 움츠릴 것이다.

피조물을 위한 분명하고 공정하며 본질적인 이 법칙을 사람들이 잘 이해하지 못하는 것을 보면 정말 놀라지 않을 수 없다. 성 어거스틴의 말처럼 인간은 자신 안에 갇혀 있기에 사물을 볼 때 자신을 가두는 자기 사랑의 좁은 한계 속에서만 바라본다. 인간은 계속해서 자신이 한낱 피조물이라는 사실을 망각한다. 또한 자신의 존재가 자신을 위한 것이 아니며 모든 존재를 가능하게 하시는 하나님의 선하신 뜻에 전적으로 소속되어 있다는 시각을 항상 견지하지 못한다. 사람들에게 이 엄청난 진리를 말해보라. 그러면 그들은 뻔뻔하게도 그것이 사실임을 인정한다. 하지만 어느새 그들은 무의식적으로 하나님과 협상을 벌이는 자리로 돌아와서 자신의 이익을 추구할 것이다.

하나님은 우리에게 미에 관한 본능적인 욕구를 주셨다. 그 미는 다름 아닌 하나님 자신이라고 할 수 있다. 이처럼 하나님은 우리가 그분과 쉽게 연합할 수 있도록 배려하셨다. 우리의 삶을 위해 음식에 관한 욕구를 주신 것처럼 우리의 행복을 위해 우리 안에 그러한 욕구를 주셨다고 할 수 있다. 우리는 하나님을 볼 때 그분이 우리 안에 허락하신 기쁨과 마음속에 있는 강하고 이기적인 욕구를 옛 아담의 반항적인 기질을 고려해서 분별할 줄 알아야 한다. 전자는 우리를 위한 축복이지만 후자는 자기중심적인 경향으로써 하나님을 사랑한다고 하지만 그 사랑을 자신의 이익에 종속시키고자 하는 것이다. 여기서 말하고자 하는 핵심은 무의식적으로 일어나는 어떤 자연적인 성향을 강조하기 위함이 아니다. 실로 사람들이 무의식적으로 필수불가결하게 일어나는 일에 관해 실수할까 봐 두려워하는 것은 잘못이다. 무의식에서 일어나는 욕구는 욕구라기보다는 꼭 있어야 하는 성향으로써 돌이 무게를 가지듯 누구에게나 당연히 있는 것이다.

또한 내 말의 의도는 우리가 자발적이고 의도적으로 어떤 일은 할 수 있고 어떤 일은 할 수 없다는 문제를 논의하고자 함이 아니다. 자유의지 속에서 어떤 행동을 할 때 자신의 복을 위한 동기가 무조건 나쁘다고 말할 수는 없다. 하나님도 우리가 그분과 연합할 때 파생되는 혜택을 발견하기를 기뻐하신다. 하지만 우리는 이런 동기를 가장 밑바닥에 두어야 한다. 우리는 우리의 복보다 하나님의 영광을 더욱더 원해야 한다. 우리의 복은 오직 그분의 영광을 위해 추구해야 한다. 그러므로 우리는 가장 사모해야 할 대상을 위해 우리의 복을 가장 하찮은 것으로 여길 줄 알아야 한다. 우리의 이익은 그분의 영광에 비하면 너무나 초라한 것이다.

타락 이후 자신에 갇힌 피조물은 이런 진리를 이해하는 데 매우 어려움을 겪었다. 이 진리는 피조물 본성의 핵심이 되어 모든 마음을 사로잡아야 하는 것이다. 그런데도 사람들은 이것을 깨달을 때 충격을 받는다. 하지만 우리는 하나님을 올바로 인정해야 한다. 우리가 우리 자신을 창조했는가? 우리의 존재 이유는 우리 자신인가, 아니면 하나님인가? 하나님이 우리를 만드신 것은 우리를 위해서인가, 아니면 그분 자신을 위해서인가? 우리는 누구의 소유인가? 하나님이 우리를 창조하신 목적이 우리의 복을 위한 것인가, 아니면 그분의 영광을 위함인가? 만약 그분의 영광이라면 우리는 그 창조의 본질적인 질서에 순응할 의무가 있다. 즉 우리의 복보다 그분의 영광을 사모하고 우리의 복을 그분의 영광으로 돌려야 한다.

그러므로 자신의 복을 추구하려는 무의식적이고 자연적인 성향은 결코 우리 신앙의 핵심이 될 수 없다. 분명 인간 안에는 수많은 타고난 성향이나 본능이 있다. 그것을 파괴하거나 축소할 수는 없다. 하지만 그런데도 항상 그것에 순응해서 행동해야 하는 것은 아니다. 예를 들어 우리의 생명을 구하고자 하는 본능은 가장 강력하고 타고난 인간의 본능 중 하나이다. 살고자 하는 본능은 행복해지고자 하는 성향보다 더 강하다. 행복은 성 어거스틴의 말처럼 오직 '더 나은 삶'일 뿐이다. 그러므로 행복해지려는 욕구는 자신의 생명을 지키고자 하는 욕구보다 우선순위에서 밀려난다. 하지만 우리는 의도적인 행동 속에서 항상 생명의 욕구에 따라 행동하지는 않는다. 우리는 오늘날 본성의 깊은 곳에 생명의 본능이 있음에도 삶을 포기하는 수많은 사람을 목격하게 된다.

부언하건대 하나님을 위한 우리의 자발적인 행동에서 우리의 복을 위한 동기가 핵심이 될 수는 없다. 우리의 이익을 위한 동기는 우리가 그것을 가장 하찮은 것으로 여길 때만, 그리고 그 동기를 우리의 모든 의지를 통해 최고의 동기인 하나님의 영광과 관련해서 추구할 때만 허락될 수 있다.

이제 핵심으로 들어가서 우리 자신보다 하나님을 더욱 사랑하는 두 가지 방법을 생각해보자.

첫 번째 방법은 하나님의 온전한 전 인격 속에서 우리를 위해 복주시는 그분을 보고 그분을 사랑하는 것이다. 이 방법에서 우리 자신의 복에 관한 동기는 강렬하지 않지만 하나님의 보호하심을 받고자 하는 마음은 어느 정도 가질 수 있다. 또한 만약 하나님이 우리에게 복주지 않으신다면 하나님에 대한 우리의 사랑은 어느 정도 식을 수 있다.

두 번째 방법은 하나님을 사랑하면서 그분의 약속으로 인해 복을 받고자 하는 것이다. 하지만 결코 그런 복을 기대하는 이기적인 동기에서 하나님을 사랑하는 것은 아니다. 이 방법은 그분의 완전하심 때문에 그분을 위해 그분을 사랑하는 태도이다. 그래서 심지어 그분이 우리에게 복주시지 않는다고 할지라도 그분에 대한 사랑의 강도는 변함이 없다.

분명 이 두 가지 사랑의 방법 중에 사심 없는 순수한 사랑은 후자의 방법이다. 후자의 방법은 피조물의 목적을 더 온전히 성취할 수 있다. 이 방법은 오직 하나님께 모든 것을 돌리고 자신은 아무것도 누리려고 하지 않기 때문이다.

물론 사심 없이 사랑하는 사람이라도 상급에 관심 없는 것은 아니다. 하지만 그는 그 상급이 자신의 이익이 아니라 하나님으로부터 오는 상급일 때만 관심을 둔다. 하나님이 그에게 그것을 원하라고 하셨기에 상급을 원하는 것이다. 그러므로 그가 상급을 추구하는 것은 자신의 이익 때문이 아니라 하나님의 명령이기 때문이다. 그는 자신에 관해서도 관심을 둔다. 하지만 그것은 하나님을 사랑하기 위해 마치 타인이 자신을 대하듯 관심을 두는 것이다. 또한 그는 하나님이 만드신 것을 사랑하는 차원에서 자신을 돌본다.

이기적인 인간이 자신의 복이 하나님으로부터 오는 것을 보고 그것을 추구하기 위해 하나님을 사랑한다면 우리 안에서 무한하게 완전하신 하나님이라 할지라도 그런 자의 욕구를 채워주실 수 없기에 그의 사랑은 곧 식고 말 것이다. 이에 비해 두 번째 방법대로 사랑하는 자는 그런 목적을 갖지 않는다. 그는 오직 온전함 그 자체를 사랑하기 위해 그 온전함을 인식할 뿐이다. 그 역시 자기 복의 동기들이 채워지기 원하지만 그는 오직 이런 목적을 위해 헌신한다. 복의 동기를 추구하게 되면 그 지원이 끊어질 때 자신의 사랑도 식게 된다는 사실을 느끼기 때문이다.

지팡이가 없으면 걸을 수 없는 병자는 다른 사람이 자신의 지팡이를 가져가는 것을 용납하지 않을 것이다. 자신의 약점을 알기 때문이다. 그는 항상 넘어질까 봐 두려워한다. 물론 이것은 잘못이 아니다. 한편 그가 지팡이가 필요하지 않은 건강한 사람을 볼 때 동요한다면 그것은 잘못이다. 건강한 사람은 지팡이 없이도 자유롭게 걷는다. 이때 건강한 사람은 지팡이 없이 걷지 못하는 사람을 경멸해서는 안 된다. 하나님의 최고의 온전함을 추구하면서도 자신의 복을 여전히 사모하는 사람은 하나님을 진정으로 사랑하기 위해 하나님으로부터 오는 은혜의 보화가 있음을 겸손히 깨닫고 항상 자신보다 더 완전한 분이 계심을 의식해야 한다.

그러므로 타인이 가진 재능을 시기하지 말고, 그것을 보고 오히려 하나님께 영광을 돌려야 한다. 당신이 사심 없이 하나님을 사랑하는 자라면 이 길에서 이탈해서는 안 된다. 또한 자신이나 다른 사람을 판단하지 말고 스스로 무엇인가 된 줄로 여겨서도 안 된다. 대신 현재 순수한 자기 모습이 원래 자신의 본모습이 아님을 항상 자각하고 순종하는 자세에서 자신을 신뢰하지 말아야 한다. 하나님을 사랑하면서도 자신의 유익을 추구하는 이웃이 있을지라도 그들로부터 선한 것을 발견할 수 있도록 노력해야 한다.

나는 이처럼 완전한 사랑은 불가능하며 환상이고 바보짓이라고 생각하는 사람들에게 다음과 같이 말해주고 싶다. 즉 하나님께는 불가능한 것이 없다는 사실이다. 그분은 자신을 질투하는 하나님이라고 부르신다. 그분만이 세상의 나그넷길에서 우리를 완전한 자로 이끄실 수 있다. 이 사랑을 환상이나 위험한 계교로 치부하는 것은 지금까지 이 사랑을 인정하고 그것을 통해 영적인 삶의 최고 경지에 올랐던 위대한 성인들을 망상가로 정죄하는 짓이다.

이 글을 읽는 누군가가 여전히 이런 사랑의 온전함을 인식하기 거부한다면 나는 그에게 다음과 같은 질문을 던지고 싶다. "영생은 은혜의 순수한 선물이며 모든 복의 최고봉이 아닌가? 우리는 천국이 오직 예수 그리스도의 넘치는 약속과 그분의 공로로 인해 주어지는 것이라고 믿지 않는가?" 그러므로 거기서 나오는 은혜도 그것의 기초가 되는 약속 못지않게 풍성한 것이다. 우리는 잘못된 형제들에게 이와 같은 사실을 계속 주지시킬 필요가 있다. '공로' 라는 말은 잘못이 아니다. 이 용어는 교회가 사용하는 말이다. 우리의 공로는 그 기초가 엄격한 우리의 의가 아니라 오직 순수한 자비하심 속에서 이루어진 그분의 약속을 토대로 이루어지는 것이다.

하나님 질서의 최종 목표인 영생은 모든 선물 중 가장 아낌없이 베풀어지는 은혜이다. 다른 모든 복은 이 은혜와 관련해서 주어지는 것이다. 다른 모든 것을 포용하는 이 은혜는 오직 이유 없이 가장 순수하게 주신 그분의 약속에 그 토대를 두고 있으며 예수 그리스도의 이유 없는 공로로 인해 성취되는 것이다. 모든 것의 토대인 약속 자체는 그분의 선하신 뜻과 목적 위에서 하나님의 순수하신 자비를 통해 지탱된다. 이 축복의 질서에서 모든 것은 하나님의 최고의 의지 안에 함축된다.

이 자리에서 이 반박할 수 없는 원리를 제시한 나는 다음과 같은 가정을 해보려고 한다. 즉 내 영혼이 육체로부터 빠져나가자마자 하나님이 내 영혼을 멸하신다는 가정이다. 하지만 이런 가정은 그분의 전적인 자유의지에서 주어진 약속 때문에 불가능하다. 물론 하나님이 결심하시면 타인을 위한 그분의 일반적인 약속을 위해 내 영혼을 제외하실 수도 있다. 위의 가정에 따라 하나님이 내 영혼을 멸하실 수 없다고 누가 감히 말할 수 있겠는가? 피조물 그 자체는 아무것도 아닌 존재이기에 창조주의 자의적인 뜻에 따라 존재한다. 그러므로 창조주는 피조물이 아무것도 아닌 존재로 전락하지 않도록 끊임없이 창조의 권능으로 그 피조물을 계속 새롭게 하셔야 한다.

앞에서 나는 잠시 하나님의 자유롭고 자의적인 법칙의 한 예외를 단순히 가정했기에 이제 구체적으로 가능성 있는 가정을 해보려고 한다. 즉 하나님이 모든 다른 영혼을 불멸의 존재로 만드시고 내 영혼은 임종 시 멸절시키실 것이라는 가정이다. 그럴 때 하나님은 먼저 내게 그분의 계획을 밝혀주실 것이다. 하나님이 그렇게 하실 수 없다고 누구도 감히 말할 수 없다.

이상의 가정이 가능하다고 할 때 더는 내게 약속, 상급, 축복, 또는 미래의 희망은 없어지게 된다. 그리고 더는 하나님을 소유하고자 하는 소망도 가질 수 없게 된다. 그분의 얼굴을 바라보거나, 그분을 영원히 사랑하거나, 이생의 삶 너머 천국에서 그분의 사랑을 받고자 하는 희망을 더는 가질 수 없게 된다. 이제 내게는 죽을 운명만이 남아 있다고 가정해보자. 오직 인생의 한순간만이 남아 있고, 그 후에는 영원히 멸절된다고 생각해보자. 나는 이 순간을 어떻게 사용할까? 나는 당신에게 이 질문에 정확하게 대답해 줄 것을 촉구한다.

이 마지막 순간에 더 이상 나는 하나님을 어떤 보상으로도 생각할 수 없기에 하나님을 포기해야 할 것인가? 그분이 더는 나의 구원이 아닌 탓에 그분을 저버려야 하는가? 창조의 진정한 목적을 내팽개쳐야 하는가?

내게 영원의 기쁨을 베푸셔야 할 의무가 없는 하나님이 내게서 그 기쁨을 배제하실 때 내가 그분이 스스로 자신의 영광을 포기했다고 생각할 수 있는가? 그것을 보고 그분이 더는 그분의 영광을 위해 일하지 않으신다고 말할 수 있는가? 또는 나를 창조하신 창조주의 권리를 그분 스스로 포기했다고 말할 수 있는가? 또한 모든 피조물을 존재하게 하시는 하나님이 나에게 피조물의 의무를 수행하지 못하도록 하셨다고 주장할 수 있는가? 이런 가정 아래서도 우리가 오직 하나님만을 위해 어떤 대가도 바라지 않고 사랑해야 한다는 것은 자명한 진리가 아닌가? 모든 복에서 제외되었고 내 마지막 순간이 다하면 영원히 멸절된다고 할지라도 순수하고 사심 없는 온전한 사랑의 행위로 그 마지막 순간을 채워야 하지 않겠는가?

만약 하나님으로부터 영원히 아무것도 받지 못할 사람일지라도 하나님께 빚진 자라면 하나님 자신 전부를 영원히 받은 우리는 얼마나 큰 빚을 진 자인가? 만약 하나님이 타인에게 베푸신 하나님 나라를 내게는 거부하신다고 치자. 그리고 나를 영원히 사랑하지 않으신다고 가정해보자. 그래도 여전히 나는 온 마음과 온 힘을 다해 그분을 사랑해야 할 의무가 있다. 내가 이 의무를 소홀히 한다면 나는 괴물처럼 기괴한 피조물이 될 것이다.

나의 사랑하는 독자들이여! 당신은 그분이 자격 없는 당신에게 하나님을 영원히 소유할 수 있는 은혜를 베풀어주신 상황에서 내가 앞에서 가상적이고 극단적인 예로 제시한 조건 없는 사랑의 실천을 두려워할 것인가? 그분이 당신을 나보다 더 많이 사랑하신다는 이유만으로 안심하면서도 나보다 하나님을 덜 사랑할 것인가? 오직 대가만을 바라고 이기적인 사랑을 할 것인가? 설령 당신을 향한 하나님 사랑의 강도가 지금보다 약해진다고 할지라도 당신은 여전히 이기적인 동기를 배제하고 그분을 사랑해야 할 의무가 있다. 예수 그리스도의 약속과 그분의 보혈 결과가 고작 하나님을 이기적으로 사랑하는 태도란 말인가? 그분이 당신에게 온전한 축복을 허락하신 상황에서 당신은 오직 그 무한한 대가를 받는 조건 아래에서만 그분을 사랑할 것인가? 내게는 배제된 천국의 축복을 받는 당신이 마땅히 자신의 영광과 행복의 동기를 버리고 하나님을 사랑해야 함에도 그렇게 하지 않는 자기 행동을 합리화할 수 있겠는가?

그 지고한 행복의 상태가 하나님 자신이라고 말하지 말라. 하나님은 마음먹으시면 나와 마찬가지로 당신을 위해 더는 축복하지 않으실 수도 있다. 하지만 내 경우 그분이 나를 위해 그렇게 하지 않으실지라도 나는 그분을 사랑해야 한다. 하나님으로부터 축복의 자극을 더는 받지 못할 때 당신은 왜 하나님에 대한 사랑을 포기하려고 하는가? 당신에게 아무런 이익도 주지 않는 순수한 사랑 앞에서 당신은 왜 몸을 떠는가?

　우리에게 영원한 복락은 당연한 권리이며 하나님은 인간의 창조
주이시기에 인간에게 반드시 영생을 주실 의무가 있다고 생각하는
사람은 내 가정을 부인할 수 있을 것이다. 하지만 그런 사람일지라
도 복 중의 가장 큰 복인 영생이 오직 은혜임을 부인한다면 그것은
명백한 불경죄이다. 그것이 은혜가 아니라면 영생의 상급은 약속과
상관없이 우리에게 주어지는 것이 될 것이고, 하나님은 피조물에게
영생과 행복을 주셔야 할 의무를 지게 될 것이다. 그래서 하나님은
그것을 저버리지 못하고 반드시 영생을 주셔야 한다.

　하지만 앞에서 제시한 나의 가정은 하나님의 권리를 보여주고
이기심 없는 사랑의 필요성을 보게 해준다. 만약 영생이 하나님의
자유로운 약속의 질서와 상관없이 주어진다면 그것은 그분이 우리
가 큰 시험을 치를 만한 가치가 없다고 생각하신다는 뜻이 된다. 또
한 그것은 하나님이 우리 자신과 우리의 행복보다는 그분과 그분의
영광에 더 관심이 있으시다는 것을 함축한다. 결론적으로 진멸해야
마땅한 사람과 영생의 약속을 받은 사람을 대조시킨 위의 가정을 통
해 우리는 이기적인 사랑이 이기심 없는 사랑에 비해 얼마나 저속한
것인지 절실히 깨달을 수 있다.

순수한 사랑의 실체

하나님의 눈으로 다른 사람들을 바라보라

우리는 자아에 대한 미련이 없다고 하면서도 왜 다른 사람들 안에서보다 자신 안에서 하나님의 선물을 직접 체험하기를 더 좋아하는가? 타인보다 자신 안에서 하나님의 은혜를 체험하기를 원하는 사람은 다른 사람들이 자신보다 은혜를 더 온전히 누리는 것을 볼 때 기분이 상한다. 그로 인해 질투심이 일어난다. 그러므로 우리가 할 일은 무엇인가? 하나님이 우리 안에서 그분의 뜻을 이루신 것과 그분이 우리를 통치하시는 것을 기뻐할 때 우리의 행복이나 우리의 완전함을 위해 기뻐하는 대신 하나님의 선하신 뜻과 그분의 순수한 영광을 위해 기뻐하는 것이다.

이에 관해 다음 두 가지 경우를 생각해보자.

첫 번째 경우는 이 모든 것이 신비한 공상이 아닌 현실로 다가오는 경우이다. 이 경우 하나님은 인간의 영혼을 완전하게 하시기 위해 먼저 우리를 벌거벗기신 다음, 가차 없이 더 순수한 사랑으로 이끄신다. 그리고 우리 영혼에게 모든 시련을 허락하신다. 또한 우리 영혼이 자신을 사랑하기 위해 의지하는 모든 버팀목과 집착을 완전히 버릴 때까지 결코 그 영혼을 가만히 놔두지 않으신다. 이 순수한 사랑의 원리는 그 어떤 것보다 엄격하고 민감하며 매우 질투심이 많다. 이 원리는 보통 우리가 인식하지 못하는 행동도 결코 용납하는 법이 없다. 그래서 경건한 사람들이 일반적으로 미묘한 행동이라 생각하는 것도 하나님의 뜻에 따라 자아를 버리기를 원하는 영혼에게는 본질적인 행동이 된다. 그는 마치 용광로에서 단련받는 금과 같다. 불은 순수한 금이 아닌 모든 것을 태워버린다. 마찬가지로 우리는 우리의 온 마음을 용광로로 만들어서 하나님의 사랑을 더욱 순수하게 만들 의무가 있다.

두 번째 경우는 모든 영혼이 이 세상의 삶에서 하나님을 전적으로 찾지 않는 경우이다. 이 경우 하나님은 무수히 많은 종교적인 사람들이 자신의 이익을 추구하도록 그냥 내버려 두신다. 그래서 그들이 도덕적인 행동을 할 때 자신의 이익에 집착하게 된다. 그리고 이런 집착을 통해 그들은 어느 수준까지 정화되기도 한다. 하지만 그들은 스스로 완전을 위해 하나님의 축복에 관심을 두는 탓에 축복에 관한 집착을 버리는 것을 가장 어리석고 위험한 행동이라고 생각한다.

앞서 첫 번째 경우의 사람들에게는 사심 없는 감사가 있다. 그들은 하나님이 그분의 순수한 영광을 위해 자신에게 베푸신 것들로 인해 하나님께 영광을 돌린다. 물론 두 번째 경우의 사람들도 하나님이 자신을 위해 행하신 것들을 생각하고 자신의 이익을 하나님의 이익과 결부시킨다.

만약 첫 번째 부류의 사람들이 두 번째 부류의 사람들에게서 이기적인 생각들을 제거하려고 한다면 그것은 마치 아직 음식을 먹을 수 없는 아이에게 음식을 먹이는 것처럼 후자의 사람들에게 치명적인 해를 입히게 된다. 만약 어머니가 갓난아이에게서 젖을 뗀다면 그 아이는 곧 죽고 말 것이다. 그러므로 다른 영혼이 하나님이 허락하신 뜻에 따라 그들의 약점을 지탱해주는 자양분을 받고 있을 때 우리가 함부로 그 자양분을 차단하려고 하는 것은 명백한 잘못이다. 은혜를 온전히 사모하도록 만들기 위한 노력이 결과적으로 은혜를 죽이는 꼴이 되는 것이다.

반대로 두 번째 부류의 사람들은 첫 번째 부류의 사람들이 축복에 관심을 두지 않는다고 비난해서는 안 된다. 하나님은 각 사람에게 그분이 원하는 뜻을 행하신다. 하나님의 순수한 시각에서 우리 자신을 망각할 때 하나님은 그 상태에서 그분이 가장 기뻐하시는 뜻을 행하실 수 있다. 결론적으로 중요한 것은 두 번째 부류의 사람들은 첫 번째 부류의 사람들에 대해 호기심을 갖지 말아야 한다는 점이다. 그리고 첫 번째 부류의 사람들도 두 번째 부류의 사람들에게 허락하지 않은 체험을 강요하지 말아야 한다는 것이다.

"내가 그리스도와 함께 십자가에 못 박혔나니 그런즉
이제는 내가 사는 것이 아니요 오직 내 안에 그리스도께서 사시는 것이라.
이제 내가 육체 가운데 사는 것은 나를 사랑하사 나를 위하여
자기 자신을 버리신 하나님의 아들을 믿는 믿음 안에서 사는 것이라"(갈 2:20).

십자가의
능력과 말씀을
체험하는 삶

인간의 타락

순수한 믿음과 온전한 경건을 더욱 사모하라

우리가 여전히 사람들의 연약함과 타락상을 보고 놀란다면 아직도 인간의 추함을 충분히 인식하지 못했다는 증거이다. 사람에게서 아무런 선도 기대하지 않는 자는 어떤 악 앞에서도 당황하지 않는다. 그러므로 우리가 놀란다는 사실은 인간이 아무것도 아니라 오히려 그 이하임에도 불구하고 인간에게 가치 있는 무엇인가가 있다고 믿기 때문이다. 나무는 열매 맺을 때 스스로 놀라지 않는다. 하지만 사도 바울이 말한 것처럼 돌감람나무인 우리가 예수님께 접붙여져서 쓴 열매가 아닌 달콤한 열매를 맺게 될 때 우리는 우리 존재의 원천인 예수 그리스도를 보고 놀라게 된다. "네가 원 돌감람나무에서 찍힘을 받고 본성을 거슬러 좋은 감람나무에 접붙임을 받았으니 원가지인 이 사람들이야 얼마나 더 자기 감람나무에 접붙이심을 받으

랴"(롬 11:24).

그러므로 자기 과신과 독선의 독으로 물든 인간적인 미덕을 청산해야 한다. 인생에는 매 순간 이런 내적인 우상 숭배가 도사리고 있다. 미덕이라는 빛에 가려져 자행되는 우상 숭배는 일반적으로 사악하다고 생각되는 많은 죄보다 사실 더 끔찍한 것이다. 진리는 오직 하나이며 우상을 분별하는 방법도 한 가지이다. 즉 그 판단 기준은 하나님이시다. 자신에 가득 찬 영혼이, 모든 것이 하나님을 위한 것임에도 자신의 탁월함을 자랑할 목적으로 어떤 미덕을 행할 때 하나님은 그런 가증한 미덕을 인간의 연약함, 욕망, 또는 무지로 범하는 무서운 죄보다 더 역겹게 여기신다. 이런 인간적인 미덕은 하나님의 창조 질서에 완전히 어긋나는 것이다.

그러므로 우리의 취향대로 선과 악을 판단하는 일을 멈추자. 우리의 취향은 자기애로 인해 타락했고 거짓된 판단 기준에 의해 오염되어 있다. 이 세상에 유일한 최고의 하나님 앞에서 자신을 작게 여기는 자가 가장 큰 자이다. 그런데도 우리는 이 진리에 역행함으로써 스스로 큰 자가 되려고 한다. 하지만 하나님은 우리를 낮추기를 원하시며 그분의 손에서 우리가 작아지기를 바라신다. 하나님이 우리에게서 이 일을 하실 수 있도록 맡겨드리라.

하나님을 찾는다는 사람들을 보면 비참함으로 가득 차 있다. 그들의 불완전함은 하나님의 뜻이 아니다. 이런 불완전함 때문에 그들은 하나님께로 바로 가지 못한다. 그들은 빨리 갈 수도 없다. 자신이라는 무게와 불필요한 장치들로 과중한 짐을 지고 있기 때문이다. 그들은 이런 짐을 매우 열렬히 선망하며 가지고 다닌다. 어떤 사람들은 자신이 똑바른 길을 간다고 생각한다. 하지만 그들은 자신의 목적을 위해 작은 이탈을 서슴없이 용납한다. 그들은 그 정도는 허용될 수 있다고 생각한다. 또 어떤 사람들은 자신의 마음을 제대로 알지도 못하면서 자신이 모든 것을 초월했다고 착각한다. 하지만 실상 그들의 마음은 모든 것에 미련이 남아, 적어도 눈앞의 이익이나 방해 앞에서는 헤어나지 못한다. 그들은 성전의 저울로 타인들의 논리를 저울질한다고 생각하지만 정작 자신의 논리만을 합리화하고 자신을 자랑할 뿐이다. 그래서 정의와 옳은 믿음에 관해 이야기하면서도 정작 정의롭지 못하다.

그들은 자신이 시샘하는 사람에게서 흠을 잡는다. 그들의 마음속 깊은 껍질 속에 포개져 숨어 있는 질투는 타인의 아주 작은 실수도 크게 과장한다. 질투로 가득한 그들이기에 침묵하는 것은 불가능하다. 그들은 자신도 모르게 폭발해서 자신이 혐오하고 경멸하는 것들을 말한다. 그것은 혐오스러운 비판이 되고 나중에는 자신도 느끼지 못하는 사이에 추악한 악으로 변한다. 이기적인 생각으로 좁아진 마음은 자신의 입맛에 맞는 것을 하기 위해 자신을 속인다. 그것은 약하고 불확실하며 겁먹고 항상 움츠릴 준비를 하면서 남에게 아첨을 떤다. 그 목적은 바라는 대상을 얻고자 함이다.

이 마음은 우물 안 개구리처럼 자신 안에 갇혀 있어서 이웃을 위한 생각이나 감정이 없다. 간혹 하나님에 대한 두려운 생각으로 자신의 거짓된 평화가 깨지면서 잠시 타인에게 자신을 내주기도 한다. 하지만 이런 행위는 오직 자신도 모르게, 그리고 두려움 때문에 하는 행동이다. 그것은 갑자기 격렬하게 나타나는 이상한 충동에 지나지 않는다. 이것이 사라지면 그들은 곧 다시 자신의 자아 깊은 곳으로 돌아와 스스로 자기 신이 된다. 그래서 자아나 자아와 관련된 것만 귀중하게 여길 뿐 세상의 나머지 것에는 아랑곳하지 않는다. 그렇다고 그들에게 어떤 야망이 있거나 탐욕적이고 불공평하며 불충한 것이 있는 것은 아니다. 다만 그들이 모든 악을 반대하고 도덕적인 행동을 계속하는 것은 그들 마음속에 어떤 사랑이 있어서가 아니라 거부할 수 없는 이상한 두려움 때문이라는 것이다. 이 두려움 때문에 비록 자신의 영혼만 생각하는 그들이지만 악한 행동을 멀리하는 것이다.

바로 이런 현상이 내가 가장 못마땅하게 여기는 부분이다. 이런 모습을 볼 때마다 나는 순수한 믿음과 온전한 죽음의 경건을 더욱 사모하게 된다. 그리고 이 때문에 영혼을 온전히 포기하고 절대 뒤돌아서지 않겠다는 소망을 더욱 간절히 갖게 된다. 일반적으로 사람들은 이와 같은 수준의 성숙은 너무 높은 이상이며 실현 불가능하다고 여긴다. 그렇다면 시험적으로 자기애 속으로 빠져들어 하나님을 두려워하면서 동시에 죽을 때까지 타락하고 일주일에 한 번씩 잠시 깨어나는 일을 반복해보라. 일단 자기애에 빠진다면 비참함에서 헤어날 수 없다. 겉으로는 남보다 화려하고 고상해 보일지라도 그런 외형적인 모습이 우리의 진실한 버팀목이 될 수 없다. 그것은 자기 애로 물든 헌신으로 우리를 감염시킨다.

이것 때문에 사회가 타락해간다. 그래서 하나님은 이것을 토해 버리신다. 우리도 언제 하나님처럼 이런 행동을 토해버릴 것인가? 언제 문제의 근원을 제대로 이해할 것인가? 사람들에게 진정한 신앙심의 경지를 제시한다면 그들은 두려워하며 너무 지나치다고 말할 것이다. 하지만 그런 경지까지 가지 않는 헌신은 연약하고 과민하며, 시기하고 자기중심적일 수밖에 없다. 실로 자신을 잃고 자신을 망각하며 자신을 포기하는 용기와 신실함을 가진 사람은 별로 없다. 그러므로 경건한 신앙심을 진정으로 소중히 여기는 사람은 거의 없다.

당신은 신실한 신앙적인 행동에 성급함과 나약함이라는 실수가 동반될 수 있다는 사실을 알 것이다. 하지만 하나님을 진정으로 기쁘시게 하겠다는 의도로 하는 행동이 당신의 연약함, 거짓된 망상, 자기 이익과 습관으로 인해 오염될 수 있다는 사실을 제대로 이해하지 못하는 것 같다. 물론 그 행동의 의도 자체는 순수하고 강한 것이다. 그리고 그것은 비록 연약하고 불완전할지라도 어느 정도 나름대로 선하고 신실한 행동이라고 말할 수 있다. 하지만 문제는 우리가 우리 행동 안에 잠재된 탐욕을 보지 못한다는 사실이다. 그것은 여러 가지 이유로 은폐되어 있다.

우리는 우리의 탐욕적인 행동을 좋은 계획 수립, 손실 방지, 그리고 미래의 필요에 관한 대비 등으로 그럴듯하게 포장한다. 실제로 우리는 지나치게 이기적이면서도 우리 안에 숨어 있는 천하고 사악한 그런 감정을 보지 못한다. 이 감정은 우리를 혼란스럽게 만들기 때문에 우리는 그것을 깨닫지 못한다. 이것은 위장해서 때때로 이런 이기적인 감정을 깨닫고 괴로워하는 사람을 잘 속인다. 이에 반해 비판적인 눈으로 자신의 이기심을 해부하는 사람은 속임을 덜 받는다. 우리는 날카롭고 과민하므로 이런 감정을 마음에서 느끼면 괴로워한다. 이런 탐욕의 모든 원인은 우리의 이기주의이다. 하지만 이기주의는 수만 가지 이유를 대며 자신을 은폐한다. 그것의 변명을 들어보라. 당신은 그 변명이 끝도 없음을 발견하고 도리어 그것에 잘못이 없다고 확신하게 될 수도 있다.

무엇보다 선한 의지를 가진 사람의 행동에도 오류가 뒤섞여 있다는 사실을 인정해야 한다. 그들의 의지가 비록 선할지라도 여전히 연약하고 자기애의 비밀스러운 요소에 의해 분열되어 힘을 제대로 발휘하지 못하기 때문이다. 당신이 타인의 잘못에 관해 강렬하게 분노하는 것도 잘못이다. 타인의 불의함에 관한 경멸은 자신을 충분히 인식하지 못하는 또 다른 불의함이다. 그것은 자신을 인간의 천한 상태 위에 두고자 하는 오만이다. 하지만 사물을 분명히 직시하기 위해서는 낮은 곳에서 보아야 한다. 또한 당신의 선입견은 너무나 강하다. 그래서 한결같이 특정한 상황에만 적용되고 변함없이 특수한 상황에서만 취할 수 있는 잣대를 전혀 맞지 않는 상황에 대입해서 성급하게 결론을 내린다.

당신은 모든 인류를 경멸할까 봐 두려워한다. 하지만 어느 의미에서 나는 당신이 인간을 경멸하기를 바란다. 실로 인류는 경멸할 만한 대상이다. 모든 인간 속에 있는 악의 심연을 꿰뚫어 보기 위해서는 오직 하나님의 빛이 있어야 한다. 하지만 이 모든 악의 깊이를 인식할 때 우리는 또한 하나님이 그것과 함께 섞어 놓으신 선을 볼 수 있어야 한다. 하지만 우리가 혼합된 선과 악을 각각 분별한다는 것은 쉬운 일이 아니다. 이처럼 좋은 알곡과 쭉정이를 서로 양립하도록 함께 놓아둔 장본인은 사탄이다. 종들은 그것을 분리하기를 원한다. 하지만 주인은 "추수할 때까지 그냥 내버려 두라"고 말씀하신다(마 13:30).

중요한 것은 나쁜 것을 볼 때 너무 낙담해서 지나친 불신감을 느끼지 말라는 것이다. 천성적으로 남에게 자신을 드러내고 남을 잘 믿는 사람들은 자신의 솔직한 행동으로 말미암아 나중에 크게 배신감을 느끼고 그렇지 않은 사람들보다 훨씬 수구적으로 변해 타인을 의심하게 된다. 그래서 절망 속에 사는 겁쟁이가 된다.

여기서 당신은 많은 것을 경계해야 한다. 당신은 온 인류의 참담함을 끊임없이 보게 될 것이다. 그뿐만 아니라 시기, 질투, 성급한 판단, 그리고 모든 의심스러운 악독함이 많은 순진한 것을 감염시키고, 작은 잘못이 나중에 무자비하게 증폭되는 것을 목격하게 될 것이다. 그 결과 이 모든 것이 당신의 인내, 확신, 그리고 박애심을 공격해 결국 지치게 될 것이다. 하지만 끝까지 참으라. 하나님은 그분을 위해 진실한 종을 예비하셨다. 비록 그들이 모든 것을 다하지는 못하지만 그들은 타락한 세상과 비교할 때, 그리고 그들의 본성에 비추어 볼 때 많은 일을 수행한다. 그들도 자기 잘못을 인식한다. 그래서 그것을 부끄러워한다. 하지만 그들은 진리 안에서 그 잘못을 서서히 고쳐 나간다. 그리고 마침내 그것을 바로잡고 자기 행동으로 하나님을 찬양한다. 그들은 자신이 하지 못한 것을 자기 잘못으로 탓한다. 하나님은 이런 그들의 잘못을 용납하신다. 그러므로 당신도 그런 잘못을 용납해야 한다.

당신이 하나님을 지금보다 더 잘 섬겨야 한다는 사실을 발견했다면 온 힘을 다해 진리 안에서 그분을 경배하도록 열망하라. 그렇게 되면 당신은 피조물 안에는 가치 있는 것이라고는 아무것도 없음을 깨닫게 될 것이다. 하나님을 경배하는 일에서 뒤돌아서는 것이 불신이며 이기적인 행동임을 알게 될 것이다. 당신이 이런 행복한 상태에서 그렇지 못한 사람들을 인내심으로 용납한다면 당신의 마음은 엄청나게 넓어져 세상의 이기적인 마음을 더욱 좁게 만드는 모든 연약함에 오히려 동정심을 느껴 관대해지게 될 것이다.

우리가 더욱 온전해질수록 우리는 타인의 불완전함을 더 잘 받아들일 수 있게 된다. 반면 바리새인들은 예수 그리스도께서 온유함과 자비하심으로 대하셨던 세리와 창녀들을 받아들이지 못했다. 더는 자아에 관심 없는 사람은 하나님의 위대함 속으로 들어간다. 하나님의 위대함은 그 어떤 것에도 거부감을 느끼지 않는다. 당신은 언제 이와 같은 마음의 자유와 풍성함을 누릴 것인가?

우리는 우리의 괴팍함과 신경과민을 도덕적인 행동을 취할 때 부수적으로 따라올 수 있는 것으로 치부한다. 하지만 실제로 그런 것은 우리 마음이 좁고 우리가 스스로 갇혀 있어서 나오는 결과이다. 누구든지 하나님 안에서 더는 자신에게 신경 쓰지 않는 사람은 이웃을 위해 모든 것을 한다. 그러나 여전히 자신을 위해 존재하는 사람은 하나님이나 이웃을 위해 있을 수 없다. 이런 사람은 자신을 향한 집착으로 인해 한계를 가질 수밖에 없다. 평화, 진리, 단순함, 자유, 순수한 믿음, 이타적인 사랑 등이 역사해서 당신 속에 있는 자아의 마지막 흔적까지 소멸하기를 바란다.

복음의 법

좁은 길로 들어가는 복음의 멍에를 지라

오직 악을 행하지 않으면 구원을 이룰 수 있다고 생각하는 것은 잘못이다. 거기에는 반드시 선한 행동이 동반되어야 한다. 천국은 너무나 큰 축복이기에 조금의 실수라도 할까 봐 죄를 짓지 않으려고 몸을 사리는 노예적인 두려움에 떠는 사람은 천국을 상급으로 받을 수 없다. 하나님은 그분의 선하심을 사랑하는 자녀를 원하시지 그분의 힘이 무서워 노예근성으로 섬기는 자를 원하시지 않는다. 그러므로 우리는 그분을 사랑해야 하며 진정한 사랑을 가져다주는 일을 행해야 한다.

많은 사람이 비록 의도는 좋지만 이 점에서 실수한다. 하지만 선한 믿음으로 그들의 말을 분별하면 그들의 오류가 무엇인지 쉽게 깨달을 수 있다. 그들의 오류는 한마디로 하나님과 자신을 제대로 알지 못한 데 있다. 그들은 자신의 자유를 선망한다. 그래서 신앙을 위한 헌신에 너무 많은 것을 희생할 때 자신의 자유가 상실될까 봐 두려워한다. 하지만 그들은 스스로가 주인이 아님을 알아야 한다. 그들은 하나님의 것이다. 하나님이 그분의 영광을 위해 그들을 만드셨지, 그들의 영광을 위해 만드신 것이 아니다.

하나님께는 절대적인 권위를 가지고 그들을 그분의 뜻대로 인도하실 권리가 있다. 그러므로 사람들은 조건 없이, 그리고 조금도 주저함 없이 하나님을 향해 전적인 의무를 수행해야 한다. 솔직히 말해 우리는 하나님께 자신을 드릴 권리가 없다. 우리 스스로가 어떤 권리를 가지고 있다는 것은 어불성설이기 때문이다. 마땅히 우리를 그분의 것으로 하나님께 드리지 않는다면 우리는 하나님을 모독하는 절도죄를 짓는 셈이다. 이것은 자연의 질서를 어기고 창조의 법칙을 위반하는 행위이다.

또한 우리가 하나님이 우리에게 정하신 법에 관해 왈가왈부하는 것도 주제넘은 행동이다. 우리의 할 일은 단지 그것을 받아들이고 경배하고 무조건 따르는 것뿐이다. 하나님은 우리에게 무엇이 좋은지 아신다. 만약 우리가 복음의 말씀을 고칠 수 있었다면 아마도 우리는 그것을 우리의 연약함에 부합하도록 개작했을 것이다. 하지만 하나님은 복음의 도를 정하실 때 우리와 의논하지 않으셨다. 하나님은 그 도를 완성하시고 우리에게 제시하셨다. 그리고 모든 상황에서 같게 적용되는 이 최고의 법을 지키지 않는 한 결코 구원의 소망을 가질 수 없도록 하셨다. 천지는 없어질 것이나 생명과 죽음의 말씀은 절대 없어지지 않을 것이다. 우리는 그 말씀에서 낱말 한 획도 제거할 수 없다. "천지는 없어지겠으나 내 말은 없어지지 아니하리라"(눅 21:33).

우리의 상황에 적당히 맞추기 위해 말씀의 위력을 감소시키는 목회자들은 화가 있을 것이다. 법을 제정한 자는 그들이 아니다. 그들은 말씀을 위탁받은 자에 불과하다. 그러므로 우리가 하나님의 복음의 법이 가혹하다고 그 법을 전하는 자들을 탓할 수 없는 노릇이다. 이 법은 온 인류뿐만 아니라 말씀을 맡은 직분자에게도 같은 위력을 가진다. 심지어 말씀을 맡은 사람에게는 더욱더 위력이 있다. 그들은 그 법을 준수하기 위해 자신뿐만 아니라 다른 사람까지 책임져야 하기 때문이다. 예수님은 "만일 맹인이 맹인을 인도하면 둘이 다 구덩이에 빠지리라"(마 15:14)고 말씀하셨다. 겁쟁이나 아첨꾼처럼 그 좁은 길을 넓히고자 하는 무지몽매한 성직자는 화가 있을 것이다. 넓은 길은 멸망으로 인도하는 길이다.

그러므로 인간의 교만은 잠잠할지어다. 사람은 자신이 자유인이라고 생각하나 실제로 자유인이 아니다. 인간은 모두 복음의 법의 멍에를 져야 한다. 그리고 그 멍에의 무게를 감당하기 위해 하나님이 그에게 힘을 주시기를 소원해야 한다. 실로 피조물에게 무한한 권능으로 명령하시는 하나님이시지만 그분은 또한 자신의 은혜로 그 명령한 바를 우리가 수행할 수 있도록 힘을 주신다.

십자가

자신만의 십자가를 발견하고 그 쓴잔을 기쁘게 마시라

하나님은 우리에게 매우 창의적인 십자가들을 만들어주신다. 매우 무거운 쇠나 납으로 만들기도 하시고, 무게가 전혀 느껴지지 않아 지기에 전혀 어려움이 없는 짚으로 만들기도 하신다. 또한 금이나 귀한 보석으로 만들어 눈부시게 하기도 하신다. 하지만 이처럼 화려한 십자가도 보잘것없는 십자가들처럼 우리의 정욕을 못 박는 데 똑같이 유용하다. 하나님은 또 우리가 가장 좋아하는 것을 고통스러운 것으로 만들어 그것을 재료로 삼아 십자가를 만들기도 하신다. 그래서 부유함이 혼란과 불행을 가져오는 것이다. 그리고 우리가 원하지 않는 것이 생기고 원하는 것이 사라지는 것이다.

걸인 대부분은 자신의 불행 속에서 집마다 찾아다니거나 행인을 붙잡고 적극적으로 구걸한다. 이에 반해 부자들은 소극적인 가난한 자라고 할 수 있다. 부자들은 사람들에게 대놓고 동정이나 위안을 구하지 않는다. 종종 하나님은 부자들에게 이런 속박의 상태에 육체적인 연약함을 더해 이중의 십자가를 지게 하신다. 이 이중의 십자가의 유용성은 다른 어떤 것에 비견할 수 없을 정도로 효과가 크다. 이 이중의 십자가는 그 사람의 모든 것이 못 박히게 만든다. 그로 인해 거기에 못 박힌 자는 자신의 연약함을 느끼고 자신의 부가 아무 쓸모 없음을 깨닫게 된다.

세상은 당신의 십자가를 보지 못한다. 세상은 당신의 십자가를 단순히 사소한 골칫거리 정도로 생각하고 자격 있는 사람을 찾아가면 쉽게 고칠 수 있는 것으로 치부한다. 또한 세상은 당신의 십자가를 단순히 신경쇠약 정도의 가벼운 병으로 생각하기도 한다. 하지만 당신은 당신의 상태를 고통, 무미건조함, 지루함, 속박, 낙담, 고뇌 등 참을성 없는 상태로 체감한다. 많은 사람의 부러움을 살 정도의 부를 가졌음에도 정작 그것을 가진 사람은 그렇게 느끼지 못한다. 이렇게 해서 하나님은 온 세상이 그의 재물을 부러워하는 상황에서 그를 십자가에 못 박으신다.

실로 하나님은 그분의 섭리를 통해 모든 사람에게 각종 시련을 주신다. 우리는 이 위대한 섭리를 거부해서는 안 된다. 실패나 비운의 태도를 버리는 대신 그 쓴잔을 기쁘게 마셔야 한다. 우리는 왕의 식탁에 오른 금잔 바닥에 있는 쓴 찌꺼기까지 모두 마셔야 한다. 하나님의 뜻은 겉으로는 연약해도 실제로는 질긴 인간의 능력을 무력화시키는 데 있다.

사도 바울의 말처럼 마음의 눈을 통해 이런 비밀을 깨닫는 사람은 복이 있다(엡 1:18). 당신이 보고 느끼는 명성은 당신에게 위안이 되지 못한다. 그것은 인간 본성의 일상적인 악을 물리쳐주지 못한다. 오히려 그것은 비참한 본성의 죄악에다 더 심각한 새로운 악을 더해 줄 뿐이다. 명성의 고통은 류머티즘이나 편두통보다 더 질기다. 다른 한편으로 인간의 종교성은 그와 같은 고통과 걱정을 통해 혜택을 받는다. 인간의 신앙심은 그것을 속박으로 간주하고 그런 속박을 통해 일반 사람들이 볼 수 없는 진정한 자유를 발견하기 때문이다.

영화를 누릴 때 우리는 세상이 발견하지 못하는 자신만의 십자가를 발견할 수 있어야 한다. 부유한 상태에 있다고 인간 본성의 고통이 소멸하는 것은 아니다. 번영은 오히려 고통만 증가시킨다. 차라리 어려움을 당했더라면 누릴 수 있었던 위안을 느끼지 못하게 한다. 적어도 병중에 있는 것과 같이 어려움에 부닥쳐 있다면 우리가 한때 영광을 돌렸던 하나님을 보게 되고, 비록 그분의 음성을 듣지 못한다고 할지라도 우리의 십자가는 온전해질 수 있다.

그러므로 혼자 있어야 할 때도 우리는 항상 타인을 위해 살아야 한다. 어떤 욕구도, 어떤 감각도, 그리고 어떤 바람도 가져서는 안 된다. 또한 어떤 것에도 불편해해서는 안 된다. 우리는 엄청난 고난 앞에서도 인내하면서 끝까지 경주해야 한다. 하나님은 세상에서 귀하게 여기는 것을 천하고 쓸모없는 것으로 만드실 수 있는 분이다. 하나님은 그분이 일으킨 자들을 아무런 연민 없이 혹독하게 다루시고 그들에게 세상의 본보기가 되도록 하신다. 하나님은 세상의 명성에 먹칠하기 위해 대낮에 십자가를 지게 하심으로써 우리의 십자가를 완전하게 하기 원하시는 분이다. 이때 자신을 십자가에 못 박는 하나님의 손길을 바라보는 자들은 복이 있다.

보통 사람들은 내세의 삶에 소망을 두기보다는 이 땅에서 천국을 구하려고 한다. 하지만 이 세상에서 천국을 바라보며 자신을 단련시키는 것이야말로 아름다운 일이다. 물론 이처럼 단련한다고 많은 일이 이루어지는 것은 아니다. 하나님은 우리가 그분에게 많은 말을 하길 원하지 않으신다. 또한 우리가 그분에 대해 많은 생각을 품는 것도 원하지 않으신다. 하나님은 우리 마음을 보신다. 그것만으로도 충분하다. 하나님은 우리의 고통과 순종을 매우 주의 깊게 보신다. 그러므로 우리는 우리의 사랑의 대상에게 반복해서 "나는 온 마음으로 당신을 사랑합니다"라고 말하기만 하면 된다. 종종 우리는 우리가 그분을 사랑하고 있다는 의식조차 못 한 채 오랜 시간을 보낼 수도 있다. 그렇지만 그런 시간에도 우리는 하나님께 부드럽게 고백했던 다른 시간 못지않게 그분을 사랑하고 있다.

그러므로 진정한 고통은 고통 속에서 하나님 앞에 침묵하는 것이다. 다윗은 "내가 잠잠하고 입을 열지 아니함은 주께서 이를 행하신 까닭이니이다"(시 39:9)라고 고백했다. 하나님은 우리에게 정신적인 고통, 약점, 탈진, 끈질긴 고통, 괴로움 등을 허락하신다. 심지어 화려함을 허락하실 때도 그에 따른 고통과 저주의 톱니바퀴를 함께 보내신다. 그분은 우리 안에서 무미건조함, 참을성 없음, 낙담 등을 잉태하게 해서 그런 유혹을 통해 우리로 겸손하게 하시고 우리가 있는 모습대로 자신을 돌아볼 수 있게 하신다. 이 모든 것을 하시는 분이 바로 하나님이시다. 그러므로 우리는 모든 일 가운데서 그분을 바라보고 그분을 경배하기만 하면 된다.

우리는 하나님의 임재와 그분의 진리를 인위적으로 만들려고 해서는 안 된다. 오직 십자가에 못 박히길 원하는 마음으로 단순하게 살아가는 것만으로 충분하다. 이런 삶은 매우 단순하며 힘이 들지 않는다. 마음속의 복잡한 상념으로 인해 이 단순한 삶이 방해받을 때마다 우리는 그것을 다시 새롭게 일깨우기만 하면 된다. 이것은 일종의 '마음의 각성'이라고 할 수 있다. 이처럼 분노, 병의 고통, 그리고 심지어 불완전한 인격 등을 가지고 있을지라도 그것을 평화롭고 대수롭지 않게 참는다면, 그것은 오히려 우리에게 정말 위험한 상태를 막아주는 예방주사가 될 수 있다. 외관상 번영할 때 그것의 진정한 가치는 그 뒤에 숨어 있는 십자가뿐이다.

십자가의 가치와 사용

세상의 고통에서 벗어나게 하는 십자가의 고통 앞에 서라

하나님이 사랑하는 자녀들을 십자가로 낮추실 때 우리는 하나님의 사랑에 담긴 뜻이 무엇인지 잘 알지 못한다. 우리가 고통당하고 있는데 하나님은 왜 기뻐하시는가? 과연 하나님은 우리를 비참하게 하지 않고서는 우리를 선하게 만들 방법을 모르시는가? 물론 하나님은 그렇게 하실 수도 있다. 하나님께 불가능이란 없다. 하나님은 그분의 전능하신 손으로 인간의 마음을 사로잡으실 수 있다. 산꼭대기 위에 샘을 만든 사람이 물줄기의 방향을 자기 마음대로 정할 수 있듯이 하나님은 인간의 마음을 마음대로 하실 수 있다.

하지만 십자가 없이도 우리를 구원해주실 수 있었던 하나님은 그렇게 하기를 원하지 않으셨다. 그것은 마치 인간이 처음부터 성년이 되어 모든 것을 깨닫도록 하기보다 어린 시절의 어려움과 연약함

을 거쳐 조금씩 성장하도록 한 이치와 같다. 결국 이 모든 일의 주인은 하나님이시다. 그러므로 우리는 하나님의 심오한 지혜를 이해하지 못할지라도 잠잠히 경배해야 한다. 분명한 것은 우리가 겸손하고 사욕 없이 자신을 초월하지 않는 한 결코 온전히 선해질 수 없다는 사실이다. 그러지 않는 한 우리는 자신을 버리고 하나님께 전적으로 모든 것을 맡길 수 없다.

우리의 자기애를 근절시키고 자신으로부터 우리를 떼어놓는 은혜의 작업은 기적이 일어나지 않는 한 고통을 피할 길이 없다. 하나님은 자연의 질서처럼 은혜의 질서에서도 매일 기적을 베푸시는 분이 아니다. 자아로 가득한 사람이 어느 순간 자신의 이기주의와 예민함을 청산하기 위해서는 갓난아이가 잠자리에 들었다가 다음 날 아침에 일어나자마자 서른 살의 성인이 되는 경우처럼 엄청난 기적이 요구된다. 하지만 하나님은 자연의 질서에서처럼 영적인 질서에서도 보이지 않는 사건의 연결 고리를 통해 자기 일을 숨기신다. 그래서 우리를 희미한 믿음의 빛 가운데로 걸어가도록 하신다.

하나님은 그분의 일을 단계별로 조금씩 하실 뿐만 아니라 사람들이 보기에 가장 단순하고 가장 성공하는 방법으로 이루어 나가신다. 그 결과 인간의 지혜는 그런 성공의 방법이 자연의 덕분이라고 말하면서 그 배후에 있는 하나님의 손길을 보지 못한다. 하나님의 방식은 바로 이런 것이다. 만약 이처럼 하지 않으신다면 하나님은 끊임없이 기적을 베푸셔야 할 것이고 그 결과 우리에게 작정하신 믿음의 상태는 이루어지지 않게 될 것이다.

이와 같은 믿음의 방식은 선한 사람이 암울한 세상에서 자신의 판단을 포기하도록 훈련하는 데 필요할 뿐만 아니라 스스로 눈먼 사람이 하나님의 섭리를 보지 못하도록 하는 데도 유용하다. 후자는 하나님의 일을 보면서도 그것을 이해하지 못한다. 그들은 오직 그것이 자연스럽게 이루어진 것이라고 믿는다. 그들은 진실한 지적 능력이 없다. 자기 생각을 계속 신뢰하는 한 그들은 그런 능력을 결코 가질 수 없다. 교만한 지혜는 하나님의 역사를 분별할 수 없다.

하나님이 그분 은혜의 행동을 천천히, 그리고 고통스럽게 수행하시는 이유는 잘 드러나지 않는 믿음의 눈을 통해서만 그런 행동을 볼 수 있게끔 역사하시기 위함이다. 하나님은 그분 피조물의 변덕스러움, 감사하지 않음, 부에 관한 혐오와 실망 등을 사용해서 피조물이 세상 부의 헛됨에서 멀리하도록 이끄신다. 하나님은 우리의 무한한 실수를 통해 우리의 연약함과 타락을 경험하게 하고 스스로 환멸을 느끼도록 하신다. 이 모든 것은 자연스럽게 이루어진다. 하나님은 외형상 자연의 법칙에 따라 서서히 불로 우리를 정화하신다.

반면 우리는 우리의 연약함이 순수한 사랑의 불길 속에서 순식간에 모두 소각되기를 원한다. 하지만 이런 갑작스러운 변화는 희생을 거의 동반하지 않기 때문에 우리에게 아무런 도움이 되지 않는다. 한순간에 아주 적은 희생으로 온전해지기를 원하는 것은 자기애의 발로이다. 왜 우리는 오래 지속되는 고통을 싫어하는가? 그 이유는 자신에 대한 애착 때문이다. 하나님은 이런 우리의 애착을 멸하기를 원하신다. 우리가 여전히 자기 자신에 매달려 있다면 하나님의 일은 이루어질 수 없다. 그러므로 우리가 이 과정에서 불평하는 것은 잘못이다. 항상 문제는 우리가 세상과 자신에 집착하는 데서 온다.

하나님은 우리를 세상의 다른 피조물로부터 조금씩 떨어뜨리고 우리 자신에게서 우리를 떼어놓기 위해 일련의 사건을 준비하신다. 이 작업은 고통스럽다. 하지만 이것이 필요한 것은 우리의 타락 때문이다. 즉 우리의 타락으로 우리가 고통을 당하는 것이다. 의사는 건강한 육체의 몸에 칼을 대지 않는다. 의사가 칼을 대는 정도는 상처 부위의 깊이와 감염된 범위에 비례한다. 이 수술이 우리에게 많은 고통을 가져다준다면 그것은 감염 상태가 심각하다는 증거이다. 치료하기 위해 수술하는 의사를 보고 잔인하다고 말할 수 있는가? 아니다. 오히려 그것은 사랑의 행위이다. 그리고 기술이다. 하나님은 우리를 그분의 독생자를 다루듯이 다루신다.

하나님은 우리를 그분의 아들과 똑같이 대하신다. 그분은 결코 우리에게 해를 입히시는 분이 아니다. 하나님 아버지의 마음은 결코 우리를 황폐하게 하지 않으신다. 그분은 우리 마음의 종양을 치료하기 위해 칼을 대신다. 그리고 우리 안에서 우리가 지나치게 사랑하는 것, 분별없이 잘못된 방법으로 사랑하는 것, 또한 그분이 시샘할 정도로 우리가 사랑하는 것을 제거하신다.

그렇게 하실 때 어떤 일이 일어나는가? 마치 칼을 갖고 노는 자녀가 다칠까 봐 부모가 칼을 빼앗을 때 아이가 우는 것처럼 우리는 하나님 앞에서 떼쓰며 울게 된다. 우리는 실의에 빠진 채 큰 소리로 운다. 그리고 부모에게 화난 아이처럼 불평할 준비를 한다. 하지만 하나님은 우리를 울게 내버려 두는 대신 우리를 구원하신다. 하나님이 우리에게 고통을 주시는 것은 오직 우리를 바로잡기 위함이다. 하나님이 우리를 윽박지르시는 것처럼 보일 때도 사실은 모두 우리의 유익을 위한 것이다. 이를 통해 우리가 당할 수 있는 해로움에서 우리를 건져내시는 것이다.

우리는 하나님에 의해 무엇을 상실당할 때 슬퍼한다. 하지만 우리가 슬퍼하며 우는 그 대상은 오히려 나중에 우리가 영원한 고통의 눈물을 흘리도록 만든다는 점을 알아야 한다. 사실 우리가 잃었다고 생각하는 것은 우리가 소유했다고 생각했을 때 이미 잃어버린 것이다. 하나님은 다가오는 영원한 세상에서 그것을 도로 우리에게 주시기 위해 그것을 보관하고 계신다. 하나님이 우리가 사랑하는 것을 가져가시는 목적은 오직 우리가 강하고 균형 있는 순수한 사랑으로 그것을 다시 사랑할 수 있도록 하시고, 그분의 품 안에서 영원한 기쁨을 확신할 수 있도록 하시기 위함이다. 우리 자신을 위해 사모하는 것보다 훨씬 큰 천배의 유익을 우리에게 베풀어주시기 위함이다.

하나님의 뜻이 아니면 지상에서는 어떤 일도 일어나지 않는다. 모든 것을 행하시고 모든 것을 통치하시며 각각 분량에 맞게 주시는 분은 오직 하나님이시다. 하나님은 우리의 머리털과 나무의 잎사귀,

바다의 모래알과 바다를 이루는 물의 양을 모두 셈하셨다. 우주를 창조하실 때 하나님은 가장 작은 원자까지도 모두 측량하셨다. 우리에게 삶의 생기를 주는 기운을 매 순간 새롭게 하시는 분은 하나님이시다. 하나님은 우리의 날수를 계수하시고 그분의 능력의 손으로 무덤의 열쇠를 쥐고 그것을 여닫으신다. 우리에게 놀라운 일도 하나님의 눈에는 아무것도 아니다. 인생을 더 많이 살든 더 적게 살든 간에 그분의 영원과 비교하면 너무나 초라한 것이다. 진흙으로 만든 이 나약한 육체는 어차피 재로 돌아갈 텐데 남보다 좀 더 오래 산다 한들 그게 무슨 의미가 있겠는가?

정말 우리의 시야는 너무 근시안적이고 우리는 너무나 잘 속는다. 어떤 사람이 인생의 황금기에 죽으면 우리는 깜짝 놀란다. 그리고 "이 얼마나 끔찍한 손실인가!"라고 소리친다. 하지만 그것이 왜 손실인가? 그 죽은 망자가 무엇을 잃었던 말인가? 결국 그가 잃은 것은 몇 년 더 허영심을 부리며 속임과 영원한 죽음의 위협 속에서 사는 것이 고작이다. 그러므로 그의 죽음은 하나님이 그를 죄악 중에서 건져 올려 타락한 세상과 그의 연약함에서 끌어내 주셨다는 의미가 있다.

다른 한편 망자의 죽음 앞에서 그를 사랑했던 사람들은 무엇을 잃게 되는가? 무엇보다도 죽음의 현실 앞에서 세상 향락의 독소와 거기에 취했던 자기 행동에서 벗어날 수 있다. 그리고 그동안 자신이 쭉 잊고 지냈던 하나님과 자신에 대해 생각하게 될 것이다. 그 결과 오히려 십자가를 통해 자신에 대한 애착을 끊으려는 축복을 얻게 된다. 결국 죽음을 통해 망자를 세상에서 건져내셨던 하나님의 손길은 다른 사람이 구원을 위해 고통 가운데에서 자신의 애착을 버리고 분투하도록 만드신다. 실로 하나님은 선하며 인자하시다. 심지어 우리가 하나님으로부터 매를 맞는 것 같다고 생각하고 그분의 혹독함 앞에서 자신을 연민하고자 할지라도 하나님은 여전히 우리의 악에 관해 자비하시다.

백 년 전에 살았던 한 부부를 생각해보자. 그중 한 사람은 다른 사람보다 20년을 더 오래 살았다. 하지만 결국 그 둘은 모두 죽었다. 당시 그들에게 사별의 기간은 매우 혹독하고 긴 시간처럼 보였을 것이다. 하지만 지금 우리가 보기에 그것은 짧은 이별인 것처럼 보인다. 갈라진 것은 나중에 결국 합치게 되어 그 짧은 헤어짐의 흔적도 발견할 수 없게 된다. 우리는 스스로 영원히 살 것으로 생각한다. 적어도 수세기 동안 살 것처럼 착각한다. 정말 인간의 어리석음이다!

사람은 매일 앞서 죽은 사람을 따라 죽어간다. 이제 그 죽음의 여정에 동참하려고 하는 자는 자신이 먼저 간 사람들보다 아직도 살 시간이 많다고 생각해서는 안 된다. 인생은 홍수처럼 빨리 흐른다. 그래서 과거는 단지 꿈이 된다. 지금 우리가 생각하는 현재의 시간도 우리를 지나쳐 곧 과거의 심연 속으로 빠져들어 갈 것이다. 미래도 다를 바 없다. 그것은 빠르게 지나가게 될 것이다. 날, 달, 그리고 년은 홍수의 물결처럼 서로 밀치며 빠르게 흘러간다. 잠시 지나면 그 모든 것이 끝나게 된다. 권태와 슬픔으로 우리에게 지루할 정도로 길게 보이던 것이 종말에 이르면 아주 짧은 시간처럼 보이게 될 것이다.

우리가 상황에 민감해지는 것은 연약한 자기애 때문이다. 잠을 잘 자지 못하는 환자는 밤이 무한정 길다고 생각한다. 하지만 그 밤의 길이는 다른 밤과 같다. 우리는 연약함으로 인해 우리의 고통을 크게 부풀린다. 물론 그 고통이 대수롭지 않은 것은 아니다. 하지만 우리의 과민한 반응으로 그 고통의 강도는 더욱 커진다. 이런 고통을 줄이는 방법은 하나님께 자신을 용감하게 맡기는 것이다. 물론 이 과정에서도 우리는 고통을 당한다. 하지만 하나님은 그 고통을 통해 우리를 정화하시고 그분의 은혜를 받을 수 있도록 하신다.

세상은 우리를 비웃고 우리 마음에 해악을 끼친다. 우리는 무서운 죽음의 순간까지 우리의 연약함과 쾌락한 환경, 공허한 기쁨, 의기양양한 교만, 세상의 연락 속에 오직 우리를 성화시킬 수 있는 십자가에서 이탈한 채 이 세상을 살아갈 것인가? 세상은 곧 우리에게 등을 돌리고 우리를 잊어버릴 것이다. 그리고 우리를 더는 아무것도 아닌 자리로 내려 앉힐 것이다. 세상이 불공정하게 속이며 변덕스럽다는 사실을 알고 새삼스럽게 놀랄 필요가 있는가? 실로 우리는 그동안 세상을 사랑한 것을 수치스럽게 생각하지 않고 오히려 여전히 그것을 사랑할 수 있기를 바란다.

하나님이 우리를 건지신 곳이 바로 이 혐오스러운 세상이다. 하나님은 우리를 저주의 속박에서 해방하기를 원하신다. 그로 인해 우리가 초연한 영혼의 자유를 누리기를 바라신다. 우리를 황폐하게 하는 것은 바로 세상이다. 우리가 이 경멸스러운 공포의 대상인 세상의 무관심에 철저히 반응하기 위해서는 자기 자신을 가장 무서운 적으로 여기고 대항해야 한다. 정말이지 우리는 우리를 위해 좋은 것을 끝까지 참으며 견디지 못한다. 그래서 나중에 우리에게 닥친 치명적인 상황을 보고 후회한다. 바로 이 때문에 우리의 눈물과 슬픔이 있는 것이다.

"오, 나의 하나님! 우리의 비참함의 깊이를 아시는 하나님만이 우리를 고치실 수 있습니다. 우리에게 부족한 믿음, 소망, 사랑, 그리고 그리스도인의 용기를 베풀어주소서. 우리의 시선이 항상 하나님을 향하도록 고정해주소서. 오, 전능하신 아버지여! 하나님은 귀한 자녀들에게 구원을 베풀어주십니다. 고통 가운데에서도 우리의 모범이 되신 하나님의 아들 예수 그리스도를 바라볼 수 있도록 하소서. 하나님은 우리를 위해 그 아들을 십자가에 못 박으셨습니다. 그리고 우리에게 슬픔의 유용성을 가르쳐주시기 위해 아들을 슬픔의 사람으로 만드셨습니다. 연약하고 겁 많은 인간의 본성으로 인해 수치를 덮어쓰고 고통으로 짓뭉개진 하나님의 아들을 보게 하소서.

오, 나의 하나님! 제 마음을 북돋아주소서. 저에게 하나님과 같은 마음을 주셔서 제 자신에 대항해 싸울 수 있게 하소서. 그래서 제 마음이 하나님을 근심시키는 일을 두려워할 수 있도록 하소서. 적어도 영원한 형벌을 두려워할 수 있게 하소서. 주여! 주님은 주님의 피조물의 연약함과 황폐함을 아십니다. 실로 피조물 안에는 내세울 것이 아무것도 없습니다. 주님이 우리 피조물의 부족함을 채워주신다면 우리 마음에 없는 것을 주님으로부터 신실하게 구하겠습니다.”

온전하지 못한 회심

하나님의 사랑에 합한 수준의 회심을 이루라

실제로 하나님으로부터 멀리 떨어져 있는 사람들이 하나님과 매우 가까이 있다고 착각하는 경우가 있다. 그래서 자신이 하나님께로 몇 걸음만 옮기면 그분을 만날 수 있다고 생각한다. 어느 농부가 자신이 왕을 보았다는 이유만으로 자신이 왕궁에 살고 있다고 생각하는 것처럼 가장 품위 있고 배웠다고 하는 사람들이 이런 어리석은 잘못을 저지른다. 믿는 우리는 무서운 죄악에서 떠난 자들이기에 세상의 방탕한 삶에서 자신을 절제한다. 하지만 이때 우리는 유일한 판단 기준인 성경이 아니라 조금 나아진 현재 자신의 삶을 잣대로 삼아 자신의 이전 삶이나 다른 사람들의 추악한 삶과 비교하고 평가할 수 있다. 이처럼 우리의 구원과 관련해서 자신을 합리화하고 자신을 판단 기준으로 삼는 것은 그리 어려운 일이 아니다.

하지만 이런 행동은 수치스러운 방탕의 삶보다 더 치명적이다. 방탕은 우리의 양심을 불편하게 함으로써 우리 믿음을 일깨울 수 있는 여지라도 있다. 또한 우리의 분발을 촉구할 수 있다. 하지만 스스로 판단 기준이 되는 상태에서는 건전한 양심의 가책이 숨 쉴 공간이 없어진다. 대신 마음속에 거짓된 평화가 자리 잡게 된다. 그래서 자신이 영적으로 건강하다고 말하게 된다. 그러나 실제로는 불치병을 앓고 있는 형국이다.

구원은 단순히 죄를 멈추는 일에 국한되는 것이 아니다. 그것에 덧붙여 선행이 추가되어야 한다. 천국의 상급은 너무나 큰 것이기에 감히 죄를 지을 수 없어 죄를 멀리하는 노예적인 두려움을 가진 사람이 받기에는 너무나 과분한 것이다. 하나님이 원하시는 사람은 그분의 사랑을 사모하는 자들이지, 오직 하나님의 능력이 무서워서 그분을 섬기는 노예가 아니다. 그러므로 하나님을 사랑하는 우리는 진정한 사랑의 영감을 받고 행동해야 한다.

우리가 선한 믿음으로 하나님을 사랑한다고 하면서 동시에 하나님이 복음서에서 저주하셨던 세상을 열정적으로 사랑한다는 것이 말이 되는가? 하나님을 사랑한다고 말하면서 그분을 위해 너무 많은 일을 하는 것이 두려워 그분 알기를 주저할 수 있는가? 하나님을 사랑하는 사람이 하나님을 화나게 하지 않는 것으로만 만족하고, 그분을 기쁘게 하거나 영광을 돌리거나 그분을 향한 자신의 사랑을 보여드리는 일을 등한시할 수 있단 말인가? 예수님은 열매가 없는 나무는 죽은 것과 마찬가지이므로 찍어 불에 던질 것이라고 말씀하셨다. "아름다운 열매를 맺지 아니하는 나무마다 찍혀 불에 던져지느니라"(마 7:19). 실로 하나님의 사랑의 열매를 맺지 않는 사람들은 실상 죽어 뿌리까지 말라버린 자들이다.

하나님을 사랑한다고 말하는 사람이 그분으로부터 사랑받는 일에만 만족한다면 정말 야비한 일이 아닐까? 우리는 하나님께 단순히 사랑의 말을 속삭이거나 짧은 의식적인 행위를 한다는 조건에서만 하나님을 사랑하려고 한다. 결국 나중에는 그런 말과 의식조차도 싫증을 느낀다. 우리는 하나님을 위해 모든 삶의 감정, 모든 이익, 안락하고 편안한 삶 등을 포기하지 않는다. 대신 하나님이 전혀 사랑하지 않으시고, 오히려 세상의 헛된 것으로 정죄하신 것을 하나님과 더불어 사랑한다.

하나님을 사랑하기를 원한다고 말하면서도 자신을 위한 맹목적인 자기애는 전혀 줄어들지 않는다. 그 결과 우리의 자기애는 우상숭배의 경지까지 이르게 된다. 우리 삶의 목적인 하나님께 자신을 연결시키기보다 하나님을 우리에게 연결하려고 한다. 또한 이 자기애는 평소에는 하나님을 추구하지 않다가 다른 사람이 도움을 주지 못할 때 마지못해 하나님을 찾아가서 그분께 도움과 위안을 구한다. 과연 이런 것이 하나님을 사랑하는 것인가? 오히려 하나님을 짜증나게 하는 일이 아닌가?

그뿐만이 아니다. 우리는 심지어 하나님의 사랑을 부끄럽게 여기며 하나님을 사랑할 수 있다. 그래서 하나님의 사랑을 마치 약점인 양 숨기고 사랑받을 가치가 없는 친구를 대하듯 하나님을 보면 얼굴이 빨개진다. 그리고 하나님께 외향적으로 몇 가지 종교적인 행동을 보이고 추문이나 불경한 행동을 피할 뿐 세상에 지배되어 세상이 허락하는 것 외에는 어떤 것도 하나님께 드리지 않는다. 또한 설상가상으로 이런 얄팍한 사랑을 가지고도 자신이 영원한 상급을 받을 수 있다고 생각한다.

어떤 사람은 자신이 지은 과거의 죄를 자백했고, 매일 성경을 읽으며, 주일 예배에 빠짐없이 참석한다고 말할 것이다. 또한 성실하게 하나님께 기도하면서 큰 죄악을 물리친다고 주장할 것이다. 더 나아가 자신은 충분히 세상을 떠날 준비가 되어 있으며, 그것에 더는 연연하지 않는다고 말할 것이다. 하지만 솔직한 본성의 욕구를 거부할 때 신앙은 경직될 수밖에 없다. 스스로 본성에 대항해서 헌신하기 위해 자기 행동을 정화하려는 모든 노력은 선으로 인도하기보다 그를 더욱 낙담하게 할 뿐이다.

위에서 말한 사람들의 말은 그 의도가 나쁜 것은 아니다. 하지만 선한 믿음으로 그들의 말을 분별하면 그들의 오류가 무엇인지 쉽게 깨달을 수 있다. 그들의 오류는 한마디로 하나님과 자신을 제대로 알지 못한 데 있다. 그들은 스스로 자유를 선망한다. 그래서 신앙을 위한 헌신에 너무 많은 것을 희생할 때 자신의 자유가 제한될 것을 두려워한다. 하지만 그들은 스스로가 주인이 아님을 알아야 한다.

그들은 하나님의 것이다. 하나님이 그분의 영광을 위해 그들을 만드셨지, 그들의 영광을 위해 만드신 것이 아니다.

하나님은 인간의 미덕에 관해서는 그분의 순수한 빛을 비춰 더욱 빛나게 하시지만 거짓된 쾌락은 혐오하신다. 하나님은 인간이 스스로 욕망을 억제할 수 있도록 붙잡아주시고 타락의 길에서 건져내주신다. 또한 인간이 자신의 연약함에도 강할 수 있도록 역사하신다. 오, 믿음이 적은 사람이여! 당신이 두려워하는 것이 무엇인가? 하나님이 행동하시도록 그분께 당신을 맡기라. 물론 당신은 고통을 당할 것이다. 하지만 그 고통에는 사랑, 평화, 그리고 위안이 동반될 것이다. 당신은 싸우게 될 것이지만 반드시 승리를 쟁취하게 될 것이다. 하나님이 당신과 함께 싸우신 후 직접 당신에게 그분의 손으로 면류관을 씌워주실 것이다. 당신은 울겠지만 그 눈물은 달콤할 것이며 하나님이 직접 그 눈물을 닦아주시기 위해 오실 것이다. 당신은 더 이상 자신의 폭군적인 욕정에 무릎 꿇지 않고 즐거이 당신의 자유를 희생하게 될 것이다. 그 결과 세상이 알지 못하는 새로운 자유의 세계로 들어가게 될 것이다. 그 속에서 당신은 오직 사랑만 하게 될 것이다.

이 세상에서 당신의 속박이 무엇인지 숙고하라. 당신이 경멸하는 사람을 겉으로 존중하기 위해 당신은 고난을 마다하지 않았는가? 당신의 걷잡을 수 없는 욕망을 억누르기 위해 당신이 희생하지 않았던 것은 무엇인가? 당신이 아첨해야 하는 사람의 비위를 맞추기 위해 온갖 희생을 감수했는가? 당신의 자유가 소중하므로 그것을 하나님께 희생하기가 어렵다고 말할 때 당신이 말하는 자유란 무엇인가? 그것이 어디에 있는가? 그것을 나에게 보여달라. 내가 보기에 온 세상은 고뇌, 비열하고 합당하지 못한 굽실거림, 그리고 아침부터 저녁까지 위장한 모습으로 나타나는 개탄스러운 상황으로 가득 차 있다.

또한 우리는 우리를 구원하기 위해 우리를 원하시는 하나님께 온전히 자신을 내놓기를 거부한다. 대신 세상에 자신을 맡긴다. 하지만 이 세상은 폭군처럼 지배하고 파괴하기 위해 우리를 원할 뿐이다. 세상의 욕망에 좌우되어 그것의 기쁨을 누리는 우리는 이 세상에서 자기 뜻대로 행동한다고 착각한다. 하지만 다른 한편으로 그 쾌락으로 야기되는 무서운 혐오감, 치명적인 권태, 환멸, 그리고 저 높은 곳에서 우리가 겪게 될 창피함 등을 생각해보았는가? 모든 사람이 겉으로는 웃고 있다. 하지만 내면에는 분노와 근심으로 가득 차 있다. 우리는 자신의 감정에 충실히 행동할 때만 자신이 자유인이 된다고 생각한다. 정말로 엄청난 착각이다! 이 세상에서 우리는 자신보다 타인의 변덕스러운 감정에 더 좌우된 채 살고 있다. 이 세상의 모든 일은 상투적인 관습과 타인의 비위를 맞추어야 하는 필요 때문에 움직여진다.

더군다나 우리의 감정은 폭군 중에서도 가장 무례한 폭군이다. 감정의 욕구에 다 응하지 않으면 감정은 우리를 괴롭힌다. 그래서 우리는 한순간도 편안하게 숨 쉴 수 없을 정도가 된다. 또한 감정은 우리를 속인다. 우리의 감정은 따뜻한 가슴을 찢고 이성과 존경을 자신의 발밑에서 짓밟아버린다. 이 감정은 결코 "이제 충분하다"라고 말하는 법이 없다. 심지어 당신이 감정을 항상 정복했다고 확신할 때조차도 그 승리는 여전히 매우 두려운 승리이다. 당신이 감정의 격랑에 굴복했을 때 그것이 당신을 어디로 데려갈지 생각해보았는가? 생각만 해도 두렵다. 당신도 감히 생각해보고 싶지 않을 것이다.

"오, 나의 하나님! 후안무치하게 인간의 오만함이 자유라고 말하는 이 비극적인 속박에서 저를 지켜주소서. 오직 하나님 안에 있을 때만 우리는 자유를 누릴 수 있습니다. 그리고 하나님의 진리만이 우리를 구원해줄 수 있습니다. 하나님을 섬길 때 우리는 하나님과 함께 왕 노릇을 하게 됩니다."

하나님을 사랑하는 일에서 성장하기를 두려워하는 것처럼 무지몽매한 일도 없다. 우리 모두 이 일에 뛰어들자. 우리가 하나님을 사랑할수록 우리는 하나님이 우리에게 하라고 하신 일을 더욱 사랑할 수 있다. 이 사랑은 상실 가운데 있는 우리를 위로해주고 무거운 우리의 십자가를 가볍게 해준다. 또한 위험한 사랑에서 우리를 멀리하도록 도와주며 수만 가지 악독에서 우리를 지켜준다. 모든 재난 속에서도 우리에게 자비로운 동정을 베풀고, 심지어 죽음에서도 영원한 영광과 행복을 우리 앞에 펼쳐준다. 이 사랑은 우리의 모든 악을 선으로 바꾸어주는 역할을 한다.

그런데도 우리가 어떻게 이런 사랑으로 자신을 채우는 일에 두려움을 느낄 수 있단 말인가? 우리 자신과 우리의 변덕스러운 교만, 우리 감정의 폭력, 그리고 거짓된 이 세상의 폭정으로부터 해방되어 행복을 누리는 게 그렇게 두렵단 말인가? 왜 우리는 온전한 확신 속에서 자비와 모든 동정의 아버지이신 하나님의 품에 자신을 맡기는 것을 미루는가?

하나님은 우리를 사랑하신다. 그리고 우리는 하나님을 사랑할 의무가 있다. 하나님의 사랑은 우리 안에서 다른 모든 것을 밀어낸다. 세상은 우리 마음을 취하게 하고 휘저으며 어지럽게 할 뿐 그 공허함을 채워주지 못한다. 하지만 하나님은 우리 마음을 채워주실 수 있다. 그분은 우리가 마음속으로 경멸하는 세상을 실제로 경멸하도록 이끄신다. 하나님은 우리에게서 불행의 원인을 제거하신다. 그리고 우리가 그동안 그분을 위해서 하지 않은 탓에 잘하지 못했던 소박하고 작은 일을 매일 즐겁게 할 수 있도록 역사하신다.

더욱이 하나님을 순종하는 차원에서 그 일을 하도록 영감을 주시기 때문에 우리는 그것을 잘할 수 있게 된다. 그래서 단순하고 일상적인 작은 행동이 만족과 상급을 주는 일로 변하게 된다. 그리고 우리는 우리의 임종을 평안 속에서 맞이할 수 있게 된다. 죽음은 우리를 위해서 영생의 시작을 알리는 전환점이기 때문이다. 사도 바울이

말한 것처럼 죽음은 우리를 예수님의 생명으로 덧입히는 기능을 한
다. "우리 살아 있는 자가 항상 예수를 위하여 죽음에 넘겨짐은 예수
의 생명이 또한 우리 죽을 육체에 나타나게 하려 함이라"(고후 4:11).

진정한 자유

단순해지라. 끊임없이 단순해지라

나는 영혼의 자유가 단순성이라는 특징을 갖는다고 생각한다. 더는 자아에 대한 집착으로 방해받는 일이 없는 사람은 진정한 자유를 누릴 수 있다. 반대로 거짓된 지혜는 항상 긴장하고, 항상 자기중심적이며, 항상 자신의 완벽함을 선망하기 때문에 자신의 영혼에서 조금이라도 흠을 발견하면 깊은 고통을 느끼게 된다.

그렇다고 단순하게 자신을 초월한 사람이 자신의 완벽함을 위해 힘쓰지 않는다는 말은 아니다. 그도 비록 자신에게 집착하지는 않지만 하나님의 뜻을 수행함으로써 자신의 미덕을 세우려는 사람 못지않게 열심히 노력한다. 인간의 모든 오류의 근원은 자신을 사랑하는데 있다. 그래서 모든 것을 하나님과 연관시키기보다 자신과 연계시킨다. 자신을 놓아버리고 자신을 잊고 부정하며 예수 그리스도의 가르침을 따라가기 위해 노력하는 사람은 일격에 그런 악의 뿌리를 근절시킨다. 그는 자신을 단순히 부정하는 그곳에 진정한 크리스천의 미덕의 씨앗이 있음을 발견한다.

이런 경지에 이르면 "주의 영이 계신 곳에는 자유가 있느니라"(고후 3:17)는 성경 말씀이 진정으로 심오한 진리임을 경험하게 된다. 하나님이 우리 삶의 전부를 통치하시도록 모든 것에 주의를 기울이게 된다. 또한 우리의 잘못으로 인해 수치심을 느낄 때조차 평화를 누린다. 일부러 죄를 짓느니 차라리 죽음을 선택하고 자신의 명성을 위해 인간의 판단을 두려워하는 일을 더는 하지 않는다. 설령 우리가 인간의 판단을 두려워한다고 할지라도 적어도 그들의 비위를 맞추기 위함은 아니다. 만약 그들의 비위를 맞추기 위함이라면 우리가 예수 그리스도의 명예를 훼손하는 꼴이 된다. 우리는 다음에 일어날 일을 걱정하지 않는다.

하나님이 우리를 판단하실 때 사람마다 자신을 얼마나 희생하고 자신을 비웠느냐에 따라 그 판단을 수용하는 정도가 달라진다. 우리 자신을 더욱 포기할수록 우리 안에는 더 많은 평화가 깃든다. 그리고 이 평화는 우리 마음을 넓혀 주어 모든 것에 준비할 수 있도록 도와준다. 우리는 모든 것을 바라면서 동시에 모든 것을 바라지 않게 된다. 그리고 어린아이처럼 단순해진다.

하나님의 빛은 우리가 우리의 가장 작은 실수까지 보게 한다. 하지만 그 빛은 우리를 낙담시키지 않는다. 그러므로 우리는 하나님과 함께 앞으로 나아간다. 그 길에서 넘어질지라도 우리는 서둘러 다시 일어나 길을 걷는다. 그리고 오직 전진하는 일에만 집중한다. 이 얼마나 행복한 단순함인가! 하지만 이때 많은 사람이 믿음의 용기를 잃고 뒤를 돌아보는 실수를 저지른다. 그래서 롯의 아내처럼 괴팍스러운 자기애에 미련을 떨쳐버리지 못해 하나님의 저주를 자청한다.

우리가 다시 하나님 안에 있으려면 자기 자신을 버려야 한다. 예수님은 하나님 나라는 어린아이들의 것이라고 말씀하셨다. "예수께서 그 어린아이들을 불러 가까이하시고 이르시되 어린아이들이 내게 오는 것을 용납하고 금하지 말라. 하나님의 나라가 이런 자의 것이니라"(눅 18:16). 너무 복잡하게 생각하지 말라. 일상적인 일에서 올바른 의도를 가지고 행복의 길로 나아가라. 자신을 교정시킨다는 구실로 온갖 상념에 푹 빠져 그것에 둘러싸여 있지 말라. 그것을 떨쳐버릴 때 우리는 우리의 의무를 저버리지 않으면서도 진정한 자유의 길로 걸어갈 수 있다.

예수 그리스도를 본받기

십자가의 고통과 수치심을 짊어지라

우리는 예수님을 닮아야 한다. 이것은 예수님의 방식대로 사고하고 생활하는 것을 의미한다. 또한 자신을 성화의 보증이신 예수님의 형상에 맞추어가는 것을 뜻한다. 진실로 우리는 예수님과 너무나 다르다. 우리는 아무것도 아니면서 무슨 대단한 존재인 양 자신을 믿는다. 반면 전능하신 예수님은 자신을 아무것도 아닌 것으로 여기셨다.

"주님, 제가 주님과 함께 아무것도 아닌 자가 되기를 원합니다. 저는 저의 교만, 그리고 지금까지 저를 사로잡은 허영심을 모두 주님께 제사로 드리기를 원합니다. 실족하지 않도록 저를 지켜주소서. 허영을 보지 않도록 제 눈을 돌려주소서. 그래서 오직 주님만을 바라보고, 주님 앞에서 제 자신을 바라보게 하소서. 그때 비로소 저는 제가 누구이며 주님이 어떤 분이신지를 알 수 있습니다."

예수 그리스도는 마구간 구유에서 태어나셨다. 그리고 그분은 애굽으로 피난을 가셔야 했다. 또한 목수 집안에서 공생애 전까지 30년을 사셨다. 예수님은 배고픔, 갈증, 피로 등으로 고통을 당하셨다. 가난했던 그분은 사람들로부터 멸시당하셨다. 예수님은 천국의 교리를 가르치셨지만 아무도 그분의 말에 귀를 기울이지 않았다. 오히려 권세 있고 지식 있는 사람들은 그분을 잡아다가 무서운 고문을 가했다. 그들은 그분을 마치 노예처럼 취급했다. 예수님보다 사악한 강도를 풀어주고, 그분을 두 강도 사이에서 죽게 했다. 예수님은 바로 이런 삶을 자청하셨다. 이에 반해 우리는 조금만 창피를 당해도 두려워한다. 그리고 아주 작은 경멸도 질색한다.

우리의 삶을 예수 그리스도의 삶과 비교하자. 그분이 우리의 주인이심을 기억하자. 그래서 그분은 전능하지만 우리는 그분의 종이며 오직 연약한 존재임을 생각하자. 그분은 자신을 낮추시지만 우리는 자신을 높인다. 그러므로 그런 자신을 경멸하기 위해 우리의 가련함을 기억하는 일에 익숙해져야 한다. 우리 스스로가 많은 결함을 지니고 있을 때 과연 다른 사람의 결함을 보고 정의감에 불타서 정죄할 수 있겠는가?

예수님이 우리를 위해 세워주신 이정표를 따라 길을 걸어가자.

우리는 오직 그 길을 통해서만 그분께로 나아갈 수 있다. 예수님이 지상에서 사셨던 방식, 즉 고독과 침묵, 가난과 고통, 박해와 모욕, 그리고 십자가와 죽으심의 방식을 본받지 않는다면 어떻게 우리가 그분을 발견할 수 있겠는가? 물론 그리스도인은 나중에 하늘에서 말할 수 없는 기쁨과 빛난 영광 속에서 예수님을 발견하게 될 것이다.

하지만 이런 천국의 삶은 이 땅에서 창피, 고난, 그리고 수치를 당한 후에 주어지는 것이다. 그리스도인은 예수 그리스도를 닮는 자이다. 우리가 그분이 당하신 수치를 본받지 않는다면 어떻게 그분을 닮아갈 수 있겠는가? 실로 우리가 그분께로 가기 위해서는 수치 외에는 다른 방법이 없다. 우리는 예수님을 전능하신 분으로 경배해야 한다. 동시에 정의로운 분으로 두려워해야 한다. 그리고 온 힘을 다해 선하고 자비로우신 그분을 사랑해야 한다. 또한 겸손하고 순종하며 낮아져서 죽기까지 충성하신 예수님을 닮아가야 한다.

우리가 우리 힘으로 이와 같은 상태에 도달할 수 있다고 생각하는 것은 오산이다. 우리 내면은 그런 것을 거부하기 때문이다. 오직 우리는 하나님의 임재 속에서 위로를 얻어야 한다. 예수님은 우리의 모든 연약함을 친히 체휼하기를 원하셨다. 예수님은 우리를 동정하시는 대제사장으로서 우리처럼 똑같이 시험당하기를 자원하셨다. "우리에게 있는 대제사장은 우리의 연약함을 동정하지 못하실 이가 아니요 모든 일에 우리와 똑같이 시험을 받으신 이로되 죄는 없으시니라"(히 4:15). 그러므로 기꺼이 우리를 능력으로 강건하게 하려면 스스로 연약해지신 그분 안에서 힘을 얻자. 그분의 가난함에서 풍부함을 누리자. 그리고 확신 있게 "내게 능력 주시는 자 안에서 내가 모든 것을 할 수 있느니라"(빌 4:13)고 말하자.

"오, 예수님! 저는 주님이 택하신 길을 따라가기를 원합니다! 저는 주님을 닮기를 원합니다. 오직 주님의 은혜를 통해서만 저는 주님을 닮을 수 있습니다. 오, 겸손하신 구세주여! 저에게 진실한 그리스도인의 지식을 주시고 제 자신을 경멸할 수 있도록 도와주소서. 저에게 인간의 심령이 이해할 수 없는 교훈, 즉 겸손과 자기 부정을 통해 자아를 향해 죽는 법을 배우게 하소서."

이제 우리 모두 예수님을 본받는 일을 시작하자. 그리고 우리의 완악하고 강퍅한 마음을 예수 그리스도의 마음으로 바꾸자. 예수님의 거룩한 마음에 한 걸음씩 다가가자. 그리고 우리 마음이 예수님으로부터 영감을 받도록 하자. 또한 예수님이 우리의 모든 더러운 것을 제거하시도록 기도하자.

"선하신 예수님! 주님은 저를 사랑하기 위해 수많은 창피와 수치를 당하셨습니다. 제 마음속에 주님을 향한 존경과 사랑을 각인시켜주소서. 주님이 행하신 일을 따르고 갈망하도록 저를 빚어주소서."

우리 안에 있는 말씀

하나님 앞에서 모든 것을 내려놓으라

성경에 의하면 성령은 우리 안에 거하시며, 그 안에서 역사하시고, 끊임없이 간구하시며, 우리가 알지 못해 구하지 않는 것을 말할 수 없는 탄식으로 기도하신다. "이와 같이 성령도 우리의 연약함을 도우시나니 우리는 마땅히 기도할 바를 알지 못하나 오직 성령이 말할 수 없는 탄식으로 우리를 위하여 친히 간구하시느니라"(롬 8:26). 또한 성령은 우리에게 권고하시고 영감을 주시며 고요함 속에서 말씀하시고 모든 진리를 제시하신다. 우리를 성령님과 연합시켜 오직 하나님과 '한 영'이 되도록 힘쓰신다.

믿음은 우리에게 이 사실을 가르쳐준다. 내적인 삶과 거리가 먼 사람이라도 이 사실을 모른다고 핑계 댈 수 없다. 하지만 이러한 지식이 있음에도 그들은 교리나 추론에 관한 외적인 통찰이나 삶이 우리 내면의 삶을 밝혀준다고 간주한다. 그런 깨달음을 받을 때 우리가 스스로 사고하며 행동하게 된다고 가정한다. 그들은 우리 안에서 교사로 계시며, 우리 안에 있는 모든 것을 만드시는 성령을 충분히 의지하지 않는다. 성령은 우리 영혼의 진정한 영혼이시다. 우리는 성령을 통하지 않고는 어떤 생각이나 소원도 가질 수 없다. 슬프다, 우리의 무지함이여! 우리는 마치 이 내부의 성소 안에서 홀로 있는 것처럼 행동한다. 그렇지만 하나님은 우리보다 그 내면을 더 잘 알고 계신다.

아마도 당신은 내게 "그러면 우리는 영감을 받는 사람인가요?"라고 물을지 모른다. 확실히 그렇다. 하지만 우리가 선지자나 사도들과 같은 방식으로 영감을 받는 것은 아니다. 분명한 것은 은혜의 성령의 실질적인 영감 없이는 우리는 행동도, 소원도, 심지어 어떤 것도 믿을 수 없다는 사실이다. 이런 점에서 우리는 항상 영감을 받는 사람이다. 그러나 우리는 이 영감을 끊임없이 짓누른다. 하나님은 말씀하기를 멈추지 않으신다. 하지만 우리는 밖에서 일어나는 피조물의 법석과 내부에서 떠드는 감정의 소리로 인해 귀가 멀어 그 말씀을 듣지 못한다. 우리가 영혼의 깊은 고요 속에서 신랑되신 주님의 형용할 수 없는 목소리를 듣기 위해서는 모든 피조물을 잠잠하게 하고 침묵해야 한다. 그리고 귀 기울여야 한다. 주님의 목소리는 부드럽고 섬세하므로 오직 그것에 전심으로 귀 기울이는 자만이 들을 수 있다.

하나님이 말씀하시도록 충분히 침묵하는 사람은 정말로 소수이다! 우리의 어리석은 욕망의 극히 작은 불평과 이기적인 원망도 하나님의 성령의 메시지를 혼잡하게 만든다. 우리는 그분이 무엇인가 말씀하시고, 무엇인가 요구하고 계신다는 사실을 알고 있다. 하지만 우리는 그분이 무슨 말씀을 하시는지는 알지 못한다. 더욱이 우리는 그것이 무엇인지 추측조차 하지 않는다. 가장 작은 주저함, 자신에 대한 지극히 작은 미련, 그리고 하나님이 요구하시는 것을 하기보다 그분께 무엇을 더 아뢰고자 하는 생각으로 인해 우리는 우리 안에서 들려오는 그분의 말씀을 듣지 못한다. 따라서 수많은 사람, 심지어 경건한 사람조차 쾌락을 즐기고 어리석은 욕망과 거짓된 지혜, 그리고 자기만족에 도취하여 내부에서 들려오는 하나님의 말씀을 한낱 공상으로 치부하는 현실 앞에서 우리가 놀랄 필요가 있을까?

슬프다! 사람들은 그런 경멸스러운 자신의 논리를 어떻게 합리화할 것인가? 성령이 안에서 하시는 말씀조차 듣지 못한다면 외부에서 들려오는 목회자의 설교와 심지어 성경의 말씀이 무슨 소용이 있겠는가? 외부의 말씀이 우리에게 위력을 갖는 것은 바로 내부에 계신 성령의 말씀 때문이다. 생동력 있고 많은 열매를 가져다주는 내부의 말씀이 없다면 외부의 말씀과 심지어 복음조차도 공허한 소리에 지나지 않는다. 생명을 주는 영이 없으므로 죽이는 문자가 되고 만다.

"오, 말씀이여! 오, 아버지의 영원한 전능하신 말씀이여! 우리 영혼 깊은 곳에서 말씀하시는 분은 바로 주님이십니다! 공생애 동안 구세주의 입을 통해 나온 기록된 말씀은 우리가 말씀 자체인 생명의 말씀에 영감을 받지 못한다면 결코 위력을 발휘할 수 없을 것입니다. 현세에서 어떤 열매도 맺지 못할 것입니다."

바로 이런 이유로 베드로는 "주님에게 영원한 말씀이 있는데 우리가 누구에게 가겠습니까?"라고 고백했다. 여기서 '말씀'은 하나님이 이성과 믿음의 빛 아래서 우리 안에 보여주시는 복음의 외적 율법뿐만 아니라 우리 안에서 말씀하시며, 우리를 만져주시고, 역사하시며 활기를 주시는 성령을 가리킨다. 마치 우리 영혼이 우리 몸에 생명을 주고 몸의 움직임을 관장하듯 성령은 사실상 우리 안에서 우리와 함께 우리가 하는 모든 선한 일을 행하신다. 그러므로 우리는 끊임없이 성령을 통해 영감을 받고 있으며, 이러한 내적인 영감을 받기에 은혜의 삶을 살고 있다. 하지만 아쉽게도 이 사실을 느끼는 그리스도인은 매우 극소수이다. 대부분 사람은 의도적으로 방탕한 삶을 살거나 하나님께 저항함으로써 그 사실을 무력화시킨다.

과거 선지자들은 성령의 영감을 통해 하나님이 그들에게 계시하셨거나 명령하신 것을 확신했다. 그리고 그들의 영감은 미래를 예언하거나 기적을 행하거나 완벽한 하나님의 권위를 가지고 행동하도록 만들었다. 하지만 오늘날 성령의 열매는 과거와 다르다. 지금은 모든 그리스도인에게 필요한 덕목, 예를 들어 순종, 인내, 온유, 그리고 겸손 등을 불어넣는 역할로 제한되어 있다. 그래서 미래를 예언하거나 자연의 법칙을 바꾸거나 하나님의 관점에서 사람들에게 어떤 것을 명령하는 형식은 좀처럼 나타나지 않는다. 대신 하나님의 계획에 따라 우리 영혼의 깊은 곳에서 순종하고, 우리 자신을 스스로 멸하며, 아무것도 아닌 존재로 만드는 모습으로 역사하신다.

이러한 성령의 영감에 관한 정의는 모든 교회가 고백하는 공통된 교리이기도 하다. 이 영감은 어떤 환상도, 어떤 주제넘은 행동도 자체적으로 하지 않는다. 그런 행동은 인간의 상상력이 덧붙인 결과이다. 반대로 성령의 영감은 우리를 교회의 보호 속에서 하나님의 장중에 있게 해주고, 우리의 자유를 방해하지 않으면서 동시에 모든 것을 은혜에 헌신하도록 역사하신다. 그리고 어떤 것에도 자만하거나 마음대로 상상하도록 허락하지 않으신다.

이 자명한 원리 앞에서 우리는 하나님이 우리 안에서 계속 말씀하신다는 사실을 인식해야 한다. 하나님은 회개하지 않는 죄인 안에서 말씀하신다. 하지만 죄인들은 세상의 소리와 자기 욕정의 소리에 귀먹어 그분의 말씀을 듣지 못한다. 그럴지라도 그들은 양심에서 나오는 가책을 느낄 수 있다. 이 가책은 하나님이 그들의 잘못을 꾸짖으시는 목소리이다. 진정으로 그 목소리에 마음이 움직인 죄인은 그 비밀스러운 목소리를 이해하는 데 어려움이 없다. 그들의 마음을 깊게 움직인 것이 바로 그 목소리이기 때문이다. 그 목소리는 바울이

지적한 것처럼 그들 안에서 두 개의 날 선 검처럼 기능한다(히 4:12). 그래서 영혼을 자아에서 떼어놓는다. 그리고 하나님을 느끼게 하고 그분을 따르도록 유도한다. 우리 마음 밑바닥까지 부드럽게 꾸짖는 그 목소리를 들을 때 우리는 갈기갈기 찢기게 된다. 이것이 바로 진정한 회개이다.

소위 지혜롭고 개화되었으며, 모든 면에서 교육받고 외형상 많은 덕목이 있는 사람에게도 하나님은 말씀하신다. 하지만 그들은 종종 자신과 자신의 지적 능력으로 충만해 있으므로 지나치게 자기 말에 귀 기울인 나머지 하나님의 음성을 듣지 못한다. 그들은 모든 것을 이성적으로 생각하려고 한다. 그래서 단순하고 고요하게 나타나는 성령을 통해 우리에게 더 잘 다가올 수 있는 음성을 자신의 지혜와 분별력으로 찾으려고 한다. 이런 사람은 외형상 다른 사람보다 더 훌륭해 보인다. 실로 그들은 어느 정도까지는 매우 훌륭하다. 하지만 그것은 불순물이 섞인 훌륭함이다. 그들은 항상 자기 지성의 잣대로 모든 것을 재단하기를 원한다. 그리고 항상 자신의 방식을 고수하기를 원한다. 그들은 자신이 보기에 스스로 강하고 위대하다고 생각한다.

"오, 나의 하나님! 저는 하나님의 형용할 수 없는 비밀을 스스로 크고 지혜롭다고 생각하는 자에게 숨기시고 대신 약하고 어린아이 같은 심령에 나타내신 것을 예수 그리스도와 함께 감사드립니다. 하나님은 오직 어린아이에게만 거리낌 없이 친근하게 대하십니다. 그리고 그 밖의 사람들은 그들의 방식대로 다루십니다. 그들은 지식과 고결한 미덕을 원합니다. 그래서 하나님은 그들에게 빛나는 지성을 주시고 그들을 일종의 영웅으로 만드십니다. 하지만 이것은 차선의 축복에 불과합니다. 하나님은 하나님의 자녀들에게 또 다른 것을 은밀히 예비하십니다. 그로 인해 진정한 자녀는 사도 요한과 같이 아버지의 품 안에서 쉼을 얻습니다.

하나님은 양보하기 싫어하고 작아지기 두려워하는, 스스로 위대하다고 생각하는 사람들이 스스로 높아지도록 내버려 두십니다. 하나님은 그들의 교만한 태도에 따라 행하십니다. 그 결과 그들은 하나님의 사랑스러운 쓰다듬음이나 친밀한 손길을 결코 느끼지 못합니다. 우리는 하나님의 무릎 위에서 노는 어린아이가 되어야 합니다. 저는 자신의 지혜 속에서 자라난 영특하고 지혜로운 사람들보다 비록 거칠고 무지하지만 하나님의 사랑에 깊이 감동하는 사람들이 성령의 내적 언어를 더 잘 이해하는 것을 종종 보게 됩니다."

오직 우리와 대화하기를 원하시는 하나님은 자신의 자아로 가득차 있고 자신의 지혜와 미덕을 자랑하는 영혼에게서는 발붙일 틈을 찾지 못하신다. 대신 하나님은 성경이 말하는 것처럼 단순하고 소박한 사람들과 동행하신다. 어린아이같이 단순한 사람은 어디에 있는가? 실제로 그들을 발견하기란 매우 어렵다. 하나님은 그들을 보시고 그들 안에 머물기를 기뻐하신다. 예수 그리스도는 "사람이 나를 사랑하면 내 말을 지키리니 내 아버지께서 그를 사랑하실 것이요 우리가 그에게 가서 거처를 그와 함께하리라"(요 14:23)고 말씀하셨다. 오직 은혜에만 몰입하고, 결코 자아로 회귀하지 않으며, 자신을 의지하지 않고, 지나칠 정도로 순수한 사랑의 마음으로 끝없이 걸어가는 영혼만이 지혜로운 사람이 이해할 수 없는 놀라운 것들을 경험할 수 있다!

감히 말하건대 나도 한때 다른 사람처럼 스스로 지혜롭다고 생각한 적이 있었다. 하지만 내가 모든 것을 보았다고 생각했던 그때 실제로 나는 아무것도 보지 못했다. 나는 계속 추론하며 진리를 더듬었지만 깨달음의 빛은 어둠 속에 있는 나를 계속 외면했다. 결국 나는 이성적으로 생각하는 것으로 만족해야 했다. 하지만 우리가 일단 하나님의 음성을 듣기 위해 우리 안의 모든 것을 잠잠하게 하면 아이러니하게도 아무것도 알지 못하면서 모든 것을 알게 된다. 그리고 그때까지 우리가 이해했다고 생각한 것에 관해 실제로 무지했다는 사실을 의심 없이 받아들이게 된다.

또한 우리가 집착했던 것이 사라지게 되고 우리는 더 이상 그것을 아쉬워하지 않게 된다. 우리는 자아에 대해 더는 관심이 없어진다. 모든 것을 잃어버리며, 심지어 자신까지 잃어버리게 된다. 그러면서 하나님께 "하나님의 음성이 제 귀에 들려지도록 하나님의 음성을 들을 수 있게 하소서"라고 고백하게 된다. 오, 이 얼마나 감미로운 목소리인가! 그것을 들으면 나의 심장이 떨린다.

방금 나는 우리가 모든 것을 알지 못하면서 모든 것을 알게 된다고 말했다. 이 말은 우리가 우리 안에서 모든 진리를 소유하게 된다는 뜻이 아니다. 오히려 그 반대이다. 우리는 아무것도 알지 못한다는 사실을 깨닫게 된다. 그리고 우리가 아무것도 행할 수 없으며 아무것도 아닌 존재임을 직시하게 된다. 그렇지만 우리는 이런 사실 앞에서 오히려 기뻐한다. 자기를 부인할 때 우리는 곧바로 하나님의 무한하심 속에서 그분의 계획에 따라 우리에게 필요한 모든 것을 깨닫게 되기 때문이다. 바로 거기서 우리는 진리의 양식을 발견하게 되는 것이다. 은혜는 우리에게서 모든 지식, 영광, 이기심, 그리고 이기적인 욕망 등을 제거하는 동시에 모든 진리를 가르쳐준다. 이때 우리는 우리의 무능함에 오히려 만족하게 되고, 모든 피조물 앞에 머리를 조아리며 가장 비천한 미물에게도 허리를 숙일 수 있게 된다. 그리고 자신의 비밀스러운 가련함을 모든 자 앞에서 기꺼이 고백하게 된다.

또한 거기서 오는 은혜를 통해 우리는 진리를 깨닫지 못하거나 심판받는 것을 두려워하지 않고, 오히려 하나님 앞에서 불성실할까 봐 두려워하게 된다. 이런 상태에서 성령은 우리에게 모든 진리를 가르쳐주신다. 하나님께 모든 것을 드리기 위해 자신의 영혼을 벌거 벗는 사랑의 희생이 있을 때만 모든 진리가 계시될 수 있기 때문이다. 이것이 만나이다. 이 만나는 어떤 특정 음식이 아니라 모든 음식의 맛을 대변하는 것이다.

처음에 하나님은 우리를 밖에서부터 공격하신다. 하나님은 우리가 그분의 율법에 반해 외부적으로 사랑했던 것을 조금씩 거둬 가신다. 밖에서 이루어지는 이 작업은 건물의 기초를 놓는 데 있어 지극히 작은 부분이다. 이에 반해 눈에 보이지는 않지만 내부에서 일어나는 작업은 외부에서 일어나는 작업과 비교할 수 없을 정도로 중요하고 까다롭고 경이로운 일이다. 하나님은 우리에게서 우리가 의존하는 모든 것을 철저히 제거하기 위해 외부로부터 우리를 죽인 다음 내부에서 우리 자신과 분리하는 방법을 통해 우리를 공격하신다. 이때 하나님이 우리에게서 앗아가시는 것은 밖의 것이 아니라 우리의 중심에 있는 자아이다.

사실 그동안 우리는 이 자아 때문에 하나님이 아닌 그 나머지 것을 사랑해왔다. 그러므로 하나님은 이 자아를 추적해서 가차 없이 제거하기를 원하신다. 어떤 사람에게서 옷을 빼앗는다는 것은 그에게 폭력을 행하는 것이다. 하지만 이것은 사람의 가죽을 벗기고 그의 뼈에서 살점을 도려내는 혹독함에 비하면 아무것도 아니다. 나뭇가지를 잘라내면 나무가 죽는 것이 아니라 오히려 더 왕성한 활기를 얻게 된다. 그 결과 사방으로 새싹이 뻗는다. 하지만 나무줄기나 뿌리를 친다면 그 나무는 잎사귀를 떨어뜨리고 병들어 말라 죽게 된다. 하나님이 우리를 죽이시는 방법은 바로 이와 같은 후자의 방법이다.

하나님은 먼저 우리가 용기 있는 노력을 통해 스스로에 대항해서 자신의 욕정을 외형적으로 죽이도록 하신다. 이때 육신적인 감정이 죽을수록 우리 영혼은 자신의 공덕을 자랑하게 된다. 그 순간 하나님은 다음 단계로 우리 영혼의 깊은 곳을 공격하심으로써 영혼의 마지막 숨까지 앗아가 버리신다. 그렇게 되면 더는 자신의 힘으로 외부의 대상과 싸울 수 없게 된다. 하나님은 우리 영혼의 약점을 이용하여 우리가 우리 영혼에 대항하도록 만드신다. 이 상태에서 우리 영혼은 자신의 본모습을 직시하고 하나님께 충성하게 된다.

하지만 이제 우리 영혼은 더 이상 자신의 충성스러운 모습에 시선을 주지 않는다. 오히려 그때까지 우리 영혼이 행했던 모든 실수를 보게 된다. 이전에는 결코 알지 못했던 새로운 실수까지 종종 보게 된다. 그로 인해 우리 영혼은 전에 자신이 의지했던 열정과 용기를 완전히 잃어버리고 탈진하게 된다. 영혼은 마치 예수 그리스도처럼 슬퍼하며 죽음에 이르게 된다. 그 영혼에 남는 것은 아무것에도 집착하지 않겠다는 소원과 하나님이 행동하시기를 바라는 소망뿐이다. 그 영혼이 가진 이런 소원의 의지조차 자신에게서 나온 것이 아니다. 이것은 인간이 의식할 수 있는 그런 의지가 아니라 영혼 깊은 곳에서 영혼보다 더 친밀하고 더 깊이 숨어 있는, 자아와는 상관없는 단순한 의지이다.

이런 상황에서 하나님은 우리를 우리 자신에게서 떨어뜨리는 데 필요한 조치를 취하신다. 하나님은 우리의 더러운 옷을 하나씩 벗기신다. 우리의 마지막 치장을 벗기실 때 그분의 조치는 가장 혹독하다. 사실 겉옷이 속옷보다 더 값비싼 것이지만 우리는 속옷을 잃게 될 때 그 손실을 더 크게 절감한다. 첫 번째 옷이 벗겨질 때 우리는 남아 있는 옷으로 자기 몸을 가릴 수 있다. 하지만 결국 모든 옷이 다 벗겨질 때 우리에게는 비통함, 벌거벗음, 혼동만이 남게 된다.

아마도 당신은 우리가 벗어야 할 것들이 구체적으로 무엇인지 물을 것이다. 나는 그 물음에 대답할 수 없다. 그것은 인간마다 서로 다르기 때문이다. 각 사람에게는 자신의 필요와 하나님의 계획에 따라 당해야 할 고난의 몫이 따로 있다. 지금 무엇을 입고 있는지도 알지 못하면서 우리에게서 벗겨져야 할 부분이 무엇인지 어떻게 알 수 있겠는가? 우리 각자가 벗어야 할 것들은 스스로 예측할 수 없을 정도로 무한히 많다. 이런 것이 먼저 제거되어야 비로소 우리는 그동안 자신이 그것에 집착했음을 깨닫게 된다. 나는 머리카락이 뽑힐 때까지 그 머리카락을 느끼지 못한다. 이처럼 하나님은 우리에게 우리가 알지 못하는 것을 조금씩 깨닫게 해주신다. 이때 우리는 심지어 잘한 행동에서조차 우리가 알지 못했던 악이 존재했음을 발견하고 놀라게 된다. 이것은 마치 사방의 메말라 있던 동굴에서 갑자기 우리가 예상하지 못했던 물이 용솟음쳐 나오는 것과 같다고 할 수 있다.

하나님이 우리에게서 벗겨지기를 원하시는 부분은 우리가 상상할 수 있는 그런 일반적인 것이 아니다. 만약 예측할 수 있다면 우리는 미리 준비했을 것이다. 그렇게 되면 우리는 결코 죽을 수 없다. 그래서 하나님은 가장 예측할 수 없는 것을 보여주심으로써 우리를 놀라게 하신다. 사실 그것은 아무것도 아니다. 하지만 그 아무것도 아닌 것이 우리를 죽이고 우리의 자기애에 고통을 안겨준다. 우리의 가장 화려한 자질을 가지고 우리 자신을 죽일 수는 없다. 오히려 우리의 자만심만 부추길 뿐이다. 또한 우리의 내면 너머 더 깊숙이 들어가기를 원하시는 하나님의 목적에 역행해서 오히려 우리에게 내적 확신을 갖도록 조장할 뿐이다. 그러므로 우리가 자랑하는 것을 가지고는 결코 우리를 죽일 수 없다.

하나님의 방법은 우리에게서 어떤 가치도 발견하지 못하게 하는 것이다. 그래서 우리 안에서 오직 연약하고 느슨한 본성만이 있음을 보게 만든다. 그런데도 우리는 우리 내부에서 일어나는 하나님의 방법을 따라 고난을 감수하기보다 물과 빵으로 사는 엄숙한 생활이나 겉으로 드러나는 커다란 금욕생활을 더 선호한다. 하지만 우리가 금욕적인 삶에 열정이 있으므로 이런 삶을 추구하는 것은 아니다. 사실 우리에게서 이런 열정이 사라진 지 이미 오래다.

커다란 희생을 치르는 것보다 수많은 작은 일 가운데에서 하나님이 우리에게 요구하시는 일에 순복할 때 우리는 더 많은 것을 포기하고 자아를 죽일 수 있다. 그러는 동안 하나님은 그 영혼을 내버려 두지 않으시고 유순하고 순종하는 자로 만들기 위해 사방에서 그를 짓누르고 휘게 하신다. 이때 우리는 솔직하게 자신의 감정을 말하다가 곧 침묵해야 한다. 처음에는 우쭐하지만 이내 자책하고 자신을 망각함으로써 다시 자신을 재조명해야 하는 것이다. 다시 말해 처음에는 낮아졌다가 자신을 높이지만 곧이어 말도 못 할 정도로 자신을 스스로 정죄해야 한다.

또한 우리는 자신에 대해 호의적으로 말하다가 자신이 약하고 불안하며 작은 일에도 결심이 약하다는 것을 받아들여야 한다. 그리고 유치한 어린아이의 기질이 있으며, 친구들을 무정하게 대하고, 어리석은 시기의 말을 하며, 우리의 성향에 상관없이 헛되게 말해 왔으며, 가식적이고 좋지 못한 신앙인의 모습을 보였다는 사실을 인정해야 한다. 최종적으로 덧붙여 자신이 메말랐고, 하나님에 대해 싫증을 느꼈으며, 모든 은혜에 관해 무관심해 결과적으로 낙담의 유혹에 빠졌다는 사실을 직시해야 한다. 바로 이런 것이 우리가 내적으로 벗어야 할 부분들이다. 하지만 이외에도 하나님의 계획에 따라 사람마다 수많은 다른 예가 있다.

지금까지의 말이 나의 상상이라고 생각하지 말라. 하나님이 우리 영혼 안에서 직접 행동하신다는 사실을 과연 누가 의심할 수 있겠는가? 그분만이 우리 안에서 우리가 자아에 대해 죽을 수 있도록 역사하신다는 사실에 누가 이의를 제기할 수 있겠는가? 하나님이 우리의 조잡한 욕정을 제거하신 후에 우리 안에 있는 자기애로 돌아가려는 모든 미묘한 성향을 공격하신다는 사실, 특히 은혜의 성령에 모든 것을 맡긴 영혼에 그렇게 역사하신다는 사실을 우리 중에 누가 의심할 수 있단 말인가? 하나님이 우리를 더욱 정결하게 하기 원할수록 그분은 우리 안에서 우리에게 더 많은 시련을 주신다. 세상은 이런 시련을 볼 수 있는 눈과 들을 수 있는 귀가 없다. 세상의 지혜는 오직 죽음뿐이다. 이것은 진리의 영과 양립할 수 없다. 사도들이 말한 것처럼 하나님의 깊은 곳을 꿰뚫을 수 있는 분은 오직 하나님의 영뿐이다.

처음에 우리는 우리 안에서 역사하시는 성령의 인도하심을 어색하게 여긴다. 성령의 인도하심은 우리를 뼛속까지 벌거벗도록 하시기 때문이다. 모든 것을 잠잠히 참으며, 마치 사람이 강의 흐름에 몸을 내맡기듯 하나님 섭리의 흐름에 자신을 맡기기 기뻐하는 우리이지만, 정작 하나님이 예비하신 희생으로 우리를 부르시기 위해 말씀하실 때 우리는 위험을 무릅쓰고 용감히 들으려고 하지 않는다. 이런 우리의 모습은 하나님의 음성에 익숙하지 못했던 어린 시절의 사무엘과 같다고 할 수 있다. 사무엘은 처음에 그 음성이 엘리의 목소리인 줄 알았다. 하지만 엘리는 "내 아들아 내가 부르지 아니하였으니 다시 누우라"(삼상 3:6)고 대답했다.

우리를 격동시킨 음성이 우리의 상상에서 나온 것인지는 판단할 수 없다. 그래서 종종 대제사장 엘리와 같은 사람이 우리에게 그것이 꿈이었다고 말하고 잠잠하라고 말하기도 한다. 하지만 하나님은 우리가 잠잠하기를 원하시지 않는다. 그분은 우리가 그분이 말씀하시고자 하는 것에 주의를 기울일 때까지 계속 우리를 부르시는 분이다. 만약 그 음성이 교회의 정서에 어긋나는 비전이나 환영, 계시, 특이한 빛, 기적, 또는 행동이라면 그것들에 귀 기울일 필요가 없다. 하지만 하나님이 우리가 자아를 초월할 수 있도록 인도하시고, 우리 안에서 우리의 자아를 온전히 죽일 수 있도록 어떤 일을 행하려고 하신다는 확신이 들 때 그 인도하심을 따르는 것이 과연 환상일까?

우리가 이런 인도 하심을 따르지 않는다고 가정해보자. 우리의 지혜와 자기애로 인해 이런 인도하심을 따르려고 하지 않는다면 이 것은 역으로 이 인도하심이 하나님의 은혜라는 방증이 된다. 즉 우리가 이런 인도하심에 거부감을 느끼게 되는 것은 우리 안에 있는 육신적인 생각과 이기적인 충동 때문이다. 우리가 어떤 것을 두려워 할수록 실제로 그것은 우리에게 더욱 필요한 것이다. 우리의 두려움 은 우리의 괴팍함, 완악함, 그리고 자신의 시각과 취향에 집착하려 는 성향에서 나온 것이기 때문이다. 우리는 이런 본능적인 사고를 죽여야 한다. 그 인도하심이 우리를 죽이는 데 도움이 됨을 확신함 으로써 뒤로 물러서게 하는 모든 핑계를 과감히 청산해야 한다.

이런 하나님의 인도하심에 신속하게 순복할 때 우리 영혼은 크 게 진보하게 된다. 이것에 주저하지 않는 사람은 엄청난 성숙을 경 험하게 된다. 항상 따지는 사람은 마음속에 자신이 가진 것을 결코 행할 수 없다. 그들은 항상 확실한 것을 원한다. 그리고 항상 자신의 걱정을 한 번에 날려 보낼 수 있는 충고를 구한다. 그리고 발걸음을 옮길 때마다 멈춰 서서 뒤돌아본다. 결국 그들은 우유부단함 속에서 시들어가고 무의식적으로 성령을 거스른다. 그들은 그들의 주저하는 행동을 통해 성령을 슬프게 한다. 마침내 그들의 반복적인 저항을 통해 성령이 근심하게 되고 최종적으로 성령이 그들 안에서 소멸하게 된다.

저항할 때 우리는 자신의 반항을 합리화하기 위해 핑계를 댄다. 하지만 무의식적으로 자신이 움츠러들게 되고 어린아이와 같은 단순함을 잃게 된다. 아무리 위장하려 할지라도 그런 우리 안에는 평화가 없다. 우리의 양심은 뒤에서 항상 하나님을 저버린 것에 관해 질책한다. 우리가 하나님으로부터 물러났기 때문에 하나님이 우리에게서 물러나실 때 우리는 점점 완악해진다. 더 이상 평화가 없어지고 진정한 평화도 찾지 않는다. 그 결과 진정한 평화에서 멀어지고 평화가 존재하지 않는 곳에서 평화를 찾게 된다. 그것은 마치 뼈가 탈골된 채 다시 제자리로 돌아오지 않고, 계속 고통만 안겨주는 상태와 같다고 할 수 있다. 그 결과 그 뼈의 상태는 더욱 나빠져 더는 움직이지 못하게 된다. 이처럼 모든 것에 대해 죽으라고 요구하시는 하나님의 비밀스러운 초청을 받아들이지 않음으로써 나중에 가서 후회하는 영혼은 얼마나 불쌍한가!

처음에 그 저항은 바다의 모래알처럼 작지만 나중에는 점점 산이 되어 하나님과 그 자신 사이에 큰 틈을 만든다. 하나님이 작은 일을 요구하실 때 우리는 귀를 막는 경향이 있다. 그분의 음성을 듣기 두렵기 때문이다. 오히려 우리는 스스로 하나님의 음성을 듣지 못했다고 말할 수 있기를 바란다. 실제로 우리는 스스로 그런 말을 한다. 그리고 나서 지금까지 경험한 것을 의심한다. 그러면 지금까지 하나님의 손으로 우리를 단순하고 작은 자녀로 만들어주셨던 은혜의 증거들이 마치 허상처럼 보이기 시작한다.

우리는 내부의 갈등을 잠재우기 위해 외부에서 피상적인 권위자를 구한다. 그리고 그것을 쉽게 찾는다. 다양한 지식과 경건의 모양은 있지만 경험이 미천한 권위자들은 얼마든지 있기 때문이다. 결국 우리는 더 많이 치유하기를 원할수록 더욱 병들게 된다. 마치 옆구리에 수많은 화살을 맞은 상처 입은 사슴처럼 전락하고 마는 것이다. 그 사슴이 스스로 화살을 제거하기 위해 숲에서 뛰어다닐수록 화살은 더욱 깊게 박힐 것이다. 슬프다! 하나님을 거부하면서 평화를 누린 사람이 지금까지 누가 있었는가?

진정하고 유일한 평화이신 하나님이 그분의 목적에 반대하는 영혼에 평화를 주실 수 있는가? 실로 이런 영혼은 원인을 알지 못하는 희소병에 걸린 사람과 같다. 모든 의사가 자신의 의술을 발휘해서 그들의 병을 고치려고 노력할지라도 아무도 그들을 고칠 수 없다. 이때 그들은 불행하고 억압받으며 패배 의식에 젖게 된다. 그들을 도와줄 수 있는 음식이나 치료책은 없다. 그래서 그들은 날마다 여위어간다. 이처럼 우리가 우리의 진정한 길에서 벗어날 때 끊임없이 배회하게 된다는 사실을 분명히 알아야 한다.

당신은 앞에서 언급한 고난이 아무것도 아니라고 말할지도 모른다. 사실 그것은 맞는 말이다. 실로 지금부터 말하려고 하는 고난이 더 치명적이다. 우리가 하나님께 헌신할 때 처음에는 어떤 것도 주저하지 않고 드리기를 원한다. 하지만 솔직히 멀찍이 서서 뭔지도 모른 채 하나님께 드린다. 그래서 하나님이 우리의 헌신의 약속을 그대로 믿고, 그것을 구체적으로 받으시려고 할 때 이전에 알지 못했던 강한 거부감을 우리 안에 갖게 된다. 그로 인해 우리의 용기는 사라지고 헛된 변명을 통해 자신의 연약하고 혼란스러운 마음을 스스로 위로하려고 애쓴다. 그리고 하나님이 요구하시는 일을 온전히 수행하지 않는다. 하나님의 계획에 우리의 방식을 가미하고 우리 안에서 죽이고 싶지 않은 타락한 부분의 마지막 보루를 확보하고자 한다. 이때 질투하시는 하나님은 뒤로 물러서시게 된다. 그러면 우리 영혼은 눈을 감고 용기가 나지 않는 헌신에 대해 더는 시선을 주지 않으려고 한다. 하나님은 그렇게 하기를 원하는 연약하고 비겁한 모습대로 우리를 그냥 내버려 두신다.

하지만 우리의 이런 행동이 얼마나 큰 실수인지 깨달아야 한다. 하나님으로부터 많은 것을 받은 영혼일수록 그분께 더 많은 것을 돌려드릴 의무가 있다. 우리 영혼은 하나님으로부터 세심한 사랑과 과분한 축복을 받았다. 순수하고 사심 없는 선물을 맛보았다. 그런데도 다른 면에서는 순수한 많은 영혼이 이 사실을 깨닫지 못한다. 하나님은 우리 영혼을 전적으로 소유하기 위해 적극적으로 모든 것을 준비하셨다. 우리 안에서 친히 신랑이 되셔서 자기 신부를 위해 모든 것을 돌보셨다.

그렇지만 한편으로 하나님은 무한히 질투하시는 분이다. 그러므로 하나님의 엄격한 질투에 놀라지 말라. 하나님이 질투하시는 것은 무엇인가? 우리의 재능, 지성, 또는 우리가 규칙적으로 행하는 미덕들인가? 아니다. 하나님은 이런 것들에 관해 개의치 않으신다. 사랑 자체이신 그분은 오직 사랑만을 질투하신다. 하나님의 세심함은 오직 우리의 의지를 바로잡는 데 관심이 있으시다. 그분은 자기 신부가 두 마음을 품는 것을 원치 않으신다. 더욱이 하나님은 자기 신부가 두 마음을 품은 사실을 은폐하기 위해 변명을 늘어놓을 때 그것을 참지 못하신다. 그 결과 하나님에게서 질투의 불길이 타오르게 된다.

오, 신부여! 당신이 순수하고 솔직한 사랑을 붙잡고 있다면 비록 당신이 부주의하고 연약함으로 인해 이탈 행위를 불규칙적으로 할지라도, 신랑되신 주님은 그분의 무한하신 인내로 당신 마음의 정직성을 의심하지 않고 당신을 받아주실 것이다. 하지만 당신의 사랑이 하나님을 향해 어떤 거부감을 느끼게 되는 순간부터, 그리고 당신이 그런 자신을 은폐하기를 원하려 할 때부터 신랑되신 주님은 당신을 불륜을 숨기려는 더러운 신부로 여기실 것이다.

정말로 많은 사람이 엄청난 희생적인 행위를 한 후 이런 죄에 빠진다! 이런 실수는 대부분 거짓된 지혜가 그 원인이다. 즉 용기가 부족하기 때문이 아니라 너무나도 인간적인 지혜를 의지하기 때문에 이런 상황에 봉착하게 되는 것이다. 실로 하나님이 우리 영혼에 주저 없이 희생하라고 요구하시는 것은 우리에게 그것을 할 수 있는 은혜를 주셨기 때문이다. 그분은 우리가 죄를 죽이고 온전히 포기할 것을 원하신다. 우리가 그분으로부터 받은 선물을 가지고 내적으로 어떤 우쭐함을 갖게 된다면 하나님은 자신의 선물까지 질투하실 것이다.

모든 것은 파괴되어야 하고 사라져야 한다. 하나님은 우리에게서 모든 것을 취하기를 원하신다. 실로 하나님은 우리에게 아무것도 남기지 않으신다. 우리가 조금이라도 그것에 매달린다면 아무리 좋은 것일지라도 하나님은 손에 칼을 들고 우리 마음에서 그것을 도려내실 것이다. 또한 우리가 어떤 곳을 두려워한다면 하나님은 우리를 그곳으로 데려가실 것이다. 하나님은 항상 우리를 가장 약한 곳으로 데려가시는 분이다. 그리고 우리에게 숨 쉴 기회조차 주지 않고 우리를 몰고 가실 것이다. 우리가 이런 사실 앞에 당황할 필요가 있는가? 여전히 우리가 숨을 쉬고 있다면 과연 우리는 진정 죽을 수 있는가?

하나님의 손에서 죽기를 원할 때조차 우리는 고통 없이 죽고자 한다. 또한 모든 욕망에 대해 죽기 원하면서도 자신이 선택한 방법으로 죽기를 원한다. 우리는 모든 것을 잃기를 원한다고 하면서도 실제로 모든 것을 간직하기를 추구한다. 하지만 하나님은 우리의 힘을 꺾기 위해 인도하시는 분이기에 우리는 엄청난 고통과 고뇌를 맛보아야 한다. 마치 환자가 고통스러운 수술을 받기 위해 자신을 의사의 손에 의탁하는 것처럼 우리는 하나님의 손에 들려 있는 자들이다. 그러므로 우리는 그 앞에서 잠잠할 수밖에 없다.

가련한 영혼들이여! 연약한 영혼들이여! 하나님의 최후의 일격이 너희를 진멸시킬 것이다. 너희는 이런 사실 앞에서 떨고 뒤돌아선다. 그 무시무시한 광야를 온전히 통과하게 될 자가 과연 몇 명인가! 겨우 두세 명만이 그 약속의 땅을 보게 될 것이다. 하나님께 모든 것을 돌려드려야 하지만 그러지 않음으로써 자신의 복을 받지 못하는 자들은 정말 불행하다. 또한 속에서 하나님을 거부하는 자도 불행하다. 하나님을 거부하는 것은 성령을 거역하는 죄이다. 현세와 내세에서 절대 용서받을 수 없는 죄는 우리 안에서 우리를 초청하시는 주님의 부르심을 거부하는 죄가 아닐까? 회심하기를 거부하는 자는 이 세상에서 고난이 닥칠 뿐 아니라 저 세상에서 지옥의 고통을 받게 될 것이다. 자신에 대해 죽기를 절대적으로 거부하고 순수한 사랑의 은혜에 자신을 전적으로 의탁하기를 거절하는 자는 이 세상에서 회한과 저 세상에서 지옥의 무서운 불구덩이로 징벌받게 될 것이다.

어떤 의미에서 우리는 모두 지옥의 고통을 경험하는 자들이다. 어떤 사람은 세상에서 순수한 사랑을 통해 자신을 죽이는 고통을 자청하고, 어떤 사람은 사후에 지옥에서 하나님의 정의의 고통을 받는다. 항상 주저하지 않고 즉시 따르며, 항상 자신을 죽이는 데 소극적이지 않고 적극적인 사람은 복이 있다! 하나님으로부터 일부분을 바치라는 요구를 받을 때 오히려 용감히 전부를 드리고, 자신의 거추장스러운 모든 외피를 벗기 위해 하나님께 모든 것을 맡기는 자는 복이 있다! 어떤 것에도 자신을 의지하지 않으며, 하나님의 인도하심을 항상 겸손하게 받는 사람은 복이 있다. 그리고 그 모든 것에 두려워하지 않는 자는 행복하다!

보통 우리는 이런 삶의 모습을 두려워한다. 하지만 그것은 잘못이다. 우리는 이런 상태에서 진정으로 평화와 자유를 발견하게 된다. 이때 모든 것에서 초월한 마음은 무한대로 팽창해서 거대해지게 된다. 그 어떤 것도 이 마음을 잡아끌 수 없다. 이 마음은 오직 하나님의 약속에 따라서 하나님과 하나가 되기 때문이다.

바리새인과 세리

바리새인적인 의를 버리고 세리처럼 고백하라

예수님 당시 유대인들은 로마의 통치를 받았고 그들은 고통 속에서 그 통치를 인내해야 했다. 오직 하나님 한 분만을 섬기는 데 익숙했던 유대인들은 독립과 자유를 열망했다. 그런 상황에서 유대인들은 로마를 위해 일하는 세리를 싫어했다. 따라서 예수님이 세리에 대해 말씀하신 것은 일부러 그들 앞에서 가장 혐오스럽고 충격적인 인물을 의도적으로 예시하시기 위함이었다. 같은 목적으로 예수님은 세리와 함께 부도덕한 여자들을 자주 언급하셨다.

바리새인들은 일종의 개혁분파로 율법의 문자 하나하나에까지 세세하게 의미를 부여하며 실천하고자 했던 사람들이었다. 그들의 삶은 외형상 모범적이었고 눈부셨다. 하지만 그들은 거만하고 높은 자리와 권위를 탐했다. 또한 선한 행동으로 자신에 차 있었던 그들은 남을 비판했다. 한마디로 자신의 의로 눈먼 자들이었다.

예수 그리스도는 세리와 바리새인을 함께 언급하심으로써 죄로 물든 세리보다 바리새인이 하나님 나라에서 얼마나 더 멀리 있는지 비유로 말씀하셨다. 이 비유에서 세리는 자신의 죄를 뉘우치지만 바리새인은 자신의 공덕을 높인다. 세리는 감히 하나님으로부터 축복을 구하지도 못하지만 바리새인은 점잔 빼는 태도로 자신이 받은 칭송에 관해 자랑한다. 그런데 우리 주 하나님은 세리의 편을 들어주신다(눅 18:10-14).

이처럼 하나님은 자신의 가련함 앞에서 회개하고 하나님의 은사에 영광을 구하는 겸손한 죄인을 더 좋아하신다. 하나님의 은사를 자신의 것으로 치부하는 일은 오히려 하나님을 대적하는 행위이다. 그것은 사람의 교만을 부채질할 뿐이다. "오, 하나님의 은사여! 하나님은 자신의 영혼만을 위해 그 은사를 추구하는 자에게 무서운 형벌을 내리십니다. 실로 이런 영혼은 영원한 생명의 양식을 독소로 만들 따름입니다."

우리의 영원한 생명을 위해서는 옛 아담의 삶을 죽여야 한다. 우리의 선한 행동과 엄격한 태도는 결국 자기애로 귀결된다. 우리는 스스로 정욕을 죽였던 일, 욕망을 거부했던 일, 의로운 행위, 인내, 겸손, 초월 등 우리의 선행을 꼼꼼히 따져서 그것을 통해 영적인 위안으로 삼으려고 한다. 그런 행위를 통해 우리의 의가 증거받기를 원하고자 하는 의도에서다. 우리는 항상 우리가 하는 선행을 스스로 말하고 싶어 한다.

그래서 우리는 이런 내적인 증거가 사라질 때 황폐함을 느끼고 당황해한다. 그리고 모든 것을 잃었다는 기분을 느낀다. 이와 같은 감각적인 증거는 신앙의 초보자에게는 도움이 된다. 이것은 갓 태어난 영혼을 위한 부드러운 우유라고 할 수 있다. 그들은 한동안 그것을 빨아먹어야 한다. 그들이 그것을 마시지 못하도록 이유(離乳)시킨다면 그들은 위험에 빠질 수 있다.

부드러운 우유를 조금씩 감소시키고 대신 딱딱한 빵으로 대체하는 일은 오직 하나님만이 하실 수 있는 일이다. 그러므로 우리 영혼이 믿음 안에서 오랫동안 교육과 훈련을 받으며 더 이상 자신의 의를 세우는 데 필요한 우유처럼 달콤한 내적인 증거를 받지 못할 때 오히려 우리는 그 시련 속에서 잠잠할 필요가 있다. 하나님이 우리에게서 앗아가신 것을 생각하고 괴로워하는 것은 어리석은 짓이다. 이때 우리 영혼은 세리처럼 굳은 결심으로 하나님께 눈을 돌려 자신의 가련함을 아뢰는 것으로 만족해야 한다. 그 순간 하나님은 그 영혼을 더욱더 정화해주신다.

우리 영혼은 자기애로 쉽게 오염된다. 항상 자신에게서 선한 것을 보면서 자신을 더럽힌다. 사람의 영혼은 항상 어떤 것을 자신의 소유로 생각하는 속성이 있다. 우리 영혼은 하나님께 감사드리면서도 자신이 하늘의 은사를 받을 자격이 있는 특별한 자라고 생각한다. 이처럼 하나님의 은혜를 자신의 것으로 여기는 태도는 매우 미묘해서 외관상 의롭고 소박한 삶을 사는 사람들도 자신의 그런 태도를 감지하지 못한다. 그들은 자신이 저지르는 그런 도둑적인 행위를 스스로 인지하지 못한다. 결국 이런 절도 행위는 더욱 심각해져서 나중에는 하나님의 가장 순수한 축복까지 도둑질함으로써 하나님의 질투를 더욱 자극한다.

이런 영혼은 자신의 공로가 사라지는 것처럼 느껴질 때 사도 베드로처럼 다음과 같이 절규한다. "주여, 우리를 구원해주소서. 우리가 망하게 되었습니다!" 그때에야 비로소 그들은 자신 안에 실제로 아무것도 없다는 사실을 직시하게 된다. 모든 것이 그들에게서 떠나간 것이다. 그들의 마음속에는 오직 저주, 공포, 스스로에 대한 미움, 희생, 그리고 포기만이 남게 된다. 이처럼 자기중심적인 바리새인의 의가 사라지게 될 때 비로소 우리는 자신의 의와는 다른 예수 그리스도의 진실한 의로 들어갈 수 있다.

바리새인의 의의 오류는 우리 생각 이상으로 훨씬 더 광범위하다. 바리새인적인 의의 첫 번째 오류는 의를 전적으로 자기 행동에 귀착시켰다는 점이다. 그래서 율법의 정신에 관심을 두기보다는 그 문자를 엄격하게 따지고 글자 하나하나를 준수하려고 애썼다. 오늘날 많은 그리스도인도 이와 같은 의를 추구한다. 그래서 그들은 금식하고 구제한다. 또한 교회에서 맡은 직분에 충성을 다한다. 심지어 그들은 하나님을 사랑하지도 않고 세상에 관한 집착도 끊지 못하며 자선도 베풀지 않고 겸손이나 자기 부정도 하지 않으면서 기도한다. 그들은 자신이 규칙적으로 하는 많은 선행을 보고 만족한다. 이 점에서 그들은 바리새인들과 다를 바가 없다.

바리새인적인 의의 두 번째 오류는 이미 우리가 지적한 바와 같이 자신의 힘으로 자신의 의를 유지하려는 태도이다. 사람들이 이런 태도를 편하게 여기는 이유는 그렇게 함으로써 자신의 본성에 큰 자긍심을 가질 수 있기 때문이다. 우리는 자신이 의롭다는 것을 볼 때 큰 기쁨을 얻는다. 그리고 자신이 강하다고 느낄 때, 우리의 선행을 보며 자신을 높일 때 우리는 마치 허황된 마음의 여인이 거울에 비친 자신의 미모를 보고 나르시시즘에 빠지는 것처럼 스스로 미소를 짓는다.

하지만 자신의 미덕에 집착하는 행동은 우리를 망치게 하고 우리의 자기애만 북돋아줄 뿐이다. 이런 행동은 우리를 자신에게서 떨어지지 못하게 방해한다. 바로 이런 이유로 선한 마음과 함께 의로울 수 있었던 수많은 영혼이 자신 주위에서 맴돌며 더 이상 하나님께로 나아가지 못하고 있다. 그들은 자신이 행한 선행의 증거를 간직하겠다는 명목으로 항상 자기의 행동에 집착한다. 어떤 이들은 자신이 하나님으로부터 떠나지 않을까 두려워하고 있는 상황에서도 그와 정반대로 자신의 공로를 보지 못할까 봐 두려워한다. 그들은 또한 자신의 방식으로 공로를 쌓고자 한다. 그리고 항상 자신이 하나님께 호감을 주는 자라는 생각 속에서 기쁨을 누린다. 그들은 자신의 비위에 맞는 얄팍한 기쁨을 통해 힘을 얻으려 하고 자신의 피상적인 미덕을 통해 자신을 채우려고 한다.

하지만 그들은 자신을 채우려는 노력을 버리고 자신을 비워야 한다. 그리고 자신에 대항해 자신을 강하게 할 필요가 있다. 실로 껍데기에 불과한 자기 경험에 집착하는 태도를 버려야 한다. 그들이 섭취하는 양식은 마치 간호사가 목마른 건장한 사람에게 건네주는 우유와 같은 것이다. 그런 음식은 영혼을 강건하게 하기보다는 오히려 약화한다. 더욱이 즐거운 경험과 내적인 평화에 너무 의지하는 영혼은 폭풍우가 몰려오면 모든 것을 잃을 가능성이 높다. 그들은 자신이 느낄 수 있는 재능만 의지한다. 그래서 그 재능이 사라질 때 모든 것이 무너지는 기분을 느낀다. 그러므로 하나님으로부터 시련 받을 때 그들은 곧 낙담하고 만다. 기쁨의 경험을 하나님과 동일시하기 때문이다. 그래서 기쁨이 사라지면 그들은 하나님이 자신을 내팽개쳤다고 생각하기에 이른다. 성 테레사의 말처럼 기도는 시련을 통해 정화되고 열매 맺는 것임에도 그 사실을 전혀 깨닫지 못하기에 그들은 기도를 포기하고 만다.

이에 반해 어떤 영혼은 시련의 메마른 떡을 맛볼 때 자신에게 아무런 선함도 없음을 알고 자신의 가난함과 무가치, 그리고 타락을 직시한다. 나아가 하나님이 자신을 거부할지라도 하나님 구하기를 그치지 않으며 오직 그분을 사랑하기 위해 하나님을 찾는다. 이런 영혼은 자신의 완벽함을 자랑하기를 원하고 그 자랑이 사라질까 봐 노심초사하며 항상 하나님으로부터 새로운 총애를 받아 스스로 자신의 완벽함을 확신하기를 원하는 영혼보다 영적으로 훨씬 높은 경지에 있다.

순수한 믿음의 희미한 길을 걸으며 하나님을 따라가자. 그분이 우리에게서 은폐하고자 하시는 것을 보려고 애쓰지 말자. 아브라함처럼 갈 바를 알지 못해도 걸어가자(히 11:8). 오직 우리의 가련함을 보고 하나님의 자비를 의지하자. 단순하고 신실하면서 하나님께 모든 것을 드리는 데 주저하지 말자. 자신의 공로나 감정, 또는 미덕을 신뢰하지 않도록 주의하자. 항상 하나님께로 나아가며 잠시라도 불안이나 자기만족으로 자신에게로 돌아가려는 잘못을 저지르지 말자. 하나님께 우리의 모든 심사를 맡기자. 그리고 죽을 때까지 그분께 영광을 돌리는 일만 생각하자.

작은 일에 충성하기

작은 일에 충성할 때 진정한 은혜가 우리를 지탱해준다

모든 사람은 예외 없이 하나님을 사랑해야 한다는 사실을 안다. 하지만 문제는 하나님을 어떻게 사랑해야 하는가 하는 방법이다. 우리가 하나님을 사랑하는 이유는 그분이 우리의 창조자이시고 우리 안에 있는 모든 것이 그분의 자비로운 손길에서 나왔다는 인식 때문이다. 우리 안에 있는 모든 것은 하나님이 주신 선물이다. 우리는 아무것도 아니다. 우리 안에 있는 모든 것은 하나님한테서 왔을 뿐만 아니라 우리를 둘러싼 모든 것도 하나님이 주신 것이다. 즉 하나님에 의해 결정된 것이다.

또한 우리가 하나님을 사랑해야 하는 이유는 하나님이 우리를 사랑하시되 자녀를 불쌍히 여기는 아비처럼 자애로운 마음으로 사랑하시기 때문이다. 하나님은 우리가 흙에서 나왔음을 아신다. 그런데도 하나님은 죄로 물든 우리를 찾아오셨다. 길 잃은 양을 찾기 위해 사력을 다하는 목자처럼 우리를 찾아오셨다. 하지만 하나님은 우리를 찾는 것으로 만족하지 않으셨다. 우리를 찾으신 다음 친히 인간의 형태를 입으시고 우리의 약점까지 스스로 담당하셨다. 그분은 십자가에서 죽기까지 복종하셨다. 이러한 복종은 우리를 향한 그분 사랑의 척도가 되었다.

하나님을 향한 사랑의 의무를 깨달은 사람은 그분을 어떻게 사랑해야 할지 알아야 한다. 과연 우리는 두 마음을 품어도 되는가? 하나님께 마음 일부만 드리면서 나머지 마음을 세상과 쾌락에 쓰는 비겁한 영혼처럼 행동해도 되는가? 또한 진리와 거짓, 하나님과 세상을 적당히 섞어서 행동하는 것이 옳은가? 다시 말해 제단 앞에서는 하나님의 소유가 되기를 원하면서도 제단을 떠나면 하나님을 망각한 채 나머지 모든 시간을 세상에 허비해도 되는가? 하나님께 달콤한 사탕발림의 말만 계속 되풀이하면서 속으로는 중요한 것은 세상이라고 생각하며 행동해도 되는가?

확실히 하나님은 이런 이율배반적인 사랑을 거부하신다. 하나님은 어떤 주저함도 원하지 않으시는 질투의 하나님이시다. 그분께는 우리 전부도 과한 것이 아니다. 그분은 우리에게 하나님을 사랑하라고 말씀하시면서 다음과 같이 부언하셨다. "너는 마음을 다하고 뜻을 다하고 힘을 다하여 네 하나님 여호와를 사랑하라"(신 6:5). 이렇게 말씀하신 하나님이 형식적인 종교에 만족할 것으로 생각하는 것은 오산이다. 우리가 하나님께 전부를 드리지 않는다면 하나님은 우리에게서 아무것도 원하지 않으신다. 하나님이 바라시는 것은 우리 전부이다.

영원부터 우리를 사랑하신 하나님을 우리 마음의 일부로만 사랑한다면 배은망덕이 아닐까? 사실 더 나아가 주님은 우리가 죄의 깊은 심연에 있을 때도 우리를 사랑하셨다. 타락한 세상도 인간의 감사하지 못한 행동을 보면 충격을 받는다. 예를 들어 세상은 자신에게 생명을 준 아버지께 당연히 드려야 할 감사를 드리지 않는 아들을 정죄한다. 하지만 육신의 아버지가 우리에게 주신 생명은 무엇인가? 불행과 고통, 그리고 온갖 더러운 악으로 가득 찬 삶이다. 즉 죽음을 향해 갈 수밖에 없는, 그래서 계속된 죽음이라고 할 수 있는 삶이다. 그런데도 우리가 육신의 부모에게 최대한 존경심을 가져야 하는 것은 두말할 필요도 없는 절대적인 진리이다.

하물며 하나님은 어떻게 대해야 마땅한가? 하나님은 우리에게 그분처럼 영원히 지속될 수 있는 삶을 주셨다. 하나님은 우리가 완벽한 행복을 누리도록 창조하셨다. 하나님은 초대교회의 어느 교부의 말처럼 모든 육신의 아버지의 종합이라기보다 아버지 한 분이라고 하는 것이 더 정확하다. 하나님은 우리를 영원한 사랑으로 사랑하셨다.

하나님은 우리 안에서 무엇을 보고 사랑하셨는가? 사람이 누군가를 사랑할 때는 그 사랑의 대상에게 어떤 선한 것이 있어서 사랑한다. 과연 우리 안에는 하나님의 사랑을 받을 만한 것이 있는가? 지음받기 전에 우리는 아무것도 아니었고, 창조된 후에도 우리 안에는 죄밖에 없었다. 오, 이 엄청난 은혜여! 이 많은 은혜를 베푸시고, 우리를 지탱해주시며 보호해주시는 하나님을 우리가 어찌 사랑하지 않을 수 있겠는가!

실로 한순간이라도 하나님이 우리에게서 그분의 얼굴을 돌리시면 우리는 그분의 전능하신 팔에 의해 건져졌던 곳으로 다시 빠져들어 갈 수밖에 없다. 우리가 두 마음을 품고 하나님과 세상을 서로 저울질한다는 것이 가당하기나 한 이야기인가? 하나님은 우리에게 영원한 좋은 것을 약속했지만, 우리를 눈부시게 하는 세상은 결국 죽음의 순간에는 그 어떤 것도 거부할 수 없는 복수의 하나님, 즉 우리가 그분께 행한 대로 우리에게 벌을 내리시는 정의의 하나님 손안으로 우리를 내팽개치고 만다. 이때 하나님은 세상을 섬긴 사람들에게 복수하기 위해 그들에게 세상과 함께 비참한 운명을 맞도록 하신다. 성 어거스틴은 우리에게 그분을 사랑하라고 명령하신 하나님의 율법은 그분을 잊는 것이 얼마나 무서운 일인지 기억하게 하는 데 그 목적이 있다고 말했다.

그러므로 우리의 감사하지 않음과 우리의 연약함을 아시고도 모든 수단을 동원해서 우리를 자신에게로 인도하기를 원하셨던 하나님의 선하심을 생각하자. 하나님은 자신을 사랑하는 사람에게 영원한 상급을 약속하신다. 반면 자신을 사랑하지 않는 사람에게는 형벌로 위협하신다. 하지만 심지어 이런 무서운 위협 뒤에도 그분의 엄청난 사랑과 자비가 있음을 볼 수 있다. 왜 그분은 그렇게 자주 우리에게 위협을 주시는가? 우리에게 극한 형벌을 주고 싶지 않으시기 때문이다. 그렇다고 우리가 그분의 동정과 자비, 그리고 그분의 축복을 악용해서는 안 된다. 현재의 시간을 선용하고 그분을 분노하게 하지 않도록 조심하자. 날마다 "내일! 내일!"이라고 외치는 흔들리는 영혼처럼 시간을 미루지 말자. 전적으로 그분의 소유가 되도록 용단을 내리자.

그리고 오늘, 이 순간부터 새롭게 행동하자. 우리 능력 밖의 미래를 신뢰하는 것은 실로 무모한 짓이다. 미래는 하나님이 우리에게 숨기신 심연이다. 미래가 닥칠 때 우리는 자신을 신뢰하고 하나님의 일을 그분의 은혜 없이 하려고 들지 모른다. 하지만 우리는 그분이 주시는 것을 활용할 수 있어야 한다. 아마도 우리의 회심은 그분이 주시는 것을 얼마나 의지하느냐에 달려 있다고 말할 수 있다. 시간이 지나면 우리의 욕정은 점점 강해져 그것을 스스로 복종시키기가 불가능할 정도에 이른다. 그러므로 지금 결단의 선택을 내려 엘리야를 통해 말씀하신 하나님의 음성에 귀 기울이자. "너희가 어느 때까지 둘 사이에서 머뭇머뭇하려느냐. 여호와가 만일 하나님이면 그를 좇고 더 이상 너의 마음을 머뭇거리게 하지 말라. 바알이 만일 하나님이면 그를 좇고 세상을 따라가라. 그리고 그에게 모든 것을 맡겨라. 나중에 심판의 날에 바알이 여호와의 손에서 너희들을 건져내는지 두고 보겠다"(왕상 18:21 참조).

　보통 우리는 오직 하나님만 사랑하고 모든 다른 애착을 버리기가 어렵다고 말한다. 정말인가! 당신을 현재의 모습으로 만드신 그분을 사랑하는 데 무슨 어려움이 있는가? 창조주 하나님께 마땅히 드려야 할 것을 드리는 일을 주저하는 태도는 당신의 타락한 본성 때문이다. 당신은 하나님과 세상 사이에서 갈등하는 것이 즐거운가? 끊임없이 당신의 욕정에 이끌리며 양심의 가책으로 괴로워하는 것이 유쾌한가? 항상 기쁨을 느낄 때마다 동시에 고통을 느끼고 두 방향에서 왔다 갔다 하는 것이 과연 좋은 일인가? 결국 우리가 이처럼 옳지 못한 갈등으로 고통을 자처하는 것은 하나님의 사랑이 요구하는 모진 결단 앞에서 우리가 겁먹고, 그 결단의 강도를 인간적으로 누그러뜨리려고 하기 때문이다.

　하지만 이런 노력은 또다시 자신을 속이는 짓이다. 진실로 이 세상에서 행복한 사람은 하나님을 사랑하는 자이다. 하나님의 사랑을 참된 선의 원리로 삼는 사람은 하나님의 소유가 되기 위해 다른 모든 것을 포기한다. 자신 안에 오직 하나님의 사랑만 있는 영혼은 선한 양심의 평화를 누린다. 그리고 만족하며 행복해한다. 이런 영혼은 화려함, 부, 명성이 필요하지 않다. 또한 시간이 가면 사라지는 그 어떤 것에도 집착하지 않는다. 이 영혼은 자신이 전심으로 사랑하는 그분의 뜻을 성취하기만을 소원한다. 또한 그 뜻을 다 알기보다 그것이 성취되고 있다는 사실을 아는 것만으로 만족한다. 이 영혼은 신랑을 기다리며 항상 깨어 있다. 그는 성공할 때도 교만하지 않고 역경을 당할 때도 낙심하지 않는다. 이처럼 그리스도인의 완전한 성숙은 자기 뜻을 죽이고 멀리하는 데 있다.

성숙은 미묘한 추론을 통해 나오는 것이 아니다. 실로 높은 학위를 가진, 자신에 찬 선생들이 오히려 하나님의 일에 관해 무지몽매한 경우가 너무나도 많다. 사도 바울은 이 점을 지적하며 "지식은 교만하게 한다"(고전 8:1)라고 말했다. 사람을 존귀하게 하는 것은 오직 사랑이다. 오랫동안 기도한다고 그것이 미덕이 될 수는 없다. 우리 주님은 "나더러 주여 주여 하는 자마다 다 천국에 들어갈 것이 아니요 다만 하늘에 계신 내 아버지의 뜻대로 행하는 자라야 들어가리라"(마 7:21)고 말씀하셨다.

마지막으로 사랑 없는 헌신의 행동은 헌신이 아니다. 또한 마찬가지로 행동 없이 하나님을 사랑한다는 것도 어불성설이다. 사랑은 공허한 구호가 아니다. 진정으로 사랑의 마음을 가진 영혼은 하나님을 위해 틀림없이 무언가 행동하게 된다. 연약하므로 행동하지 못할 때조차 그는 마음이 괴로워 결국 하나님을 기쁘시게 하는 일을 하게 된다. 하지만 행동하는 것이 전부는 아니다. 마음의 갈등 없이 하나님을 온전히 사랑한 후 자기 이익을 구하지 않고 순수한 사랑으로 하나님을 사랑하는 경지로 자신을 승화시켜야 한다. 확실히 이것은 충분히 가치 있는 일이다. 진정으로 우리가 사랑해야 할 하나님은 우리를 무한히 사랑하시는 분이기 때문이다.

살레의 성 프란시스는 커다란 공덕과 작은 신실함은 마치 설탕이나 소금과 같다고 했다. 설탕은 소금에 비해 더 절묘한 맛을 가지고 있지만 그렇게 자주 사용되지는 않는다. 반대로 소금은 삶에 필요한 모든 음식에 사용된다. 위대한 공덕은 희귀하며 그런 기회도 좀처럼 생기지 않는다. 만약 어떤 계기로 자신이 위대한 공을 세우려고 한다면 사전에 많은 준비작업이 필요할 것이다. 그리고 일단 그것이 행해지면 우리는 그 희생에 자신도 놀라게 되고, 타인 앞에서 우리가 한 행동의 화려함과 그런 예외적인 행동을 함으로써 오는 만족감에 사로잡히게 될 것이다.

이에 반해 신실한 작은 행동을 해야 하는 기회는 예기치 않게 반복해서 매 순간 일어난다. 이런 작은 신실한 행동을 위한 순간은 우리의 교만, 게으름, 조소, 성급함, 그리고 분노 등에 끊임없이 대항하도록 유도한다. 이것은 모든 것에서 우리의 의지를 끊어주며 우리에게서 어떤 머뭇거림도 용납하지 않는다. 이 작은 일에 신실하기를 원하는 사람은 모든 욕망에 관해 죽어야 한다. 하지만 우리는 하나님을 향해 매우 위험하고 고통스러운 커다란 희생은 감수하려고 들면서도 세세한 작은 일에 관해서는 우리의 취향과 버릇대로 하면서 하나님이 관용을 베풀어주시기를 바란다. 하지만 작은 일에 충성할 때 진정한 사랑의 은혜가 우리를 지탱해준다.

경건은 이 세상의 경제 논리와 같다. 우리가 주위에 있는 것을 제대로 신경 쓰지 않는다면 낭비보다 오히려 우발적인 지출로 인해 더 큰 낭패를 보게 된다. 영적이든 세상적이든 간에 작은 것을 유용하게 쓸 줄 아는 사람이 많은 것을 모을 수 있다. 많음은 우리가 신경을 써서 얻는 작은 것들이 축적된 결과이다. 그래서 낭비하지 않는 사람이 부자가 되는 것이다.

하나님은 우리의 행동보다는 행동을 유발하게 하는 동기를 보시며, 우리가 얼마나 굳센 의지로 융통성 있게 그분의 뜻을 이루는지 주시하신다. 사람들은 외형적인 모습으로만 우리를 판단한다. 하지만 우리의 행동이 세상의 눈에 화려하게 보일지라도 하나님은 그런 행동을 무가치하게 여기실 수 있다. 하나님이 원하시는 것은 우리의 순수한 동기이다. 즉 모든 것을 기꺼이 하면서 그분의 손에 자신을 맡기려는 의지이다. 이것은 자신을 진정으로 포기하는 자세이다.

이와 같은 자세는 예외적인 어떤 큰일보다 일상적인 일에서 더 필요한 자세이다. 작은 일은 큰일보다 우리의 자만심에 해를 덜 끼치면서 동시에 우리를 더욱 혹독하게 시험한다. 심지어 어떤 때는 큰 것보다 사소한 것에 더 집착을 보일 수도 있다. 그래서 큰 액수의 돈을 포기하는 일보다 작은 쾌락을 포기하는 일을 더 주저하게 된다. 죄가 되지 않으리라 생각하는 매우 사소한 일들, 그래서 자신은 별로 집착하지 않는다고 여기는 작은 것으로 인해 자신이 더 쉽게 속는 경우를 종종 볼 수 있다. 이때 하나님이 그것들을 도로 취해 우리가 엄청난 고통을 느낄 때 비로소 우리는 자신이 그것들에 얼마나 과도하게 집착했는지를 깨닫게 된다.

다른 한편 우리가 작은 것을 대수롭지 않게 여길 때 우리의 가족, 그리고 사람들은 그런 우리를 보고 충격을 받을 수 있다. 우리의 행동이 불규칙하고 세세한 부분에 결함이 있을 때 사람들은 그런 우리의 믿음을 좋은 믿음이라고 생각하지 않는다. 매우 작은 일에도 실패하는 우리가 큰 희생을 주저 없이 감당할 것이라고 사람들이 어떻게 믿을 수 있겠는가?

가장 위험한 것은 작은 것을 소홀히 함으로써 영혼이 불성실한 행동에 익숙해질 수 있다는 사실이다. 이것은 성령을 슬프게 하는 일이다. 이런 영혼은 자신의 충동에 따라 행동하며 하나님을 저버리는 일을 아무렇지 않게 여긴다. 이에 반해 진정한 사랑은 어떤 것도 작은 것이라고 치부하지 않는다. 그래서 하나님께 기쁨이 되는 일이든 그렇지 않은 일이든 상관하지 않고 모든 것을 중요하게 여긴다. 진실한 사랑을 소유한 영혼은 초조해하거나 주저하는 일이 없다. 또한 그는 성실한 행동에 한계를 긋지 않는다. 그는 단순히 하나님과 행동할 뿐이다. 하나님이 요구하시지 않는 일에 관해서는 조금도 관여하지 않고, 하나님이 요구하시는 일에 관해서는 한순간도 주저하지 않기를 원한다.

염려하는 사람은 결코 작은 일에 충성할 수 없다. 염려와 근심의 두려움에서 우리를 해방해 줄 수 있는 것은 바로 사랑의 감정이다. 그래서 마치 하나님의 사랑에 의해 떠다니는 사람처럼 우리가 하는 일을 진정으로 원하고, 나머지 일에 관해서는 관심을 두지 않게 된다. 질투의 하나님이 매우 작은 일까지 우리 영혼에 간섭하셔서 모든 자유를 거두어가시는 것처럼 보일 때도 우리 영혼은 자유를 느끼고 그분 안에서 심오한 평화를 맛본다. 이 얼마나 행복한 일인가!

세세한 부분에 신경 쓰지 못하는 사람들은 자신을 위해 그런 작은 일과 관련해 엄격한 규칙을 세워야 한다. 우리에게는 작은 것을 무시하려는 경향이 있다. 그래서 작은 것을 대수롭지 않게 여기려는 버릇이 있다. 그것이 매우 중요하지 않다는 발상 때문이다. 하지만 육신의 욕망이 그것을 통해 얼마나 큰 파장을 몰고 오는지 몰라서 그런 것이다. 심지어 우리는 그것을 통해 생기는 무시무시한 경험을 쉽게 망각한다. 우리는 마음속으로 굳은 결의를 하고 자신의 용기를 신뢰하며 자신을 속인다. 그래서 계속해서 모든 일에 성실함을 유지하려고 노력하지 않는다.

우리는 "그것은 아무것도 아니다"라고 말한다. 물론 그것은 아무것도 아니다. 하지만 그 아무것도 아닌 것이 당신에게는 전부임을 명심하라. 그것을 하나님께 온전히 드리지 않는다면 당신은 하나님을 충분히 저버릴 수 있다. 당신은 그것이 작다고 경멸하며 거부할 수 있다. 하지만 그렇게 되면 당신은 하나님께 마땅히 해야 할 일을 하지 않는 셈이 된다. 사소한 것을 경멸하는 것은 존귀한 영혼의 행동이 아니다. 우리에게 엄청난 결과를 가져다주는 것을 사소한 것으로 취급하는 태도는 우리의 좁은 시야 때문이다. 우리가 좀 더 신경을 써서 작은 일에서 우리를 돌보기를 원한다면 그것들을 소홀히 여겨서는 안 되며 자신을 신뢰해서도 안 된다.

결론적으로 우리는 자신을 판단해야 한다. 만약 당신에게 모든 것을 빚진 친구가 있다고 가정해보자. 그런데 그 친구가 매우 크고 귀한 일의 경우에는 당신을 잘 섬기면서도 일상적으로 하찮은 일에서는 당신에게 친절함이나 호의를 베풀려고 하지 않는다면 어떻게 그런 친구와 잘 지낼 수 있겠는가?

작은 일에 관한 계속된 주의를 두려워하지 말라. 무엇보다 먼저 당신은 용기를 가져야 한다. 이 용기는 다름 아닌 회개이다. 이 회개는 당신에게 필요한 것이다. 이것을 통해 당신은 평화와 안전을 누릴 수 있다. 진정한 회개가 없다면 당신에게는 고난과 타락만이 남게 될 것이다. 하나님은 작은 일에 주의하는 사람에게 이 달콤하고 평안한 상태를 조금씩 베풀어주신다. 진정한 사랑은 어떤 동요나 정신적인 갈등 없이 모든 것에 세심한 주의를 기울인다.

"우리가 세상의 영을 받지 아니하고 오직 하나님으로부터
온 영을 받았으니 이는 우리로 하여금 하나님께서 우리에게
은혜로 주신 것들을 알게 하려 하심이라" (고전 2:12).

P·a·r·t·03

:
:
:

하나님의
임재를
경험하는 삶

자기 망각

하나님 안에서 자기 자신을 잊어버리라

우리가 종종 말하는 자기 망각은 하나님을 전심으로 찾기 원하는 영혼이 하나님의 은혜에 감사할 수 있도록 도와준다. 이 망각은 자신과 관련해서 어떤 것을 전혀 보지 못한다는 의미가 아니라 스스로에 갇혀 자신의 소유와 복락의 관점에서 행복과 고난을 생각하지 않는다는 뜻이다. 자신에 집착할 때 우리는 소박하고 순수한 사랑을 가질 수 없다. 우리 마음은 위축되고 진실한 온전함을 추구하는 길에서 멀어지게 된다. 자신에 대한 집착은 스스로만을 사랑하기 때문에 온전한 삶을 추구한다고 할지라도 압박, 고난, 불안 속에서 헤매게 만든다.

그러나 자신을 망각하고, 더는 의도적으로 자신의 이익을 추구하지 않는 사람은 자신에게 집착하지 않는다. 이때 우리는 이기적인 사랑을 위해 자신을 바라보지 않게 된다. 그리고 하나님을 바라봄으로써 자신에 대해 새로운 시각을 갖게 된다. 이것은 마치 누군가를 커다란 거울 앞에 세워 놓고 바라보는 것과 같다. 그래서 그는 타인을 바라볼 때 원래 의도와 상관없이 자신도 함께 바라보게 된다. 우리가 자신을 분명하게 볼 수 있는 곳은 순수한 하나님의 빛 아래에서다. 순수하고 단순하며 변함없는 진실한 영혼만이 하나님의 임재를 누릴 수 있다. 또한 하나님의 임재는 우리 자신을 가장 엄격하게 감찰한다. 바로 이 임재의 위대한 거울 속에서 우리는 우리 영혼의 가장 작은 흠까지 발견할 수 있다.

농촌에 갇혀 사는 농부는 자신의 가련한 처지를 오직 부분적으로만 보게 된다. 하지만 화려한 성과 놀라운 궁전을 본다면 그는 자신이 사는 마을의 가난함을 확실히 깨닫게 될 것이다. 화려한 장관을 목격했다면 그는 자신의 헛간이 얼마나 누추한지 절감하게 될 것이다. 이처럼 우리는 하나님의 아름다움과 무한하신 장엄함을 볼 때 우리의 추악함과 가치 없음을 보게 된다.

우리는 피조물의 허물을 통해 피조물의 헛됨을 보아야 한다. 인생의 덧없음과 불확실성, 변덕스러운 운명, 친구들의 배반, 화려한 곳의 허상 등을 봐야 한다. 이것은 모두 맛이 쓴 것이며 가장 아름다운 희망을 한순간에 절망으로 몰아넣는 것들이다. 또한 우리 소유의 빈껍데기이며 우리가 겪는 모든 악의 실상이다. 이것들은 겉으로는 매우 도덕적이고 진실하며 합리적인 것으로 보이지만 우리 마음의 겉면만을 핥아줄 뿐 깊은 내면까지는 들어가지 못한다. 그래서 우리의 속사람은 전혀 변하지 않는다. 속사람은 자신이 허영의 노예가 된 것을 보고 탄식하지만 그런 노예 상태에서 빠져나오지는 못한다.

하지만 하나님의 빛이 비칠 때 속사람은 모든 선의 심연이신 하나님을 보게 되고, 헛됨과 악의 심연인 타락한 피조물을 보게 된다. 그 결과 그는 자신을 경멸하고 미워하게 된다. 그리고 자신을 떠난다. 그는 자신을 피하고 두려워한다. 또한 자신을 포기하고 하나님께 자신을 내맡긴다. 하나님 안에서 자신을 잃어버리는 것이다. 이 얼마나 행복한 자기 상실인가! 그때 그는 애쓰지도 않고 자연스럽게 진짜 자기 모습을 보게 된다. 그래서 더는 자신만의 일에 흥미를 갖지 않지만 오히려 그의 주변 모든 것은 번성하게 된다. 하나님을 사랑하는 사람들에게는 모든 것이 합력해서 선을 이루기 때문이다(롬 8:28). 그는 연약함, 죄, 그리고 허무의 깊은 심연 속으로 침투해오는 자비를 보게 된다.

아직도 충분히 자기 포기에 도달하지 못한 사람들은 여전히 자신의 영적인 이익을 좇아 하나님의 자비를 바라보려고 한다. 그 바라보는 정도는 자신에 대한 애착에 비례한다. 실로 이 세상에는 자기 뜻을 완전히 포기하는 사람이 매우 드물어서 자신이 받는 자비를 자신의 공로가 아니라 구원을 위한 은혜로 보는 영혼은 거의 없다. 그래서 세상의 영혼들은 자기 이익을 구하지 않는다고 하면서도 그런 큰 이익에 매우 민감하다. 하지만 자신과 자신의 욕망에서 구원해준 전능하신 손길, 그들이 더욱 깊은 속박으로 빠져들어 갈 때 그들의 쇠사슬을 끊어주셨던 손길, 말하자면 그들이 스스로 해를 입히고 있을 때 그들에게 선을 베풀기를 기뻐하셨던 손길을 볼 때 그들은 진정 기뻐하게 될 것이다.

천국에 있는 성도들과 같이 완전히 순수하고 모든 것에서 초월한 영혼은 타인이 누리는 하나님의 사랑을 마치 자신이 받는 것처럼 생각한다. 그들은 자신을 전혀 고려하지 않고, 하나님의 선하신 뜻과 그 은혜의 부요함, 그리고 타인이 성화될 때 하나님이 받으시는 영광만을 사모하기 때문이다. 그래서 그들은 타인의 성화를 마치 자신의 성화인 것처럼 간주한다. 그들에게 모든 것은 같다. 더 이상 그들의 '나'는 없으며, 그들은 '나'를 마치 타인처럼 보게 된다.

만물 안에서 모든 것이 되는 분은 오직 하나님 한 분이시다. 우리가 사랑하고 경배할 대상은 오직 하나님이다. 하나님은 이기심 없는 천상적인 사랑 속에서 우리 마음의 기쁨이 되신다. 우리는 하나님의 자비하심에 매료된다. 그 결과 이기적인 자기 사랑이 아닌 그분에 대한 진정한 사랑을 갖게 된다. 우리가 하나님을 '우리의 아버지'라고 부르며 하나님의 뜻이 이루어지기를, 하나님의 이름이 영광 받으시기를 기도할 때 하나님은 그분의 뜻을 이루시고 자신을 영화롭게 하신다. 그 결과 우리는 우리의 기도에 응답하신 하나님께 감사하게 된다.

하지만 이런 행복한 상태를 사모하는 영혼이 여전히 자아에 얽매여 있다면 자아에 대한 미련 때문에 부정적인 영향을 받게 된다. 물론 자아에 대한 미련을 가진 사람도 감사를 드릴 수 있다. 하지만 그 감사는 불순물이 섞여 있는 사랑으로 자아를 향해 뒤틀려 있다. 반면 하나님 안에서 자신을 잃어버린 영혼의 감사는 온전한 성도들의 감사처럼 무한한 감사가 된다. 후자의 감사는 자신의 이익을 추구하지 않으며 자신뿐만 아니라 타인을 향해 자비를 베푼다. 그리고 오직 순수한 동기에서 하나님을 영화롭게 하려면 하나님의 선물을 바라고 그것을 소유하게 된다.

우리 영혼은 자신을 위해 하나님이 행하신 모든 것을 기억할 때 감동하게 된다. 비록 그 영혼이 기억 속에 누리는 기쁨에 자기 행복을 위한 이기적인 요소가 첨가되어 있을지라도 그런 감동한다는 사실은 거꾸로 하나님에 대한 기억이 우리에게 필요하다는 방증이다. 우리는 이 기억의 기쁨을 억제해서는 안 된다. 그 기쁨을 통해 일어나는 하나님의 사랑은 부분적으로 자기중심적이라 할지라도 우리 영혼을 성화시켜주기 때문이다. 이때 우리가 할 일은 하나님이 우리의 사랑을 정화해주실 것이라 믿고 인내하는 것이다. 이 인내심은 하나님을 고대하고 그분의 영광을 위해 무슨 일이라도 행하겠다는 순종의 태도이다. 또한 하나님의 유익을 추구할 때 불순물로 혼합된 자신에 대한 이기적인 동기를 끊임없이 제거하겠다는 다짐이다.

인간은 하나님의 이익을 추구할 때 마음이 동요되어서는 안 된다. 또한 자신의 약점을 보완해주는 외부의 도움을 미리부터 포기해서도 안 된다. 갓난아이가 주위의 도움도 없이 홀로 걷는다면 넘어질 수밖에 없다. 갓난아이가 누군가의 손을 무시하고 혼자 걸을 수는 없는 노릇이다.

그러므로 이제 감사함으로 살자. 비록 우리의 감사에 이기적인 요소가 있을지라도 그것은 우리 마음에 자양분을 준다. 하나님의 자비를 사랑하자. 이 사랑이 하나님을 위한 사랑뿐만 아니라 우리의 영원한 행복을 위한 사랑일지라도 그것이 우리를 강화해준다면 그 사랑을 버리지 말자. 만약 후에 하나님이 우리 마음을 열어주셔서 더 순수하며 더 자애로운 사랑, 즉 뒤돌아서지 않고 하나님 안에서 자신을 잃어버리는 사랑을 갖게 하신다면 주저 없이 그 완벽한 사랑을 따라 살기 위해 자기 자신을 내맡기자.

우리가 하나님의 자비하심을 사랑하고, 그것을 통해 즐거움과 경이감을 가지며, 좋고 위대하신 하나님을 보는 것으로 유일한 기쁨을 삼는다면, 또한 그분의 뜻과 그분이 자신의 방식대로 받기 원하시는 영광, 그리고 질그릇을 존귀한 그릇으로 만드시는 그분의 위대하심을 성취하는 일에 관심을 둔다면 그때 우리는 더욱더 열심히 그분께 감사할 필요가 있다. 이런 감사에서 오는 유익은 하나님으로부터 오는 자비의 선물보다 더 위대한 것이다. 실로 하나님이 우리에게 베풀어주시는 선물 중에서 가장 순수한 선물은 우리가 자아를 추구하지 않고 하나님을 위해 하나님의 선물을 사랑하려는 마음이다.

고난

모든 관계에서 하나님의 수술대에 오르라

하나님은 인간에게 매우 엄격한 것처럼 보이지만 우리에게 고난을 주는 것을 즐거워하시는 분이 아니다. 그런데도 하나님이 우리 영혼을 고난의 길로 떨어뜨리는 목적은 우리를 정화하기 위함이다. 정화를 위한 하나님의 수술 작업이 혹독한 이유는 우리에게 있는 질병 때문이다. 만약 우리가 모든 면에서 온전하다면 하나님은 우리에게 칼을 들이대지 않으실 것이다. 하나님은 우리에게서 죽어야 할 것과 나쁜 종양만을 제거하신다. 결국 우리 고통의 원인은 타락한 자기 사랑 때문이다. 하나님의 손은 되도록 우리에게 상처를 주지 않으려고 하신다. 그러나 우리의 상처가 얼마나 깊고, 얼마나 강한 독성을 지니고 있는지 스스로 판단해보라. 하나님은 많은 부분을 살리시지만 또한 그만큼 혹독하게 고난당하도록 하신다.

우리를 치유할 목적으로만 고난을 주시는 하나님은 우리에게서 은사를 거두어 가시더라도 나중에 그것을 백배로 돌려주신다. 하나님은 신실한 사랑을 회복시키기 위해 우리가 불순하게 소유하고 있는 가장 순수한 은사들을 도로 취하신다. 은사가 순수할수록 하나님은 우리가 그것을 사심 없이 유지해줄 것을 바라신다. 그리고 결코 그것을 우리 것으로 생각하지 않기를 원하신다. 우리가 하나님의 가장 고상한 축복을 인간적으로 의지하고 그것에 안주하려 할 때 그 축복은 가장 위험한 독이 된다. 이것이 바로 타락한 천사들의 죄였다. 그들은 자신의 축복받은 상태를 생각하고 그것에 안주하려고 했다. 그 순간 그들은 천상에서 쫓겨나 하나님의 영원한 적이 되었다.

실로 많은 사람이 이런 죄를 짓고도 자신의 죄를 알지 못한다. 이것은 모든 죄 중에서 가장 큰 죄이다. 하나님의 은사를 소유하지 않은 채 그것을 순수하게 유지하고 사는 영혼은 매우 드물다. 우리는 항상 자신을 위해 하나님의 축복을 생각한다. 우리가 우리의 축복에 민감한 것은 자기애 때문이다. 우리는 스스로 연약해지는 것을 싫어한다. 그리고 우리의 온전함을 하나님 영광의 관점에서 생각하지 못한다. 우리는 느낄 수 있는 즐거움이나 가시적인 축복이 사라질 때 낙담하고 용기를 잃는다. 한마디로 우리의 관심사는 하나님이 아니라 우리 자신이다.

우리의 모든 가식적인 덕목은 우리 안에 본능적인 삶만 키우기 때문에 모두 정화될 필요가 있다. 타락한 본성은 아주 미묘하게 본능과 정반대되는 은혜를 통해 자란다. 실로 자기 사랑은 엄격한 생활과 겸손, 열렬한 기도와 자기 포기뿐만 아니라 가장 순수한 헌신과 가장 고상한 희생 안에서도 잉태될 수 있다. 그러므로 우리는 어떤 것에도 의지하지 말고 험악한 시련 속에서 계속해서 성실하게, 그리고 주저 없이 자신을 내드려야 한다. 이런 행동만이 우리를 무한히 지탱해줄 수 있다. 우리 안에서 하나님의 은사를 정화하는 제사를 온전히 드리기 위해서는 제사 드린다는 의식조차 무시하고 포기해야 한다.

우리 안에 있는 모든 자원을 청산하고, 우리가 받은 하나님의 은사에 관한 의식을 버리며, 우리의 자아를 진정으로 희생할 때 비로소 우리는 하나님 그분 자체를 발견하게 된다. 하나님의 무한한 질투심은 우리에게 이런 수준까지 요구하신다. 우리의 다른 모든 것이 실패할 때 우리는 하나님 안에서 온전히 자신을 잊을 수 있다. 따라서 우리의 자기 사랑의 본능을 고려할 때 우리를 향한 하나님의 요구는 매우 정당한 것이다.

그러므로 우리는 우리 안에 있는 모든 은사를 조금씩 청산할 필요가 있다는 사실을 분명히 인식해야 한다. 아무리 고귀한 은사라 할지라도 일단 우리의 유익을 위해 도구로 사용된 다음에는 우리에게 함정이 되어 자아의식을 싹트게 하고, 결국 우리 영혼을 망치게 한다. 바로 이런 이유로 하나님이 우리에게서 그분의 은사를 거두어 가시는 것이다. 하지만 영원히 거두어가시는 것이 아니다. 나중에 더 좋은 것으로 돌려주신다. 그때야 우리는 하나님의 은사에 대해 소유의식을 갖지 않고 순수하게 그것을 유지할 수 있게 된다. 하나님의 은사를 상실한 사람은 더 이상 소유의식을 갖지 않는다.

소유의식이 사라지게 될 때 하나님은 그 은사를 다시 백배로 돌려주신다. 그러면 그 은사는 더 이상 하나님의 은사로 머무는 것이 아니라 그 영혼에 거하시는 하나님 그분 자체를 대표하게 된다. 하나님의 은사를 하나님과 구별해 우리가 소유할 수 있는 어떤 것으로 여기지 않기 때문에 그것은 더 이상 하나님의 은사가 아니다. 우리는 즉시 하나님 그분 자체를 보게 되고 하나님은 자원하는 우리 영혼을 소유하게 되신다.

하나님은 세상과 조잡한 욕망에서 영혼을 분리하기 위해 먼저 그들에게 가장 경건한 열정과 달콤한 체험을 맛보도록 함으로써 그분 자신에게로 이끄신다. 이처럼 하나님의 인도하심을 받을 때 우리 영혼은 자신을 죽이고 기도하게 된다. 그리고 모든 것에서 자신과 끊임없이 싸우게 된다. 또한 모든 외적인 위안을 청산하고 타인과 교제의 폭도 축소한다. 친구들을 자아와 관련해서 생각하려는 자기 사랑의 불순함을 영혼이 의식하기 때문이다. 그래서 오직 진정한 동질감을 느낄 수 있는 친구들이나 자선과 의무를 위해 우리가 사귀어야 하는 사람들만을 대상으로 교제하게 된다. 나머지 사람들은 우리의 짐이 될 뿐이다. 그들에 대해 여전히 본능적인 호감을 떨쳐버릴 수 없다고 할지라도 그들은 우리와 같은 종교적인 심성을 갖지 않은 탓에 우리는 그들의 우정을 신뢰할 수 없게 된다. 모든 사람이 이와 같은 열정과 영적인 풍부함에 도달하는 것은 아니다. 실로 그렇지 못한 사람도 많다.

반면 어떤 사람들은 하나님이 그들에게 많은 옷을 입히신 후 다시 그 모든 옷을 벗기시는 경우가 있다. 그로 인해 그들은 마침내 무미건조함과 무기력함에 빠지게 되고 모든 것을 짐으로 느끼게 된다. 우정에 관해 반응하기는커녕 그것조차도 그들에게 매우 성가신 것이 된다. 이런 상태에 있는 영혼은 하나님과 그분의 은사들이 자신에게서 물러나는 것을 느낀다. 그 결과 고뇌와 절망에 빠진다. 이때 우리는 자신을 참지 못한다. 모든 것이 빛을 잃는다. 하나님은 우정의 기쁨뿐만 아니라 모든 것을 거두어가신다.

우리가 이 사실에 놀랄 필요가 있는가? 심지어 그분은 우리에게서 하나님을 향한 사랑과 그분의 계명에서 느낄 수 있는 기쁨까지 가져가신다. 그 결과 우리 마음은 황폐해지고 거의 소멸하게 되어 무엇을 어떻게 사랑해야 할지 알지 못하게 된다. 우리가 전에 강한 열정으로 그토록 감미롭게 체험했던 하나님을 잃게 될 때 그 비통함은 우리가 하나님의 피조물 가운데서 사랑했던 모든 사물에도 전이된다.

우정이라는 이름 자체도 고통이 되고 우리는 그 말에 피눈물을 흘리게 된다. 우리는 모든 것에 짓눌리게 된다. 우리는 우리가 원하는 것을 알지 못한다. 우리는 어린아이처럼 애정과 슬픔을 느낀다.

하지만 우리가 그것을 입에 담을 때 그것은 이유 없이 일장춘몽처럼 사라지게 된다. 우리가 우리의 상태에 관해 말할 때 항상 그 말은 거짓말처럼 들린다. 그래서 우리가 말하기 시작할 바로 그 순간 그 말은 진실성을 잃게 된다. 어떤 것도 우리 안에 항구적인 것은 없다. 우리는 어떤 것에도 반응할 수 없고 자신에게 어떤 것도 약속할 수 없다. 심지어 우리 자신을 묘사할 수도 없다. 모든 것이 변한다. 그리고 우리에게 남는 것은 아무것도 없다.

우리 마음은 그 어떤 것보다 작아진다. 그래서 이렇게 유치한 변덕스러운 상황 앞에서 강하고 높은 이상을 가진 지혜로운 영혼이 정말 믿을 수 없을 정도로 낮아지고 파괴된다. 병들고 고통받는 영혼에 천성적인 선함과 온유함, 관대함, 일관된 태도, 그리고 친구들에 대한 감사 등을 이야기한다는 것은 죽어가는 사람에게 춤과 음악에 관해 이야기하는 것과 같다. 사실 고난 속에 있는 영혼은 뿌리까지 마른 나무와 같다.

하지만 겨울이 지날 때까지, 다시 말해 하나님이 죽어야 할 모든 것을 죽이실 때까지 기다리라. 그러면 곧 봄이 찾아와 모든 것이 소생하게 될 것이다. 하나님은 다른 은사와 함께 우정을 백배로 돌려주신다. 우리는 우리 안에서 다시 옛 친구에 대한 우정을 느끼게 된다. 하지만 우리는 더 이상 우리 안에서, 그리고 우리를 위해 그들을 사랑하지 않게 된다. 우리는 하나님 안에서 그분을 위해 그들을 사랑하게 된다. 부드럽고 활기찬 사랑과 즐거움을 느끼며 풍부한 감수성으로 그들을 사랑하게 되는 것이다. 하나님이 우리의 감수성을 순수하게 만드셨기 때문이다. 사실 우리의 우정을 망치게 하는 것은 감수성이 아니라 우리의 자기 사랑이다. 그러나 자기애가 죽으면 우리는 주저 없이 하나님이 허락하신 순결한 우정에 자신을 맡기게 된다. 우리는 그분의 방식을 따라 절대로 물러서지 않고 사랑하게 된다. 하나님의 뜻에 따라 어떤 대상을 사랑하게 될 때 실제로 우리 사랑의 대상은 하나님이 된다.

하나님의 섭리 속에서 우리가 어떤 사람들과 관계를 맺고 사랑하게 될 때 그들을 향한 우리의 애정은 하나님이 주신 것이다. 또한 우리는 그들로부터 사랑받는 것을 두려워하지 않게 된다. 그들의 사랑을 받고자 하는 마음은 하나님이 순수하게 우리에게 주신 것이기 때문이다. 하나님의 명령이라면 우리는 사랑받기를 원하며 하나님을 위해 그런 소원을 갖게 된다. 그 속에 자기만족이나 이기심은 없다. 모든 것에 사심 없고 자아를 생각하지 않는 우리는 친구들과 다시 우정을 맺게 될 때 그들의 실수를 보면서도 낙담하지 않게 된다.

하나님이 우리의 우정을 정화하시기 전에는 아무리 종교적인 사람일지라도 매우 비판적이고, 시기심이 많으며, 가장 좋은 친구들과 사귀기 위해 애쓴다. 인간의 자기 사랑은 항상 무엇인가를 잃기 두려워하기 때문이다. 그리고 가장 관대하고 사심 없는 인간관계 속에서도 나름대로 이득을 얻고자 한다. 그들이 친구를 통해 부와 명예를 추구하지 않는다고 할지라도 적어도 그들은 공통의 유익을 구하고 비밀스러운 위안과 마음의 평화를 구한다. 이것은 인생에서 가장 달콤한 유혹이다. 그렇지 않다면 그들은 자기 이익을 구하지 않고 관대하게 타인을 사랑한다는 사실에서 스스로 희열을 찾으려고 할 것이다.

하나님이 이런 위안을 거두어가시고 매우 순수해 보이는 우정을 뒤틀리게 하시면 우리의 자기 사랑은 곧 황폐해진다. 그때 우리 영혼은 불평과 함께 자기 연민에 빠져 어쩔 줄을 모르게 된다. 이때 비로소 영혼은 자신을 초월할 수 있게 된다. 그러므로 이와 같은 위기는 영혼에 오히려 유익이다. 이런 고난을 통해 우리 영혼은 친구를 통해 사랑했던 대상이 정작 자아였음을 직시하게 되기 때문이다.

그러나 친구 관계에서 우리가 사랑하는 최종 대상이 하나님이라면 우리는 어떠한 주저함도 없이 그분 곁에 확고하게 서게 된다. 그래서 하나님의 명령에 따라 타인과 우정이 깨어질지라도 우리 영혼의 깊은 곳에는 고요함이 자리 잡게 된다. 그리고 무엇을 잃었다는 기분을 느끼지 않는다. 우리는 잃은 것이 없기 때문이다. 그리스도인은 이미 자신을 잃어버린 자들이다. 우리가 우정이 깨져서 슬퍼한다면 그것은 절교로 인해 상대방이 오히려 나쁘게 되었기 때문에 상대방을 위해 슬퍼하는 것이다. 그동안 상대방과 맺은 우리의 우정이 매우 동정적이었기 때문에 그 절교의 고통이 예리하고 쓸 수도 있다. 하지만 이런 상황에도 그 고통은 소유심리에서 나온 슬픔으로 살을 에는 듯한 진정한 슬픔은 아니다.

또한 은혜의 행동을 통해 우리의 우정에는 두 번째 변화가 일어난다. 여전히 자기중심적인 사람은 자신만을 위해 사랑한다. 스스로에 몰입해 있는 사람이 맺는 우정은 자신의 한계를 벗어나지 못한다. 그는 항상 모든 애정 관계에서 마음을 크게 갖지 못한다. 세상적으로 가장 관대한 행동일지라도 거기에는 항상 어느 정도 한계가 있다. 누구를 사랑한다는 것에 자만심을 느낄 때 그 자만심이 상처받게 되면 우리는 더 이상 사랑하지 않게 된다. 반면 진실로 하나님 안에서 자신을 잃어버린 영혼이 타인과 우정을 맺을 때 그의 우정은 그가 사랑하는 하나님처럼 폭이 넓어진다. 우리 마음을 제한시키는 것은 자신을 향해 회귀하려는 퇴보이다.

사실 하나님은 모든 인간에게 하나님과 관련해서 무한한 속성을 주셨다. 자신에게 집착하지 않고 모든 분야에서 자신을 아무것도 아닌 것으로 생각하는 영혼은 그런 생각 속에서 하나님의 광대하심을 발견하게 된다. 그래서 어떤 주저함이나 인간적인 동기 없이 사랑하게 된다. 하나님이 그 영혼 안에서 무한한 사랑으로 사랑하시기 때문에 하나님을 사랑하게 된다.

사도들의 상태가 어떠했는지 생각해보라. 특별히 사도 바울의 예는 사도들이 어떠했는지를 잘 대변해준다. 사도 바울은 무한한 순수함과 생생함으로 모든 것을 느꼈다. 그는 자신의 마음 안에서 모든 교회를 품었다. 그는 기뻐하면서 또한 고난도 당했다. 그는 어떤 때는 화를 내기도 했고 어떤 때는 온유해지기도 했다. 그의 마음은 마치 가장 강렬한 열정의 자리인 것처럼 보였다. 그는 자신을 작게 만들기도 했고 크게도 했다. 그는 질투의 사랑으로 남을 사랑했다. 그리고 자기 자녀들을 위해서는 스스로 저주를 받는 것조차 마다하지 않았다. 그는 모든 감정을 가졌다. 이처럼 하나님은 우리가 우리 자신을 더는 사랑하지 않을 때 사도 바울과 같은 사랑으로 타인을 사랑하게 만드신다.

부족함

하나님 앞에서 부족하고 작은 자가 되라

일반적으로 하나님을 섬기는 사람은 대부분 자신을 위해 하나님을 섬긴다. 그들은 무엇을 잃기보다는 이득만을 생각한다. 고난보다위로를, 버림보다 소유를, 쇠퇴함보다 흥함을 원한다. 하지만 우리안에서 추구해야 할 일은 오직 하나님만을 위해 잃어버림, 희생, 낮아짐, 쇠퇴, 그리고 심지어 하나님의 선물을 내던져버리는 일이다.우리는 끊임없이 자신의 건강에 집착하여 자신을 안심시키기 위해의사로부터 자주 처방전을 받으며, 스스로 차도가 있다고 말하는 병자처럼 행동한다. 심지어 우리의 인도자가 되시는 하나님을 향해서도 이와 같은 방식으로 행동한다. 우리는 오직 일반적인 덕목이라는작은 원에서 빙빙 돌 뿐 전심으로 거기서 나가려고 하지 않는다.

그 결과 하나님은 의사처럼 우리의 비위를 맞추고 위안을 주고

격려하며, 우리가 법석을 떨면서 자신에게 집착하도록 내버려 두신다. 그분은 오직 습관적으로 물렁물렁한 작은 처방책을 내리신다. 이때 갓난아이를 위한 우유와 같은 보잘것없는 축복들이 우리에게서 떠나게 될 때 우리는 모든 것을 잃었다고 생각한다. 이것은 우리가 목적이 아닌 수단에 집착하고 있다는 명백한 증거이다. 우리가 항상 자신을 위해 모든 것을 원한다는 확실한 표시이다.

진정 강한 사람은 오히려 부족함을 자기 양식으로 삼고 거기서 자양분을 얻는다. 그런 부족함을 통해 영혼은 더욱 강건해지고, 스스로에게서 자신을 떼어놓아 자신을 온전히 하나님께 드릴 수 있게 된다. 하지만 우리는 시작부터 삐걱거린다. 모든 것을 굳건히 정결하게 해야 할 때 모든 것을 거꾸로 생각한다.

또한 하나님이 항상 위대하고 완전한 일을 행하신다는 가정 아래 과도하게 우리의 소원을 들어주시길 바란다. 하지만 스스로 진멸되고 자신을 파괴하지 않는 한 우리는 결코 하나님의 불에 타는 장작이 될 수 없다. 우리는 순수한 믿음 안으로 들어가기를 원하면서도 자신의 지혜를 유지하기를 바란다. 어린아이가 되고자 하면서도 자신이 보기에 큰 자가 되기를 원하는 셈이다. 이 얼마나 거짓된 영성인가!

단순함

자아로 돌아가려는 모든 쓸모없는 것을 잘라버리라

단순함은 결함의 표지일 수도 있고, 놀라운 미덕일 수도 있다. 종종 부정적인 의미에서 단순함은 제대로 상황을 이해하지 못하고 다른 사람에게 어떻게 배려해야 할지 모를 때 발생한다. 사회에서 어떤 사람이 단순하다고 할 때 그 의미는 제한적이고 잘 속으며 세련되지 못함을 지칭한다. 반면 미덕으로서 단순함은 숭고한 것이다. 선한 사람이라면 모두 이런 단순함을 즐기고 경탄해야 한다. 또한 자신이 그것에 상처를 줄 때 그 사실을 깨달으며 다른 사람에게서 단순함을 발견하려고 한다. 그들은 언제 단순함을 실천에 옮겨야 할지 안다. 하지만 이 미덕이 무엇인지 정확하게 말하는 데는 어려움을 겪는다. 이와 관련해서 어떤 사람은 「그리스도를 본받아」(브니엘)라는 책에서 양심의 가책에 관해 말한 "그것을 어떻게 정의하는 것보다 실행에 옮기는 것이 더 좋다"라는 부분을 지적하며 단순함이 무엇인지 말하기를 회피할 수도 있다.

단순함은 우리 영혼이 우리 자신과 우리의 행동으로 회귀하려는 쓸모없는 모든 것을 잘라버리는 올바른 상태를 뜻한다. 이것은 성실함과는 다르다. 성실함은 단순함보다 한 단계 아래에 있는 덕목이다. 단순하지 않으면서도 성실한 사람들은 많다. 그들은 자신이 사실이라고 믿을 수 없는 것은 절대 말하지 않는다. 현재의 모습으로만 사람들에게 나타나기를 바라는 그들은 항상 자신이 아닌 모습을 외부에 드러내는 것을 두려워한다. 그들은 항상 자신을 연구하고, 자신의 모든 말과 생각을 검토하며, 뒤돌아서서 자신이 했던 행동을 따진다. 그리고 너무 많은 언동을 하지 않을까 두려워한다.

이런 사람은 성실하지만 단순하지는 않다. 그들은 타인에 대해 편안하게 다가서지 않으며, 타인들도 그들을 받아들이는 데 어색함을 느낀다. 그들에게서 편안하고 자유롭고 천진난만하며 자연스러운 요소들을 찾는 것은 불가능하다. 오히려 우리는 그들보다 어느 정도 변화가 있는 불완전한 사람을 더 선호한다. 후자가 더 자연스럽기 때문이다. 하나님도 마찬가지다. 그분은 거울 앞에서 화장할지라도 자신에 관해 관심을 두지 않는 그런 영혼을 더 원하신다.

한편 자신에 대해 한 번도 반추하지 않고 항상 외부의 대상에 관심을 두는 사람들은 현세와 물질에 휘둘려 사는 맹목적인 상태에 있게 된다. 이것은 단순함과 완전히 상극이다. 또 다른 극단으로 하나님을 위하든 아니면 다른 피조물을 위하든 간에 자신이 해야 할 일에 스스로에 몰입하는 영혼은 자신이 보기에는 현명하고 항상 절제된 것처럼 보이지만, 스스로 충만해 있고 자기만족에 풍파를 일으키는 작은 것에도 쉽게 동요하게 된다. 이것은 거짓된 지혜로서 비록 화려할지라도 모든 쾌락 속으로 자신을 던지는 사람들의 어리석음과 다름없다. 전자의 극단적인 모습이 외형에 도취한 모습이라면 후자의 극단은 내부적으로 자신이 하고 있다고 생각하는 것에 도취한 것이다. 결국 이 둘 다 도취라는 공통점이 있다.

자신에게 도취하는 것은 외부의 대상에 도취하는 것보다 더 나쁘다. 그것은 지혜처럼 보이지만 실상은 지혜가 아니다. 우리는 우리에게서 이 도취를 제거하는 일에 별로 관심을 두지 않는다. 오히려 그런 모습이 우리를 영화롭게 한다고 생각하기에 그것을 묵인한다. 그것이 우리를 다른 인간보다, 그리고 다른 명예보다 더욱 높여준다고 생각하기에 우리는 그것에 힘을 실어준다. 그것은 광란과 같은 병이지만 우리는 그 사실을 느끼지 못한다. 그래서 죽음의 문 앞에 있으면서도 "기분이 좋다"라고 말한다. 외부의 사물에 이끌려 자신을 한 번도 뒤돌아보지 않는 사람은 지혜로운 자가 아니다. 반대로 자신에게 너무 몰입하는 것도 억지스러운 행동으로서 단순함과 배치된다.

단순함은 경솔하지도 않고, 또한 너무 태연하지도 않은 중도적인 자세이다. 단순함을 가진 영혼은 반성조차 하지 않은 채 외부 세계에 휘둘리는 법이 없다. 그는 불안한 자기 사랑과 스스로 탁월함에 탐닉하려는 태도를 조장하는, 즉 자신에게 돌아가려는 습성을 단호히 배격한다. 전진할 때 자신의 바로 앞을 직시한 채 자신의 발걸음에 관해 항상 사색하고 연구하며, 이전에 걸어왔던 발자취를 끊임없이 반추하는 영혼의 자유가 바로 진정한 단순함이다. 그렇기에 우리는 단순함을 정확히 이해하기 위해 우리 영혼이 어떤 단계를 거쳐 성장하는지 살펴볼 필요가 있다.

첫 번째는 외부의 사물로부터 해방되어 자신의 내부에 몰입하고 자신의 이익을 위해 자신의 상태에 집착하는 단계이다. 이 단계까지는 자신의 본성을 따라 자연스럽게 행동한다. 이것은 현명한 자기 사랑으로써 외부의 사물에 도취하는 데서 빠져나오려는 노력이라고 할 수 있다.

두 번째는 자신에 관한 생각과 하나님에 관한 생각을 접목하고 하나님을 경외하게 되는 단계이다. 그로 인해 미미하게나마 진정한 지혜가 싹트게 되지만 여전히 자신 안에 싸여 있는 상태이다. 이 단계에 이르면 영혼은 하나님을 경외하는 것으로 만족하지 않는다. 자신이 하나님을 경외함을 확신하고 싶어 한다. 그리고 자신이 하나님을 경외하지 않을까 봐 두려워한다. 그러면서도 계속해서 자기 행동으로 돌아와 자신을 의지한다. 이처럼 불안하고 빈번하게 자신에게로 회귀하는 모습은 단순한 사랑 속에서 누리는 평화와 자유와는 상당한 거리가 있다. 시기적으로 이 단계는 영혼이 그런 참된 자유를 누릴 때가 아니다. 우리 영혼은 반드시 이 혼란스러운 단계를 통과해야 한다. 처음부터 단순한 사랑의 자유를 누리려고 하는 사람은 나중에 자신의 영혼을 잘못된 길로 인도할 위험이 있다.

첫 아담은 자신을 즐기기를 원했다. 바로 이 때문에 그는 피조물을 향한 집착에 빠져들었다. 그 후 인간은 아담이 걸었던 잘못된 길을 걸어가는 습성을 갖게 되었다. 즉 하나님을 떠나 외부의 대상을 좇아가는 삶이다. 심지어 제정신으로 돌아와서 자신의 마음 깊은 곳으로 들어갈 때조차 우리는 다시 하나님 밖에 있는 다른 것에 몰두한다. 그러므로 우리 영혼은 하나님의 자녀로서 자유를 만끽하기 이전에 먼저 자신의 가련함이 무엇인지 혹독하게 점검하여 회개하며 씨름하는 단계를 거쳐야 한다. 두려움에 관한 매력과 필요성을 계속 느끼는 영혼은 그곳에서 나오는 고통과 고뇌를 통해 자양분을 받고 성숙해질 수 있다. 그리고 나서 하나님이 우리 마음에 더 순수한 것을 보여주시기 시작할 때 우리는 지체하지 말고 한 걸음씩 하나님의 은혜의 역사를 좇아가야 한다. 그때 비로소 우리 영혼은 단순함을 갖게 된다.

세 번째는 영혼이 자신에 대해 더는 걱정하지 않는 단계이다. 자신보다 하나님을 더 자주 생각하기 시작하고, 자기 이익이 배제된 사랑으로 하나님께 더욱 관심을 두기 위해 자신을 잊는 습성을 갖게 된다. 이제까지 외부 사물에 휩쓸려 자신을 생각하지 못했던 영혼이 마침내 하나님에 의해 조금씩 이끌림을 받아 자신을 자신에게서 떨어지게 하고, 하나님에게만 집중하는 상태에 이르게 되는 것이다.

반항이나 미루는 행동을 지양하고 하나님의 이끄심을 받기 위해 더욱 온순하게 순종할수록 우리 영혼은 더욱더 단순해진다. 그렇다고 우리 영혼이 자신의 실수를 보지 못하거나 자신의 불의함을 간과한다는 뜻이 아니다. 오히려 우리 영혼은 그것을 전보다 더 잘 느끼게 된다. 그리고 조그만 실수에도 공포심을 느끼게 된다. 또한 영혼의 빛은 더욱 밝아져서 자신의 타락을 더 잘 보게 된다. 이와 같은 통찰은 우리가 자아로 회귀하려고 한다면 결코 얻어질 수 없는 것들이다. 자신이 하나님의 무한한 순수함을 대적하고 있다는 사실을 깨닫는 것은 오직 그분의 임재의 빛을 통해서다.

이제 이 영혼은 멈추어 서서 자기만족을 찾으려고 하지 않기 때문에 자유롭게 성장해갈 것이다. 철저한 회개를 통해 정화되지 못한 영혼은 이와 같은 놀라운 단순함을 가질 수 없다. 이 단순함은 자아로부터 완전히 떨어졌을 때 오는 열매이며 하나님을 향한 사심 없는 사랑의 결과이기 때문이다. 세상의 허황한 것에서 자신을 떼어놓기 위해 회개해야 하는 영혼은 자신을 뒤돌아보며 많은 반성을 해야 한다. 하지만 더 중요한 것은 자신을 향한 과도한 집착과 걱정으로 인해 괴로움과 창피함을 당하고, 성장이 지연되는 함정에 빠질 수 있음을 자각하며, 이 함정에서 벗어나기 위해 하나님의 은혜에 의해 열리는 기회를 따라가야 한다는 사실이다.

그들은 옷을 너무 많이 입어 걷기조차 힘든 나그네처럼 온통 자신에 의해 둘러싸여 있다. 사람이 너무 지나치게 자신의 내부에 집착한다면 연약한 영혼의 경우 해로운 미신과 소심함을 지니게 된다. 천성적으로 강한 영혼이라도 하나님의 생각에 부합하지 않는 주제넘은 지혜를 갖게 된다. 이것은 자유롭고 올바르며 주저 없이 하나님께 모든 것을 포기하기 위해 자신을 잊는 순간까지 관대해지는 순수함과는 완전히 배치된다. 자아로 회귀하려는 경향을 극복하고 자기중심적이며 걱정 많은 천한 상태에서 벗어난 영혼은 정말로 복이 있다. 이런 영혼의 행동은 매우 고상하며 위대하다. 그리고 정말로 강인하다.

인간도 자기 친구가 단순하고 자유로운 우정에 푹 빠져 자신을 잊어주기를 바란다. 하물며 우리의 진정한 친구이신 하나님은 우리 영혼이 퇴보, 걱정, 근심, 시기, 주저함 등에서 벗어나 그분이 준비한 달콤하고 친밀한 우정 속으로 들어오기를 얼마나 강렬하게 바라시겠는가! 하나님의 진실한 자녀들이 진정으로 완전해지기 위해서는 이와 같은 단순함이 있어야 한다. 우리는 이 목적을 지향해야 하고 이것에 이끌림을 받아야 한다. 이 행복한 단순함의 가장 큰 방해거리는 이 세대의 어리석은 지혜이다. 이 지혜는 하나님께 어떤 것도 의탁하지 않고 스스로 노력으로 모든 것을 하고자 하며 자신을 위해 모든 것의 순서를 정하고 끊임없이 자신의 공적 속에서 자신을 찬양하려고 한다. 사도 바울은 이런 지혜를 어리석은 것이라고 했다. 반면 진정한 지혜는 자신에게로 퇴보하지 않고 자신을 성령께 내맡긴다. 하지만 세상 사람들의 눈에는 이것이 매우 어리석어 보인다.

우리는 아직 온전히 회심하지 않은 그리스도인에게 끊임없이 지혜의 사람이 되라고 요구해야 한다. 그리고 이미 회심한 그리스도인에게는 그가 너무 지혜롭지 않도록 경고해주어야 한다. 우리는 그가 사도 바울이 말한 건전하고 절제된 지혜를 갖도록 북돋아주어야 한다(벧후 1:6). 사실 하나님을 향해 전진하고자 하는 사람은 자신을 발견하기 위해 자신을 잃어버려야 한다. 자신의 회의적인 본성을 지탱해주는 인간적인 지혜를 엎어버려야 한다. 대신 십자가의 어리석은 쓴잔을 마셔야 한다. 이 잔은 초대교회의 성도들처럼 이제 더는 순교의 피를 흘릴 필요가 없는 오늘날의 영혼이 순교하기 위해 마시는 잔이다.

자아로 돌아가려는 이기적이고 초조한 습성을 끊어버린 영혼은 형용할 수 없는 평화와 자유를 누리게 된다. 이것이 바로 단순함이다. 멀리서 보기에 이것은 단지 훌륭해 보일 뿐이다. 하지만 이 단순함을 경험하게 되면 우리 마음이 크게 확장되는 것을 깨닫게 된다. 즉 어머니의 품 안에 있는 어린아이와 같은 풍요로움을 느끼게 되는 것이다. 그래서 우리는 더 이상 아무것도 바라지 않고 자신을 위해 어떤 것도 두려워하지 않게 된다. 어떤 길이든 기꺼이 가려는 마음을 갖게 된다. 이런 순수한 마음으로 인해 우리는 더 이상 우리를 향한 타인의 생각에 전혀 신경 쓰지 않게 된다. 다만 우리의 자애로운 행동을 통해 타인에게 해를 끼치지 않으려고 노력한다. 우리는 부드럽고 자유로우며 활기찬 시선을 가지고 우리가 할 수 있는 최선을 다해 순간순간 맡겨진 일을 감당하게 된다. 그러면서도 성공에 마음 쓰지 않는다. 우리는 사도 바울이 말했던 것처럼 자신을 판단하지 않으며 타인에게서 판단받는 것을 두려워하지 않게 된다(고전 6:2).

이처럼 행복한 단순함을 붙잡으라. 나는 당신에게 아직 그것을 잡을 기회가 있기를 진정으로 바란다. 우리가 이 단계에서 멀수록 우리는 더 큰 발걸음으로 그것을 좇아가기 위해 서둘러야 할 것이다. 실로 많은 그리스도인이 단순하기는커녕 신실하지도 못했다. 그들은 오직 인위적일 뿐만 아니라 이웃과 하나님, 그리고 자신에 대해 거짓과 위선을 행했다. 그들은 간접적으로 진리를 왜곡시키기 위해 무수히 많은 회피와 이유를 댔다. 슬프도다! "모든 사람이 거짓말쟁이다." 심지어 천성적으로 고결하고 성실하며 정직한 사람, 그리고 이른바 전적으로 단순하고 유순한 심성을 가진 사람이라도 자신에 대해 시기할 정도로 예민하게 집착하는 태도에서 벗어나지 못한다. 그리고 그런 태도를 통해 자신의 교만을 키우는 한편, 자신을 끊임없이 잊어버리는 진실한 자기 부정인 단순함을 가로막는다.

우리는 이렇게 말할 수 있다. "어떻게 나 스스로에 대해 신경 쓰지 않을 수 있습니까? 나 자신에게로 돌아가려는 수많은 퇴행적인 속성들이 나를 괴롭히고 짓누르기 때문에 나는 극도로 예민해져 있습니다." 지금 내가 비판하는 것은 우리가 자원해서 하려는 인간의 속성이다. 부자연스럽고 시기심 많은 스스로에 대한 집착을 결코 자원해서는 안 된다. 이렇게만 해도 충분하다. 이와 같은 습성을 볼 때마다 강렬하게 부정하려고 한다면 당신은 조금씩 자유를 맛보게 될 것이다. 전면에 나서서 그런 생각을 공격하려고 하지 말라. 또한 그 것과 일전을 벌이기 위해 스스로 완고한 자세로 싸우려고도 하지 말라. 오히려 그런 습성을 자극할 뿐이다. 자신의 이익과 스스로에 집착하게 만드는 생각을 내쫓기 위해 계속 분투하는 것은 그 자체가 스스로에 대해 끊임없이 집착하는 것이다. 그 결과 하나님의 임재에서 벗어나게 되고 그분이 우리에게 맡겨주신 사명을 감당하지 못하게 된다.

중요한 것은 쾌락, 편익, 그리고 명예를 향한 우리의 관심을 하나님의 손에 성실하게 맡기는 것이다. 모든 것을 버리고 하나님이 허락하시는 수치, 고통, 시련 등을 주저 없이 받아들이는 사람은 스스로에 대항하려는 굳은 자세를 취하기 시작한다. 그는 결코 타인에게 인정받지 못할까 봐 두려워하지 않으며 사람들의 비판에도 개의치 않는다. 또한 과도하게 민감한 반응을 보이지도 않는다. 만약 자신도 모르게 그런 모습을 어느 정도 보인다면 그것을 경멸하고 즉시 자신을 돌아봐야 한다. 이처럼 온전한 수용과 끊임없는 묵인이 진정한 자유를 만든다. 이 자유는 완벽한 단순함을 낳는다.

더는 자기 이익을 추구하지 않으며 자신에 대해 염려하지 않는 영혼만이 솔직함을 가질 수 있다. 이 영혼은 별다른 어려움 없이 전적으로 올바른 길로 나아간다. 자기 부정과 자기 망각이 증가할수록 그의 길은 점점 무한대로 넓혀진다. 그가 누리는 평화는 고통 가운데서도 바다처럼 깊다. 하지만 여전히 자아에 매달린다면 우리는 항상 당황하고 불안해하며 자신을 자기 사랑의 회귀로 감싸게 된다. 더는 자신을 자신의 것으로 생각하지 않는 자는 복이 있다!

앞에서 나는 하나님이 자아를 망각하는 단순함을 선호하시는 것처럼 세상도 그런 단순함을 선호한다고 말했다. 실로 세상도 자신과 같이 타락한 자녀 중에서도 특별히 자신에게 관심을 보이지 않는 자들을 더 좋아한다. 자신을 망각하는 것보다 더 위대한 일은 없다. 하지만 세상의 자녀들은 이런 단순함을 남용해 더 헛된 물질에 이끌려 자신을 돌아보지 않는다. 그래서 그들의 단순함은 거짓된 것이다. 하지만 그런데도 그 안에 위대함이 있다. 단순함 속에서 그림자를 쫓고 있다는 사실을 알지 못하지만 어쨌든 그들은 그림자에 불과한 환영에 매료된다. 그것이 어느 정도 진리와 유사하기 때문이다. 이처럼 단순함의 매력은 비록 그것이 잘못된 것일지라도 큰 위력을 가지고 있다.

실수가 잦으나 숨기기를 원하지 않으며, 결코 남을 매혹하려고 하지도 않고, 재능이나 덕목, 또는 선한 의지를 지닌 자처럼 행세하지도 않는다. 또한 타인뿐만 아니라 자신을 돌아보지도 않고, 실제로는 자아를 선망하지만 겉으로는 완전히 자신을 잃어버린 자처럼 행동하는 사람을 볼 때 우리는 그의 실수에도 그를 좋아하게 된다. 이런 모습을 보면 누구나 매료당할 것이다. 그래서 이러한 거짓된 단순함이 진짜 단순함인 것처럼 착각하게 된다. 반면 재능과 덕목이 있고, 외형적인 은혜를 가진 사람이 자신을 자신 속에 가두고, 항상 자신에게만 시선을 집중시키며 잘난 체한다면 그는 사람들로부터 불쾌한 인물로 손가락질받게 될 것이며, 모든 사람의 적대감을 사게 될 것이다.

그러므로 자신에게 집착하지 않는 단순함보다 더 좋고 위대한 것은 없다. 하지만 우리 밖에 있는 피조물이 어떤 모습을 취하든지 그것은 우리를 진정으로 단순하게 만들지 못한다. 우리는 명예에 관심을 덜 가질 수 있고, 어떤 미묘하고 부자연스러운 일을 회상할 때도 마음에 전혀 동요가 일어나지 않을 수 있다. 하지만 이런 상태에서 우리가 외부에 있는 어떤 피조물을 추구할 때 실제로 그 목적은 우리 자신을 위한 것이다. 외부의 피조물에 헌신하는 것은 그것을 즐기고, 그것과 자신을 연결하기 위함이기 때문이다. 우리는 진정으로 자신을 잊는 법이 없다.

당신은 다음과 같이 물을 수 있다. "그렇다면 관심을 두게 하는 사물이나 우리 자아에 대해 절대 생각하지 않고, 자신에 대해서도 말하지 말아야 하는 것인가요?" 그렇지 않다. 그 정도까지 우리 자신을 혹사할 필요는 없다. 일부러 단순해지려는 노력의 일환으로 자신에 대해 집착하고, 자신에 대해 말할까 봐 두려워함으로써 자신에 대해 일절 말하지 않으려고 빈틈없이 행동하는 것은 오히려 단순함을 내쫓는 결과를 가져올 수 있다.

그러면 우리는 어떻게 해야 하는가? 어떤 규칙도 만들지 말고, 어떤 것도 일부러 꾸미려 하지 말라. 이기심에 의해 자신에 대해 말하고 싶을 때 그 헛된 충동을 경멸하기만 하면 된다. 그리고 우리의 시선을 하나님과 그분이 맡기신 일에만 집중하면 된다. 단순함은 잘못된 수치나 거짓된 겸양, 허례허식, 또는 스스로에 관한 관심 등이 배제된 상태를 말한다. 따라서 우리의 허영심 때문에 자신에 대해 말하고 싶을 때 자아로 회귀하려는 어리석음을 즉시 물리치기만 하면 된다. 반대로 어떤 특별한 이유로 자신에 대해 말해야 하는 경우가 생길 때 너무 논쟁을 벌이지 말고 주어진 목적대로만 말하면 된다.

이때 어떤 사람은 이렇게 생각할지 모른다. '사람들은 나를 어떻게 생각할까? 그들은 내가 어리석게 나 자신을 찬양한다고 생각할 것이다. 내 관심을 너무 자유롭게 말하면 사람들이 나를 의심하게 될 것이다.' 하지만 우리는 이런 생각을 머릿속에 떠올려서는 안 된다. 필요할 경우 우리는 다른 사람들에 대해 말하듯이 자신에 대해서도 솔직하게 말할 수 있어야 한다.

사도 바울도 서신서에서 종종 자신에 대해 말했다. 그는 출생과 관련해서 자신이 로마 시민권자라고 선포했다(행 22:27). 이런 자신의 권리를 내세워 재판관을 놀라게 했다. 또한 그는 사도 중에 가장 큰 자에 비교하더라도 자신의 업적이 결코 작은 것이 아니라고 주장하기도 했다. 또한 그는 자신이 교리를 그들로부터 배웠거나 받은 것이 아니라고 했다. 그들처럼 예수 그리스도와 동행했고, 그들보다 더 많은 일을 했으며, 더 많은 고난을 겪었다. 또한 삼층천까지 올라갔고, 양심상 자책할 것이 아무것도 없다고 말했다. 그리고 자신은 이방인에게 빛을 전해주기 위해 선택된 그릇이라고 말했다. 더 나아가 그는 성도들에게 "내가 그리스도를 본받는 자가 된 것같이 너희는 나를 본받는 자가 되라"(고전 11:1)고 말했다. 이처럼 바울은 자신에 대해 엄청나게 큰 위엄으로 단순하게 말했다. 사도 바울은 동요하는 기색이나 자신에 관한 관심을 보이지 않으면서 자신에 대해 최고의 찬사의 말을 했다. 그는 마치 2천 년 전의 이야기를 하듯 자신에 대해 말했다.

물론 모든 사람이 그처럼 말하고 행동해야 한다는 것은 아니다. 하지만 필요에 따라 자신에 대해 말해야 할 때 우리는 단순하게 말해야 한다. 모든 사람이 이런 숭고한 단순함에 이를 수 있는 것은 아니다. 그러므로 우리는 때가 되기도 전에 단순함에 이르려는 태도를 경계해야 한다. 하지만 공적인 이유로 자신에 대해 진실을 말할 필요가 있을 때 우리는 그것을 매우 단순하게 해야 하고 억지로 겸손한 척해서는 안 된다. 또한 거짓된 교만에서 오는 수치스러운 모습에 자신을 굴복시켜서도 안 된다. 거짓된 교만은 종종 겸손과 절제의 옷 뒤에 숨어 자신을 은폐시킨다. 우리는 우리가 얼마나 좋은 사람인지 보여주려고 해서도 안 된다. 대신 항상 준비함으로써 다른 사람들이 우리의 그런 모습을 스스로 발견하도록 해야 한다. 동시에 세심하게 주의하여 우리의 미덕을 감추려고 노력해야 한다.

우리에 대해 언제 생각하고 말해야 할지 판단할 때 우리는 우리 은혜의 상태를 잘 아는 사람으로부터 조언받을 필요가 있다. 그렇게 함으로써 자기 생각에 이끌리거나 스스로 판단하는 일을 피해야 한다. 또한 이런 행동은 축복의 원천이 된다. 우리는 자신에 대해 말하는 것이 진정한 필요에서 나온 것인지, 아니면 우리의 상상에서 나온 것인지 분별하기 위해 헌신 되고 깨어 있는 사람으로부터 조언을 구해야 한다. 그의 판단과 평가는 우리의 이기적인 생각을 치유하는 데 큰 도움이 된다. 조언자는 우리가 진정한 필요 때문에 단순하게 자신에 대해 가식 없이 칭찬의 말을 할 때 그 말을 듣는 이웃이 그런 우리를 보고 비웃지나 않을까 판단해줄 수도 있다.

예기치 않은 경우가 발생해 충고를 구할 시간적인 여유가 없을 때는 하나님께 자신을 맡기고, 가장 적합할 때 그분이 인도하시는 빛을 따라 주저함 없이 행동해야 한다. 주저한다면 우리의 혼란만 가중될 뿐이다. 그러므로 먼저 결정을 내려야 한다. 비록 그 결정이 잘못된 결정일지라도 그 잘못은 나중에 합력해서 선으로 바뀌게 된다. 우리가 성령의 단순함에 자신을 내맡긴다면 하나님은 조언을 제대로 받지 못해 저지른 우리의 실수를 절대 나무라지 않으실 것이다.

나는 자신을 비판하는 방법에 대해 가부를 논하고 싶은 마음이 없다. 실로 자아를 비판하는 말이 하나님의 섭리 때문에 단순함을 통해 나온 것이라면 그것은 훌륭한 것이다. 하지만 일반적으로 가장 분명한 사실은 필요하지 않다면 결코 자신에 대해 좋은 말이든 나쁜 말이든 간에 하지 말아야 한다는 사실이다. 자기애는 망각과 침묵보다 상처를 더 좋아한다. 그래서 우리가 일단 자제 없이 자신에 대해 나쁜 말을 쏟아내게 되면, 마치 정열적인 두 연인이 상대방에 대해 치를 떨며 분노를 표출하는 것처럼 자신에 대해 상처를 주는 험담을 쏟아붓게 된다.

한편 실수의 경우 우리의 내적인 상태에 따라 그것을 교정하기 위해 주의를 기울여야 한다. 내적인 삶의 상태에 따라 교정하는 방법도 다양하다. 이때 우리는 우리가 처해 있는 상황을 고려해야 한다. 일반적으로 실수를 확실히 근절시키는 방법은 자신을 반성하고 모든 욕망과 모순을 소멸시켜 하나님을 향해 이기심 없이 순수한 사랑으로 자신을 맡기는 것이다. 하나님께 우리를 맡기고 그분의 행동을 지연시키지 않는다면 우리의 실수를 근절시키는 작업은 매우 빠르게 진척될 것이다.

그 결과 우리의 단순함이 조금씩 외부 사물로 번져 나가게 된다. 우리가 자원해서 퇴보하려는 모든 습성을 제거하고 자신을 경멸할 때 우리는 더 자연스러운 행동을 하게 되고 자신에 대한 집착과 계산적인 행동도 사라지게 된다. 그리고 경험하지 못한 사람은 결코 알 수 없는 올바른 의지로 자신과 자기 행동에 대해 더는 생각하지 않게 된다. 그 후로는 실수해도 낙담하지 않고 겸손해져서 실수는 오히려 득이 된다. 하나님이 우리를 통해 어떤 외형적인 행동을 성취하고자 하실 때 우리의 실수를 제거하실 수도 있고, 그분의 계획을 위해 그것을 가지고 역사하실 수도 있다. 또한 그분은 자신의 도구로 사용될 사람들이 실수로 인해 스스로 혐오감을 느끼지 않도록 미리 예방해주실 수도 있다.

결론적으로 우리가 진실로 내적인 단순함을 소유하고 있다면 우리의 전인적 모습은 더욱 솔직하고 더 자연스럽게 될 것이다. 이와 같은 단순한 모습은 더 진지해 보일 수도 있고 때로는 가식적인 사람들의 모습보다 덜 단순한 것처럼 보일 수도 있다. 하지만 그것은 겸손 자체를 위해 겸손을 떠는 빈약한 취향을 가진 사람들, 즉 진정으로 단순함을 알지 못하는 사람들 눈에만 그렇게 보이는 것이다. 진실한 단순함은 때때로 약간 부주의하고 덜 규칙적인 모습을 띨 수 있다. 하지만 순수한 눈으로 바라보면 이 단순함은 우리가 친절, 순진, 쾌활함, 고요함을 느끼게 해주는 정직과 진리를 열망하게 해준다.

이 단순함은 정말로 정다운 것이다. 누가 내게 이것을 줄 수 있겠는가? 이것을 얻을 수 있다면 나는 모든 것을 버릴 용의가 있다! 어떤 의미에서 단순함은 복음의 핵심이다. 오, 오직 그것만을 사모하는 사람에게 누가 그 단순함을 줄 수 있단 말인가? 단순함은 세상의 지혜를 경멸한다. 어리석은 지혜는 결국 무너지게 되어 있다. 진정한 하나님의 자녀라면 사도 바울의 말처럼 오직 죽음에 이르는 지혜를 혐오할 것이다(골 2:23).

겸손

하나님께 순복하고 스스로 아무것도 아님을 인정하라

동서고금을 막론하고 그리스도인은 신실한 겸손이 모든 덕목의 기초라고 확신했다. 겸손은 순수한 자선적인 행동을 낳는 진리이기 때문이다. 이 세상에는 오직 두 가지 진리가 있다. 하나는 하나님이 모든 것이 되신다는 사실이고, 또 하나는 우리 피조물은 아무것도 아니라는 사실이다. 우리의 겸손이 진정한 것이 되기 위해서는 끊임없이 낮은 자세로 하나님께 순복하고, 자신의 자리에 머물러 스스로 아무것도 아님을 인정해야 한다.

예수 그리스도는 우리에게 마음이 온유하고 겸손해야 한다고 말씀하셨다(마 11:29). 분노가 교만의 자녀라면 온유는 겸손의 자녀이다. 진실한 마음의 겸손은 예수님으로부터 오는 것이므로 그것을 주실 수 있는 분은 오직 예수님뿐이다. 이 겸손은 예수님의 은혜의 기름 부음을 받을 때 비로소 가능하다. 그것은 우리의 상상처럼 외형적으로 겸손한 행위를 한다는 의미가 아니라 우리의 자리를 지킨다는 뜻이다. 자신을 높게 평가하는 사람은 진실로 겸손한 자가 아니다. 그리고 자신을 위해 무엇을 원하는 자도 겸손한 자라고 할 수 없다.

온전히 자신을 잊어버림으로써 자아에 대해 생각하지 않고, 스스로 돌아가려고 하지 않으며, 속으로 자신을 낮추고, 어떤 것에도 상처받지 않으며, 겉으로 인내하는 척하지 않는 사람이 진정 겸손한 사람이다. 자신에 대해 말할 때도 다른 사람에 대해 말하듯 하며, 자아에 집착하면서 자아를 잊은 사람처럼 거짓으로 꾸미지도 않고, 왼손이 모르게 자선을 베풀며, 타인이 겸손하지 않다고 생각해도 개의치 않고, 항상 사랑에 충만해 있는 사람이 진정 겸손한 사람이다. 자신의 이익을 구하지 않고, 오직 현세와 내세에서 하나님의 이익만을 구하는 사람이 겸손한 자인 것이다. 우리가 순수하게 사랑할수록 우리의 겸손은 더욱 완전해진다.

그렇기에 겉으로 꾸며진 모습으로 겸손을 평가해서는 안 된다. 또한 그것을 사람의 행동으로 판단해서도 안 된다. 오직 순수한 사랑이 있는지를 보고 판단해야 한다. 순수한 사랑은 사람의 자아를 제거해주고 그를 예수 그리스도의 옷으로 갈아입혀 준다. 진실한 겸손은 바로 이런 것이다. 그것을 통해 우리는 더 이상 자신을 위해 살지 않게 되고, 대신 우리 안에 예수 그리스도께서 역사하시도록 허락하게 된다.

우리는 항상 무엇인가 되려고 노력한다. 어떤 일에 업적을 성취하고 난 후에도 종종 우리는 계속해서 특출한 헌신을 보이려고 한다. 그 이유가 무엇일까? 모든 상황에서 우리가 특출한 사람이고자 하기 때문이다. 하지만 겸손한 사람은 어떤 것도 추구하지 않는다. 칭찬받든 멸시를 받든 간에 그에게는 모두 같다. 그는 자신을 위해 아무것도 취하지 않기 때문이다. 그는 자신이 어떠한 대접을 받든 신경 쓰지 않는다. 그는 항상 자신의 위치에 머물러 있다. 그는 자신이 다른 무엇이 되어야 한다는 생각조차 절대 하지 않는다.

일반적으로 많은 사람이 신실한 겸손을 실행에 옮기지만, 앞에서 내가 말한 겸손한 마음과는 거리가 있다. 그들이 추구하는 외형적인 겸손은 그 근원이 순수한 사랑에 있지 않기 때문에 거짓된 겸손이다. 자신을 낮추고 있다고 생각하는 사람일수록 그는 자신의 높음을 더욱 자랑하는 셈이다. 자신을 낮춘다는 것을 의식하는 사람은 여전히 자신의 본래 위치에서 벗어나 있는 사람이다. 낮추려고 한다는 것은 본래 자신의 위치를 망각하고 자신을 높였다는 방증이다. 그렇기에 자신을 낮추고 있다고 생각하는 것은 자만심이 크다는 증거이다. 또한 그들 생각의 밑바닥을 보면 겸손이 종종 자만심을 키우는 미묘한 위장술임을 발견할 수 있다. 이와 같은 겸손은 진실한 겸손의 원천인 순수한 사랑으로 변하지 않는 한 결코 천국에 상달될 수 없다.

반면 진실한 겸손으로 충만해 있는 사람은 결코 다른 사람 앞에서 자신을 낮추거나 겸손하려고 애쓰지 않는다. 이미 자신이 모든 것보다 천하다고 생각하기 때문이다. 만약 그가 자신을 의식적으로 낮추려고 한다면 먼저 자신을 높여야 하고 자신에게 합당한 위치에서 떠나야 한다는 의미가 된다. 그는 스스로 겸손해진다는 것은 자신을 과대평가해서 본래 위치를 떠나야 함을 전제하기 때문에 자신이 결코 그렇게 할 수 없다고 생각한다. 그는 사람들의 경멸이나 비판을 받았다고 수치심을 느끼지 않는다. 오직 자신의 위치에 머물러 있을 뿐이다. 심지어 그는 자신에게 주어지는 칭찬에도 관심이 없다. 자신이 아무것도 받을 가치가 없다고 여기는 그는 어떤 것도 기대하지 않는다. 그래서 어떤 것에도 관여하지 않는다. 그는 성육신을 통해 원래 자리에서 내려와 자신을 낮추신 분은 오직 예수 그리스도밖에 없음을 잘 안다. 바로 이런 이유로 성경은 다른 피조물과 달리 오직 그리스도만이 스스로 아무것도 아닌 자로 낮아지셨다고 말씀한다.

하지만 오늘날 많은 사람은 오해해서 자신의 노력으로 겸손을 유지하려고 애쓴다. 그래서 결국 자기를 포기하고 부정하는 일에 실패하고 만다. 그들은 스스로 겸손할 수 있다고 믿기에 하나님의 사랑에 거스르는 태도를 보인다. 이런 겸손은 사랑과 부합되는 것이 아니므로 진정한 겸손이 아니다. 분별할 수 있는 빛을 소유한 사람은 자신을 겸손하게 한다는 것이 자신을 높이는 꼴이 된다는 사실을 분명히 볼 수 있을 것이다. 실로 자신을 멸절시키고 있다고 생각할 때 거꾸로 그것은 자신의 생명을 추구하는 셈이 된다. 그래서 겸손을 실천한다고 하면서도 결국 우리는 겸손의 영광을 비열한 미덕으로 바꿔 자신을 위해 취하고 기뻐하게 되는 것이다.

진실로 겸손한 사람은 의식적으로 아무것도 하지 않으며 어떤 것에도 반대하지 않는다. 그는 모든 사람이 바라는 곳으로 이끌림을 받기 위해 자신을 맡긴다. 그는 자신 안에서 하나님이 모든 것을 하실 수 있다고 믿는다. 또한 하나님이 찌꺼기 같은 자신을 통해서도 모든 것을 이루실 수 있음을 의심하지 않는다. 겸손한 체하면서 하나님의 계획에 반대하는 것보다 자신을 그 계획에 내맡기는 것이 더 겸손한 것이다.

교만하지 않지만 무례한 사람은 비록 겸손의 취향은 있다고 할지라도 여전히 진정으로 겸손한 사람이 아니다. 모든 사람이 바라는 곳으로 인도함을 받기 위해 자신을 맡기고, 칭찬받든 비난받든 간에 어떤 차이도 느끼지 못한 채 개의치 않으며, 타인의 평가가 자신에게 불리한 것인지 유리한 것인지 전혀 신경 쓰지 않는 사람이 진정으로 겸손한 자이다. 비록 세상의 선입견으로 진정한 미덕을 판단하는 일반 사람들의 눈에 그가 겸손해 보이지 않을지라도 실로 그는 겸손한 사람이다.

진실로 겸손한 사람은 자신의 의지를 포기한 자이기 때문에 온전히 복종한다. 그는 하나님이 원하시는 방향으로 가기 위해 자신을 맡긴다. 그는 모든 것을 양보하고 어떤 것에도 저항하지 않는다. 반면 자신에게 주어진 것을 가지고 싸우며 자기 뜻과 선택을 고집하는 자는 결코 겸손한 자가 아니다. 진실로 겸손한 자는 한 가지 일에 편향되지 않는다. 대신 모든 사람이 기뻐하는 쪽으로 자신의 태도를 정한다. 그는 원하는 것도 요구하는 것도 없다. 그것은 그가 요구하는 습관이 없기 때문이 아니라 자신을 온전히 망각해 자신으로부터 완전히 분리된 탓에 자신의 유익을 위해 무엇을 구해야 할지 알지 못하기 때문이다. 진실로 겸손한 사람은 예수 그리스도께서 천국을 소유할 수 있다고 말씀하신 어린아이와 같은 자이다. 어린아이는 자신에게 무엇이 필요한지 알지 못한다. 어떤 것도 제대로 할 수 없는 아이는 아무것도 생각하지 않고, 다만 이끌림을 받도록 자신을 내맡긴다.

그러므로 우리도 용기를 갖고 자신을 포기하자. 하나님이 우리를 아무것도 아닌 존재로 만드실지라도 우리는 거기에 이의를 달 수 없다. 사실 우리는 어떤 것에도 쓸모없는 존재이기 때문이다. 하나님이 우리를 통해 위대한 일을 하실지라도 그 영광은 그분의 몫이다. 우리는 마리아처럼 그분이 우리의 낮은 상태를 돌아보시고 우리 안에서 큰일을 행하셨다고 고백하는 것으로 만족해야 할 것이다. "주의 여종이오니 말씀대로 내게 이루어지이다"(눅 1:38).

의존

하나님 외에 다른 버팀목을 의존하지 말라

하나님 임재의 기쁨과 위안을 느낄 때만 헌신하는 사람은 신약에서 예수 그리스도의 가르침보다 오병이어의 기적에 더 흥분했던 무리와 같다. 그들은 베드로와 같이 "우리가 여기 있는 것이 좋사오니 우리가 초막 셋을 짓되"(막 9:5)라고 말하지만 자신이 무엇을 말하고 있는지 알지 못한다. 그들은 변화산의 영광에 도취하여 있기에 하나님의 아들을 오해하고 그분을 갈보리까지 따라가기를 거부한다. 그들은 인간적인 기쁨을 추구할 뿐만 아니라 더 많은 통찰을 얻고자 한다. 그들의 생각은 항상 호기심에 가득 차 있다. 그들의 마음은 달콤하고 경박한 감정으로 항상 설레기를 원한다. 과연 이것이 자아에 대해 죽은 모습인가? 이것이 사도 바울이 말한 진정한 생명과 양식이 되는 믿음의 의인가?

우리는 하나님의 초자연적인 선물과 그분의 친밀한 메시지임을 확연히 보여주는 비범한 경험을 하고자 한다. 사실 이 경험처럼 우리의 자존감을 높이는 것도 없다. 이 세상의 모든 화려함을 합쳐놓아도 이런 초자연적인 경험만큼 우리 마음을 북돋아주는 것도 없을 것이다. 결과적으로 우리는 하나님의 초자연적인 선물을 통해 은밀히 우리의 인간 본성을 더욱 키운다. 이것은 영적이면서도 그에 못지않게 야심 찬 태도이다. 우리는 하나님과 그분의 은혜를 느끼고 맛보고 소유하기를 원한다. 그리고 그분의 빛을 보고, 사람들의 마음을 읽으며, 미래를 알아 매우 비범한 영혼이 되기를 사모한다. 그 이유는 이런 빛과 경험을 맛보게 될수록 우리 영혼이 미묘하고 은밀하게 그 모든 것에 조금씩 더 집착하게 되기 때문이다.

성경에서 사도들은 우리 안에서 성도의 삶을 북돋아주는 더 좋은 방법을 제시한다. 그것은 자선을 베푸는 방식이다. 진정으로 자선하는 자는 자신을 구하지 않는다. 그는 자신이 미화되는 것을 원하지 않는다. 대신 자신을 완전히 비우기를 원한다. 진정한 자선을 할 때 그는 하나님 안에 있는 기쁨보다 하나님 자신을 진정으로 사랑하게 된다. 그리고 그분의 뜻을 행하려고 갈망하게 된다. 그는 기도에서 기쁨을 발견할지라도 그것에 집착하지 않으며 마치 막 침상에서 일어난 병자가 걷기 위해 지팡이를 사용하는 것처럼 그 기쁨을 이용해서 자신의 약점을 보완하려고 노력한다. 치료받고 있는 사람은 회복 기간이 끝나면 혼자 걷게 된다. 마찬가지로 처음에는 하나님이 주시는 우유를 먹고 어린아이처럼 부드럽게 자란 영혼은 그분이 우유 대신 더 딱딱한 음식을 주실 때 과감하게 우유를 끊기 원한다.

만약 우리가 항상 어린아이로 머물러 하늘의 위안을 주는 젖에만 매달린다면 어떻게 되겠는가? 우리는 사도 바울의 말처럼 어린아이의 일을 버려야 한다(고전 13:11). 물론 처음에 경험한 기쁨은 우리의 시선을 사로잡아 세상의 조잡한 쾌락에서 더 순수한 기쁨으로 인도해주었다. 그리고 우리가 기도와 묵상의 삶을 살도록 하는 데 유용했다. 하지만 십자가의 가치를 저버리고 하나님의 은혜를 받아 천국만 보는 사람처럼 행동하기를 원하는 태도는 결코 십자가에서 자신을 죽이고 자신을 진멸시키는 모습이 아니다.

또한 환상이나 기쁨에 집착하는 삶은 매우 위험한 함정이다. 그 이유는 다음과 같다.

첫째, 기쁨의 원천이 메마르고 더는 다른 지원을 받지 못할 때 기도를 멈추게 될 것이며, 하나님에게서 떠나게 될 것이기 때문이다. 당신은 기도가 실재로 다가오기 시작하는 시점에서 수많은 사람이 기도를 멈춘다고 지적한 성 테레사의 말을 들었을 것이다. 너무나 유약한 영혼이 예수 그리스도 안에서 미숙한 어린아이의 심성을 가지고 부드러운 우유만 먹고자 하므로 하나님이 그들에게서 우유를 떼어내실 때 그들 안에 있는 하나님의 삶을 포기하고 물러선다. 이런 사실을 보고 우리가 놀랄 필요가 있는가? 이런 자들은 성전의 현관을 성소로 착각하는 자들이다.

그들은 자신의 험한 본능을 오직 겉으로만 피상적으로 죽이면서 속으로는 여전히 쾌락 속에서 살고자 하는 자들이다. 외양상으로 매우 열심이고 세상을 초연한 영혼이라 할지라도 그들 속을 들여다보면 불신앙이 도사리고 있다. 그래서 우리는 그런 모습 앞에 낙담하게 된다. 심지어 초연한 삶을 역설하고 자아에 대한 죽음과 비우는 삶에 관해 많은 것을 이야기했던 사람이라도 시련이 닥치고 하늘의 위로가 사라지면 본색을 드러낸다. 그때 우리는 놀라서 낙담하게 된다.

둘째, 모든 착각은 감각적인 기쁨에 집착할 때 나타나기 때문이다. 영혼들은 이 점에서 참으로 둔감하다. 그들은 무엇을 느껴야지만 확실한 것으로 생각한다. 이것은 자기 사랑의 미혹에 빠진 결과이다. 그들은 계속해서 기쁨을 느끼는 한 하나님을 저버리는 것도 두려워하지 않는다. 그들은 자신의 풍요함 속에서 "나는 절대 흔들리지 않을 것이다"라고 말한다. 그러면서도 흥분이 사라지면 모든 것을 잃는다고 생각한다. 그래서 하나님의 자리에 자신의 기쁨과 상상을 대신 올려놓는다.

이런 착각에서 우리를 구원해주는 것은 오직 순수한 믿음뿐이다. 상상, 감각, 또는 미각으로 경험한 비범하고 통찰력 있는 것을 의지하는 대신, 오직 원시적인 믿음과 단순한 복음 속에서 하나님을 붙잡는 것이다. 때를 따라 주시는 위로 안에서 집착을 버리고 남을 판단하지 않으며 항상 순종하고 우리 자신이 실수할 수 있음을 인정하고 쉽게 믿는다면 우리는 정도로 걸어갈 수 있다. 또한 다른 사람이 우리를 교정시킬 수 있다고 인정하고, 매 순간 소박함과 선한 의지로 행동하면서 믿음의 빛을 따라간다면 착각의 길에서 떠나 정도로 걸어갈 수 있다.

무엇보다도 우리는 이러한 실천을 통해 정도의 길이 비범한 환상이나 즐거운 경험의 길보다 훨씬 안전하다는 사실을 깨닫게 된다. 누구든지 이런 삶을 실천하고자 할 때 전적으로 순수한 믿음의 삶을 따라가는 것이 자아를 온전히 죽일 수 있는 심오한 길임을 깨닫게 될 것이다. 자신 속에서 확신과 기쁨을 추구하는 사람은 자신의 외형적인 희생으로 손상된 자기 사랑을 확신과 기쁨으로 벌충하려고 한다. 이것은 다시 자신을 소유하려는 미묘하고 은밀한 모습이다. 하지만 하나님의 섭리 때문에 자신의 외부를 벗기고 꾸밈없는 믿음을 통해 자신의 내부를 완전히 도려내는 사람은 온전한 순교자가 되어 결코 착각에 빠지지 않게 된다.

우리는 자신을 속여 자기 자신을 치켜세우고, 자신에게는 관대하며, 자기 사랑을 위해 어느 정도 비밀스러운 삶을 유지한다. 그래서 하나님의 자리에 혐오스러운 것을 올려놓고 그것을 추구한다. 우리가 그 모든 특별한 비전과 우리를 우쭐하게 만드는 감각을 내려놓을 때, 하나님의 임재를 감각적으로 경험하는 일에만 관심 두지 않고 하나님을 온전히 사랑하기를 원할 때, 그리고 그분을 보는 것에 의존하지 않고 믿음의 진리를 믿을 때 그동안 모든 착각의 원인이 되었던 우리의 의지와 감각은 우리의 순전한 벌거벗은 모습 앞에서

설 자리를 잃게 될 것이다.

즐거운 경험을 통해 확신을 얻는다면 결코 착각에 빠질 수 없다고 생각하는 사람들은 스스로 착각의 길로 가는 자들이다. 반대로 자신을 온전히 벌거벗기는 사랑과 순수한 믿음의 호소에 귀 기울이고 그 길로 가는 자는 다른 빛이나 감각을 자신의 버팀목으로 삼지 않기 때문에 착각이나 방종의 가능성을 미리 피하게 된다.

토마스 아 켐피스는 「그리스도를 본받아」에서 하나님이 당신의 마음속에 있는 달콤함을 거두어 가실지라도 그 모든 기쁨이 제거되었다는 사실 앞에서 기뻐해야 할 것이라고 말했다. 실로 하나님은 십자가에서 해방되기보다 예수 그리스도와 함께 죽기를 원하는 십자가에 못 박힌 영혼을 정말로 기뻐하신다!

더는 하나님을 의식할 수 없을 때 우리는 핑계 대며 하나님을 잃을까 봐 두렵다고 말한다. 하지만 이런 두려움의 원인은 실제로 시련 속에서 인내하지 못한 우리에게 있다. 즉 과민하고 자기 통제적인 속성으로 인한 불안감 속에서 자기 사랑을 충족시키기 위해 다른 버팀목을 추구하려고 하기 때문이다. 이런 사람은 포기를 향해 전혀 움직이지 않는다. 은혜로 자유를 받은 후에도 은밀히 비밀스럽게 자신을 드러내려고 한다. "나의 하나님! 자신을 죽이는 길에서 절대 멈추지 않는 영혼들은 도대체 어디에 있습니까?" 확신하건대 끝까지 인내하는 자는 면류관을 받을 것이다.

고난을 겪는 사랑

고통 속에 숨어 있는 사랑을 발견하라

우리는 고난당해야 하며 고난당해 마땅하다는 사실을 안다. 그런데도 우리는 항상 마치 고난은 필요 없으며 고난이 너무한 것인양 고난을 보며 놀란다. 고난을 사랑하는 것은 오직 순전한 사랑뿐이다. 그 사랑은 자신을 온전히 포기하기 때문이다. 포기는 고통을 낳는다. 하지만 그 안에 고통당해야 한다는 사실에 괴로워하고 그것을 거부하려는 요소는 여전히 존재한다. 자신에 관한 관심을 잃지 않고 하나님께 모든 것을 내드리지 않는 포기는 고난당하는 것을 좋아하면서도 종종 고난을 두려워하는 자신을 발견하게 된다.

좀 더 정확하게 말하면 우리는 포기할 때 두 종류의 사람이 된다. 이때 한 사람은 다른 사람을 통제하고 상대방이 반항하지 못하도록 감시한다. 온전히 포기함으로써 초연하고 순수한 사랑 안에 있는 영혼은 십자가의 침묵과 못 박히신 예수 그리스도와 하나 됨에서 양식을 얻고, 고난당하는 일을 전혀 주저하지 않는다. 자신을 보지 않고 오직 하나님을 있는 그대로 볼 수 있기 위해서는 한결같은 단순한 의지가 필요하다. 이 의지는 아무 말도 하지 않고 다른 아무것도 주시하지 않는다.

그러면 의지는 무엇을 하는가? 고난을 겪는다. 이것이 선부인가? 그렇다. 고난당할 때 이 의지는 말과 생각 없이도 사랑을 그대로 이해하게 된다. 이 의지는 자신이 해야 하는 일만 한다. 모든 위로가 끊길 때도 아무것도 원하지 않는다. 하나님의 뜻에 만족하기에 자신으로부터 모든 것이 사라지게 될 때도 모든 사랑 중에 가장 순수한 사랑으로 남는다.

우리가 외형적으로 덕스러운 인격을 유지하기 위해 항상 긴장하여 주의 깊게 행동하고, 끊임없이 인내하며 노력할 필요가 없다는 사실은 정말로 큰 위안이 아닐 수 없다. 단순히 우리가 작아져서 고난에 자신을 맡기는 것만으로 족하다. 이런 행위는 용기일 수도 있고, 그렇지 않을 수도 있다. 세상의 도덕적인 사람들의 눈에는 용기가 아니지만 순수한 믿음의 눈에는 큰 용기이다. 자신을 낮게 여기는 영혼은 하나님의 위대함 속으로 들어갈 수 있다. 우리를 모든 권세에서 초연하게 만드는 것은 바로 이런 연약함이다. 이것을 통해 우리는 하나님의 권능을 받게 된다. 사도 바울은 "나는 약할 때 강하다. 나에게 능력 주시는 자 안에서 나는 모든 것을 할 수 있다"라고 말했다(빌 4:13 참조).

우리의 상황에 맞는 성경 구절을 읽으면서 영적 양식을 공급받고, 때때로 더 잘 이해하기 위해 우리로 묵상하게 하시는 성령에게 자신을 맡겨드리는 것만으로도 충분하다. 이치를 따지지 말고 단순히 성경과 하나님의 기름 부으심만 있어도 신비한 만나를 경험할 수 있다. 우리가 그 말씀을 잊을지라도 그 말씀은 은밀히 역사하기 때문에 우리는 그것에서 자양분을 얻게 된다. 그리고 우리 영혼은 그것을 바탕으로 살찌게 된다.

때때로 우리는 고난당한다는 사실을 거의 의식하지 못한 채 고난을 겪기도 한다. 하지만 어떤 때는 우리가 심각한 고난이 닥치고 있음을 느끼기도 한다. 그래서 첫 번째 십자가보다 더 무거운 두 번째 십자가를 지는 사람처럼 참을 수 없이 괴로워한다. 하지만 어떤 것도 우리를 막을 수는 없다. 진실한 사랑은 자신을 위한 것이 아니며 자신을 의지하는 것도 아니기 때문이다. 그러므로 우리는 진정으로 행복한 자이다. 십자가는 더 이상 십자가가 아니다. 거기서 고난 가운데 좋은 것과 나쁜 것을 감당하는 자는 더 이상 내가 아니다.

내적 평화

자신과 타인을 내려놓을 때 누릴 수 있다

하나님을 거부하는 사람에게는 절대로 평화가 없다. 세상에 기쁨이 있다면 그것은 오직 순수한 양심만이 누릴 수 있다. 하나님이 주시는 평화는 세상이 주는 평화와는 다르다. 그것은 우리의 욕정을 가라앉히고 우리 양심의 순수성을 유지해준다. 그것은 정의와 불가분의 관계에 있다. 그것은 하나님과 하나 되게 한다. 그리고 우리에게 유혹과 싸우는 힘을 준다. 또한 우리 양심의 순수성을 지켜준다. 유혹은 우리를 위압하지는 못할지라도 항상 어느 정도 우리에게 영향을 끼친다. 이때 우리 영혼이 평화를 누리기 위해서는 자신을 하나님의 뜻에 전적으로 맡기고 포기해야 한다.

예수님은 "마르다야 마르다야 네가 많은 일로 염려하고 근심하나 몇 가지만 하든지 혹은 한 가지만이라도 족하니라"(눅 10:41-42)

고 말씀하셨다. 진실한 단순함, 하나님의 뜻에 전적으로 맡김으로써 오는 마음의 평정, 하나님의 임재로 말미암은 이웃의 잘못에 관한 인내와 사랑, 정직함, 자기 잘못을 인정하고 돌아서서 경험자의 충고에 귀를 기울이는 어린아이 같은 순수함이 당신의 만족을 위해 유용한 미덕이 되어야 한다.

당신이 많은 일로 염려하는 것은 하나님께 모든 것을 포기함으로써 파생되는 은혜를 받아들이지 않기 때문이다. 그러므로 모든 것을 하나님의 손에 맡겨드리고, 먼저 당신의 마음속에서 온전한 희생을 이루어야 한다. 자신의 판단에 의지해서 모든 것을 바라려고 하지 않고 주저 없이 하나님의 뜻만 원하려고 한다면 당신을 근심하게 했던 많은 것은 사라지게 될 것이다. 그 결과 당신이 조종하고 숨기려고 했던 것은 더 이상 존재하지 않게 된다.

지금까지 당신은 마음이 심란했고 당신의 관점과 취향은 항상 변했을 것이며 타인에게 쉽게 불만을 품고 당신 자신에 대해서도 불평했을 것이다. 또한 당신의 행동은 불신과 주저함으로 가득 차 있었을 것이다. 당신의 선한 마음이 겸손하고 단순해지지 않는다면 그것은 당신을 계속 괴롭힐 것이다. 이때 당신의 헌신이 비록 신실하다 할지라도 당신은 오히려 마음속에서 타인을 비난하는 것을 통해 더 많은 위로를 찾으려고 할 것이다. 반대로 하나님께 당신의 마음을 맡긴다면 당신은 평온하게 되고 성령의 기쁨으로 충만하게 될 것이다.

하나님의 일을 하면서 사람을 생각하는 자는 화가 있을 것이다! 길잡이를 선정하는 문제에 있어 당신은 사람을 의지해서는 안 된다. 사람을 조금이라도 의지하려고 한다면 은혜가 막히게 될 것이고, 당신은 더욱 우유부단하게 될 것이다. 그 결과 당신은 더 많은 고통을 당하게 되고 하나님을 더욱 근심하게 할 것이다.

우리가 하나님을 사랑하게 된 것은 그분이 먼저 우리를 사랑하시고, 자녀를 불쌍하게 여기는 아버지의 마음같이 부드러운 사랑으로 우리를 사랑하셨기 때문이다. 하나님은 우리의 연약함을 아시고 우리가 진흙으로 지어졌음도 잘 알고 계신다. 하나님은 죄악의 길에 있는 우리를 찾아오셨다. 길 잃은 양을 찾기 위해 자신의 모든 것을 희생시키는 목자처럼 달려오셨다.

우리를 찾는 것으로 만족하지 못하셨던 하나님은 우리를 찾으신 후에 우리와 우리의 연약함을 직접 담당하셨다. 그리고 십자가에서 죽기까지 복종하셨다. 우리는 심지어 그분이 십자가에서 죽기까지 우리를 사랑하셨다고 말할 수 있다. 실로 그분의 순종은 우리를 향한 사랑의 표시였다.

이 사랑이 진정으로 한 영혼을 충만하게 할 때 그 영혼은 양심의 평화를 누리게 된다. 그리고 만족하고 행복해한다. 이런 영혼은 위대함, 명예, 쾌락, 그리고 시간이 흐르면 흔적 없이 사라지는 그 어떤 것도 구하지 않게 된다. 이 영혼은 오직 하나님의 뜻만 원하고 부단히 신랑이 오기만 기다리며 항상 깨어 있다.

나는 혼자만의 묵상시간에 당신이 원하는 모든 것을 얻을 수 있기를 진심으로 바란다. 그 순간 가장 중요한 것은 단순한 행동에서 오는 평화이다. 그런 평화를 갖게 되면 우리는 결코 미래를 근심의 눈으로 바라보지 않게 된다. 미래는 하나님의 것이지 당신의 것이 아니다. 하나님은 당신에게 필요한 것을 예비해주실 것이다. 당신이 이 미래를 자신의 지혜로 꿰뚫어 보기 원한다면 당신은 걱정에 싸일 것이며 피할 수 없는 재난에 지레 겁먹게 될 것이다. 그렇기에 우리는 오직 하루하루를 성실히 살려고 해야 한다. 하루하루에는 선과 악이 공존한다. 하지만 하나님이 행동하시도록 우리를 맡겨드리고 항상 인내로 그분을 바라본다면 심지어 악조차도 선으로 바뀔 수 있다.

하나님은 당신이 그분을 찾기에 필요한 시간을 주실 것이다. 하지만 완벽함을 핑계로 당신 자신을 위해 살며, 당신이 원하는 것을 분주하게 하려면 시간을 달라고 할 때 하나님은 당신의 요구를 허락하시지 않을 것이다. 확실히 당신은 자신과 자신의 욕망을 부정할 기회와 시간을 반드시 갖게 될 것이다. 그 밖의 시간은 당신이 아무리 잘 사용할지라도 결국 사라지고 말 것이다.

그렇기에 모든 일에서 당신의 진정한 욕구를 채워주는 은혜가 있음을 깨달으라. 하나님은 당신의 욕망을 흔들어 놓을지라도 항상 배후에서 당신의 약점을 붙잡아주신다. 아무것도 두려워하지 말고 하나님이 행동하시도록 맡겨드리라. 오직 차분하고 정제된 훈련을 할 때 당신은 당신 본성에서 가장 위험스러운 유혹인 권태와 슬픔을 피할 수 있다. 당신이 자신의 자유를 잃었다고 생각하지 않는다면 당신은 하나님 안에서 항상 자유를 누리게 될 것이다.

슬픔에서 우리를 돕는 것

하나님의 온전하신 눈길과 손길에 사로잡혀라

내가 보기에 우리는 두 가지 일에 고통스럽게 사로잡혀 있는 것처럼 보인다. 하나는 방종을 피하는 일이고 다른 하나는 우울함에서 벗어나려는 일이다. 우리가 억지로 묵상함으로써 방종을 치료할 수는 없다. 자연에서 오는 도움과 노력으로 은혜가 할 일을 스스로 대신하려고 해서는 안 된다. 단순히 우리의 뜻을 주저 없이 하나님께 내드리는 것으로 만족해야 한다. 그리고 하나님의 섭리에 굴복할 때 찾아오는 고통을 미리 마음속에 상상해서 그것을 받아들일 수 없다고 말해서는 안 된다. 십자가를 생각할 때 미리 무엇을 상정해서는 안 된다. 비록 우리가 구하지는 않았지만 하나님이 십자가를 우리 앞에 가져올 때 그것이 아무런 결실 없이 우리를 그냥 지나치도록 내버려 두어서는 안 된다.

우리의 본성이 놀라고 거부할지라도 우리는 하나님이 우리 마음 속에 계시하신 것을 받아들여야 한다. 그것은 하나님이 우리의 믿음을 훈련하기를 원하신다는 증표이다. 때가 왔을 때 우리가 원하는 것을 할 수 있는 힘이 있는지 알려고 애쓸 필요가 없다. 현재의 기회에는 그것에 필요한 하나님의 은혜가 함께 주어진다. 우리가 십자가를 볼 때 하나님의 은혜로부터 도움을 받기 위해서는 때마다 주어지는 은혜를 하나님이 주시리라 생각하고 선한 마음으로 받아들여야 한다. 그리고 일단 자신을 포기한 후에는 확신에 찬 믿음으로 전진해야 한다. 하나님의 질서를 위배해서 의도적으로 어떤 대상에 집착하지 않고 우리의 의지를 굳건히 한다면 그 의지는 절대 변하지 않을 것이다.

우리의 상상은 수만 가지 헛된 잡념으로 혼잡해질 수 있다. 특별히 우리가 처한 장소와 잡념의 대상이 무엇이냐에 따라 우리 머리는 더 복잡해질 수도 있다. 하지만 그것이 어쨌단 말인가? 성 테레사의 말처럼 상상은 어릿광대에 불과하다. 그것은 항상 야단법석을 떨며 우리의 귀를 막는다. 그로 인해 우리 마음마저 동요되기도 한다. 이 상상은 멈추지 않고 자신 앞에 오는 상념의 그림을 그린다. 이런 그림에 시선을 주는 것은 피할 수 없는 일이기에 주의가 산만해진다. 하지만 이런 시선이 의도적인 것이 아니라면 그것은 결코 우리를 하나님으로부터 떼어놓지 못한다. 우리에게 해를 끼치는 것은 의지를 가지고 의도적으로 주의를 딴 데로 돌리는 행위이다.

산만함을 계속해서 피하고자 한다면 우리의 시선은 절대 이탈되지 않을 것이다. 그 결과 우리의 기도는 항상 하나님으로부터 응답받게 될 것이다. 주의의 산만함을 느낄 때마다 그것에 대항하지 말고 내버려 두라. 그리고 조용히 하나님 편에 자신을 맡기라. 더는 주의의 산만함을 느끼지 못할 때 우리 마음은 흐트러지지 않게 된다. 하지만 그것을 느낄지라도 우리는 하나님께로 눈을 향하기만 하면 된다. 우리가 산만한 상태를 감지할 때마다 하나님의 임재로 들어가려는 성실함을 보인다면 그분의 임재 속에서 풍성한 축복을 얻게 될 것이다. 이처럼 자주 하나님의 임재를 연습한다면 나중에 그분의 임재가 우리에게 매우 친근해질 것이다.

하지만 쉽게 묵상에 잠기지 못하는 영혼에는 산만한 상념이 떠오를 때마다 거기에서 바로 자신을 돌리려는 신실함이 오래 지속되지 못한다. 그렇다고 자신의 힘으로 이런 상태에 들어갈 수 있다고 생각하는 것은 잘못이다. 만약 스스로 그런 노력을 기울인다면 모든 인간관계 속에서 자신이 자유로워야 한다는 생각에 매우 불안해지고 예민해지게 될 것이다. 그리고 항상 하나님의 임재가 우리에게서 떠날까 봐 두려워하며 항상 그것을 다시 잡으려고 달음질할 것이다. 또한 상상으로 지어낸 환영을 좇아 자신을 옭아맬 것이다. 그 결과 하나님의 임재가 감미로움과 빛으로 인해 우리에게 하나님의 질서 안에서 마땅히 생각해야 할 것만을 생각하도록 하지 못할 것이다. 오히려 우리가 그 임재를 스스로 붙잡으려고 노력하기 때문에 그 임재로 인해 우리는 불안해지고 자신의 상황에 있는 다른 의무를 수행하지 못하게 된다.

그러므로 하나님의 임재를 확실히 느끼지 못할까 봐 걱정하지 말라. 추론과 많은 묵상을 통해 스스로 하나님의 임재를 붙잡으려고 노력하지 말라. 단순히 일상생활에서 직업의 일을 수행하면서 동시에 하나님을 생각하는 것으로 만족하라. 이런 상태에서 누군가 낭신에게 "당신의 마음은 지금 어디에 있는가?"라고 묻는다면, 비록 당신의 주의가 다른 것에 있다고 할지라도 진실로 당신은 "하나님께로 향해 있다"라고 말할 수 있다. 당신이 제어할 수 없는 복잡한 상념을 가지고 애타지 말라. 주의가 산만하지 않을까 걱정하면 오히려 그것이 산만함의 원인이 된다.

어떤 사람이 항해할 때 계속 길을 가는 대신에 자신에게 닥칠 함정만을 예상한다면, 그리고 함정에 빠질 때 자신이 떨어질 그곳을 계속 마음에 둔다면 당신은 그에게 무슨 말을 할 것인가? 아마도 당신은 속으로 '계속 앞으로 나아가라. 항상 앞으로!'라고 말할 것이다. 나도 당신에게 똑같이 말해주고 싶다. 뒤에 있는 것을 잊어버리고 중단 없이 앞으로 나아가라. 실로 하나님 사랑의 풍성함이 당신의 걱정과 자신을 옭아매는 행동보다 더욱 당신을 바로잡아 줄 것이다.

이 법칙은 단순하다. 하지만 자신의 기분과 묵상으로 모든 것을 하려는 데 익숙한 우리의 본성은 이것이 지나치게 단순하다고 생각한다. 그래서 우리는 자신을 도우려 하고 자신이 더 많이 움직여야 한다고 생각한다. 이에 반해 이 규칙은 우리가 순수한 믿음의 상태에 머물러 오직 하나님만 의지하도록 만든다. 이 믿음의 상태에 있으면 우리는 자아와 관련된 모든 것을 억눌러 자신을 향해 죽은 사람이 된다. 바로 이런 이유로 우리는 외형적인 분주한 습관으로 인해 스스로 괴로워하며 건강까지 해치는 사람들과 차별된다. 그런 사람과 달리 우리는 단순한 사랑을 추구한다. 그래서 그 사랑이 지시하는 것만 하게 된다. 그러므로 우리의 짐은 절대 무겁지 않다. 우리는 우리가 사랑하는 것만 수행하기 때문이다. 이 법칙을 잘 준수하면 슬픔도 충분히 치료될 수 있다.

종종 슬픔은 우리가 하나님을 구할 때 그분의 임재를 우리가 만족할 정도로 느끼지 못하기 때문에 찾아온다. 하나님의 임재를 느낀다는 것은 그것을 소유한다는 의미가 아니다. 하지만 우리는 이기적인 사랑에서 자신이 그 임재를 소유했다고 확신하기를 원한다. 그래서 그것을 통해 스스로 위안을 얻고자 한다. 찢기고 실의에 빠진 본성은 순수한 믿음의 상태에서 인도받는 것을 싫어한다. 그렇게 되면 마치 자신의 버팀목이 사라지는 느낌을 받기 때문에 오히려 그런 믿음의 상태에서 나오려고 노력한다. 본성은 믿음의 상태에 있으면 공중에 붕 떠 있는 기분을 느낀다. 따라서 스스로 자신이 진보하는 것을 느끼고 싶어 안달한다.

교만은 자신의 실수를 발견할 때 기분이 상한다. 본성은 이런 상처받은 교만을 회개의 감정이라고 치부한다. 이처럼 우리는 이기적인 자기애로 인해 자신의 완벽함을 보고 기뻐하기를 원한다. 그렇지 않으면 스스로 자학한다. 또한 우리는 자신과 다른 사람에게 참지 못하고 거만하며 언짢아한다. 정말 개탄할 만한 잘못이다. 하나님의 일이 우리의 분노로 수행될 수 있다고 생각하다니! 우리 안에 평화가 없으면서 평화의 하나님과 하나가 되려 하다니!

우리가 참으로 하나님께 자신을 온전히 맡길 때 많은 것을 하지 않고서도 우리에게 주어진 일을 잘할 수 있게 된다. 그래서 확신하고 우리 자신을 미래에 맡기게 된다. 그리고 주저 없이 하나님이 원하시는 것을 모두 원하게 된다. 동시에 우리는 현재에 그분의 뜻을 이루기 위해 헌신한다. 선과 악은 그날로 족하다. 하나님의 뜻을 매일 성취할 때 우리 안에 하나님 나라가 임한다. 그리고 동시에 매일 영의 양식을 준다.

만약 우리가 하나님이 우리에게 숨기신 미래를 꿰뚫어 보려고 한다면 그것은 불성실한 행동이며 이교적인 불신이다. 우리는 미래를 하나님께 맡겨야 한다. 미래를 달콤하게 하거나 쓰게 할지, 또는 짧게 하거나 길게 할지는 오직 하나님이 정하실 문제이다. 하나님이 보시기에 선한 일을 할 수 있도록 그분께 맡겨야 한다. 미래를 위해 가장 완벽한 준비는 자신의 의지에 대해 죽고 전적으로 하나님의 의지에 우리를 굴복시키는 것이다. 만나에 각종 묘미가 있었던 것처럼 우리를 전적으로 하나님께 맡길 때 우리는 그분의 각종 은혜에 둘러싸이게 된다.

우리가 모든 것에 준비되어 있을 때 우리는 마치 깊숙한 곳에 발이 닿는 느낌이 들게 된다. 그리고 미래처럼 과거에 관해서도 차분해진다. 물론 우리에게서 나오는 모든 나쁜 것을 생각할 수도 있다. 하지만 우리는 자신을 전적으로 하나님의 품에 안겨드림으로써 자신을 잊게 된다. 이런 자아의 망각은 가장 완벽한 회개이다. 모든 회심은 오직 자신을 부인함으로써 하나님께만 집중하는 것이기 때문이다. 이런 망각은 자기애를 제거해준다. 보통 우리는 자신을 잊기보다 자신을 윽박지르고 정죄하며 육체를 괴롭힌다. 하지만 자기애가 없어지는 것은 오직 자기를 잊을 때이다. 이런 망각의 상태에서 우리는 넓은 마음을 갖게 된다. 또한 그동안 우리를 짓눌렀던 자아의 무게에서 해방된 사실로 인해 위로를 얻게 된다.

실로 우리는 우리의 길이 정말로 곧고 단순하다는 사실에 놀란다. 우리는 계속해서 갈등하고 새로운 무엇인가를 해야 하겠다고 생각해왔다. 하지만 정작 그 반대로 우리가 해야 할 일은 별로 없다는 사실을 깨닫는다. 그래서 미래에 대해 너무 많이 생각하지 않게 된다. 그리고 육신의 아버지처럼 우리의 손을 잡고 인도하시는 하나님만을 단순히 바라보는 것으로 충분하다는 사실을 알게 된다. 다른 산만한 생각으로 인해 잠시 하나님을 놓칠지라도 그런 이탈에 개의치 않고 계속해서 하나님께로 자신을 향하게 된다. 그때 하나님은 우리가 그분이 원하시는 뜻을 느끼게 해주신다.

우리는 실수하는 즉시 회개한다. 이 회개는 사랑에서 나오는 슬품이다. 그 후 우리는 이탈했던 자리에서 돌아와 우리의 시선을 다시 하나님께로 향한다. 비록 가증스러운 죄이지만 죄를 짓도록 하나님이 허용하심으로써 우리가 느끼게 되는 수치심은 오히려 우리에게 득처럼 보인다. 교만은 우리가 실수할 때 비통해하며 걱정하고 분노하지만, 하나님을 의지하는 영혼은 실수 후에도 평화롭고 확신에 차며 평정을 잃지 않는다.

이처럼 단순하고 평화로운 자세로 하나님을 의지하는 행동은 스스로 안달하며 잘못을 고치려는 행위보다 더 쉽게 우리를 교정시켜 준다. 그러므로 자신의 실수를 볼 때 단순히 하나님을 신실하게 바라보자. 우리는 자신을 책망하고 싶어 할 것이다. 하지만 우리가 자신을 고칠 수는 없다. 자신의 가련함을 보고 스스로 책임을 물으려고 한다면 우리는 외부로부터 전혀 도움을 받지 못할 것이다. 정말 부질없는 노력이다. 하나님은 그런 우리의 노력에 간섭하지 않으신다! 누가 손을 뻗어 우리를 그 진흙탕에서 구해줄 수 있겠는가? 우리 스스로인가? 그 속으로 들어가게 한 장본인은 당신이다. 그런데 어떻게 당신이 거기서 스스로 당신을 꺼낼 수 있단 말인가?

더욱이 그 진흙탕은 우리 자신이다. 결국 우리가 괴로워하는 이유는 우리 스스로 거기서 나올 수 없기 때문이다. 자기 뜻에 따라 충분히 거기서 나올 수 있다고 생각하는가? 자신의 약점을 충분히 숙고하면 분별력을 얻을 수 있다고 보는가? 결국 우리의 이런 자기지향적인 생각 때문에 우리는 더욱 깊은 연민에 빠져들게 될 것이다.

이에 반해 우리가 조금이라도 하나님을 향하려고 한다면 비록 여전히 스스로에 관한 생각으로 괴로워할지라도 우리 마음은 훨씬 안정을 찾게 될 것이다. 하나님의 임재는 항상 우리를 우리의 속박에서 해방해준다. 우리에게 필요한 것은 바로 이것이다. 그러므로 스스로에게서 떠나라. 그러면 당신은 평화를 얻을 것이다. 자신을 떠나는 방법은 무엇인가? 오직 자신을 조용히 하나님께 향하기만 하면 된다. 그리고 생각이 산만해질 때마다 신실하게 하나님께로 돌아오는 습관을 점차 쌓아 나가면 된다.

우울증에서 파생되는 자연적인 슬픔은 육체의 질병 때문에 오는 것이다. 그러므로 약과 조절을 통해 우리는 그것을 어느 정도 극복할 수 있다. 하지만 그것은 우리가 원하지 않음에도 항상 재발한다. 그런데도 하나님이 우리에게 이런 우울증을 허락하셨다면 열병이나 다른 육체의 질병처럼 우리는 그것을 평화 가운데에서 인내할 수 있다. 이때 우리의 상념은 깊은 어둠 속에서 슬퍼할 것이다. 하지만 순수한 믿음 위에서 영양분을 받은 우리의 의지는 오히려 이런 피상을 담대하게 맞게 된다.

우리가 평화를 갖게 되는 이유는 우리 마음이 갈리지 않고 하나님께 선적으로 순종하기 때문이다. 문제는 우리가 무엇을 느끼느냐가 아니라 무엇을 원하느냐이다. 그 결과 우리는 가진 것만 원하고 갖지 않은 것은 원하지 않게 된다. 심지어 자신이 당하는 고통에서 자유롭기를 거부할 수도 있다. 하나님은 우리에게 위로뿐만 아니라 십자가도 허락하신다. 이때 우리는 사도 바울처럼 고난 가운데서도 기뻐한다(살전 1:6). 이 기쁨은 감각적인 기쁨이 아니라 순수한 의지의 기쁨이다.

경건하지 않은 사람은 쾌락 속에서 억지로 기쁨을 찾는다. 그들은 결코 자신의 상태에 만족하는 법이 없다. 그들은 계속해서 취향에 맞지 않는 것을 제거하고 자신에게 없는 새로운 쾌락을 즐기려고 애쓴다. 반대로 신실한 영혼은 어떤 것에도 부자연스럽지 않은 의지를 소유한다. 그래서 하나님이 슬픔 중에서 자신에게 주시는 것을 기꺼이 자유롭게 수용하고, 오히려 원한다. 그의 의지는 그것을 사랑하며, 비록 그렇게 하는 것이 자신의 바람을 죽이는 것이라 할지라도 거기서 떠나려고 하지 않는다. 왜냐하면 자신의 바람은 결국 하나님의 섭리에 전적으로 맡기는 태도와 대치되는 이기적인 욕망이기 때문이다. 그의 의지는 결코 이런 욕망을 원하지 않는다.

우리 마음을 넓히고 자유롭게 해주는 것은 바로 하나님을 향한 전적인 맡김이다. 자신의 마음을 차분하게 하기 원하고, 예민한 마음과 두려운 생각을 떨쳐버리며, 마음의 고통을 사랑의 기름으로 부드럽게 하기 원하고, 또한 마음의 행동에 힘을 모아 성령의 기쁨을 자기 얼굴과 말에서 자연스럽게 나타내기를 원한다면 우리는 하나님의 팔에서 자유롭고 어린아이 같은 자세로 단순하게 행동해야 한다. 하지만 우리는 너무 많이 따지려고 한다. 그리고 그런 생각 속에서 자신을 괴롭힌다.

우리는 조심해야 할 여러 다른 시험거리 앞에서 무엇을 두려워 할지 따지려는 유혹에 빠질 수 있다. 한마디로 이 유혹은 자아에 대한 불안정하고 예민한 집착이다. 우리가 그것을 유혹이라고 여기지 않기 때문에 이 유혹은 더욱 큰 위력을 발휘한다. 그래서 우리는 이 유혹에 더 깊이 빠져들어 간다. 우리는 이 유혹을 복음서에서 권하는 자기 성찰로 오해한다. 예수 그리스도께서 명하신 경계의 태도는 현재 상황에서 하나님 뜻의 증거를 따라가며, 하나님의 뜻을 사모하고 실천하는 일에 신실하게 주의하라는 의미이다. 그것은 자신을 스스로 책망하고 괴롭히며 끊임없이 자신에 집착하라는 뜻이 아니다. 그 본뜻은 우리의 눈을 우리 자신에 대항해서 우리를 도와주시는 하나님께 향하라는 것이다.

우리는 왜 자신을 경계한다는 핑계로 하나님도 우리 안에서 보지 않으시려는 것을 고집스럽게 보려고 하는가? 우리는 왜 순수한 믿음과 내적인 삶의 열매를 저버리는가? 그리고 우리는 왜 하나님이 계속해서 우리에게 베풀기를 원하시는 그분의 임재에서 떠나려고 하는가? 하나님은 "너 자신의 자아 앞에서 걸어가라"고 말씀하지 않으셨다. 대신 그분은 "내 앞에서 걷고 완전하라"고 말씀하셨다(신 18:13).

하나님의 영으로 충만했던 다윗은 "나는 항상 내 앞에 계신 당신을 보았습니다"라고 말했다. 또한 "나의 발이 올무에 빠지지 않기 위해 내 눈은 항상 주께로 향하나이다"라고 고백했다. 위험한 것은 그의 발이었지만 그는 항상 눈을 위로 향했다. 하나님의 도움을 생각하기보다 자신의 위험을 생각하는 것이 더 해롭다. 더욱이 이 세상 만물은 모두 하나님과 하나가 되어 있다. 하나님은 신의 성품뿐만 아니라 인간의 연약함도 몸소 체험하신 분이다. 올바르고 순수한 영혼은 비록 자신이 아무리 볼품없다고 할지라도 눈을 들어 하나님을 볼 때 모든 것을 무한한 빛 속에서 바라볼 수 있게 된다. 반면 우리가 우리의 어둠 속에서 무언가를 보려고 한다면 우리 자신의 어둠 밖에는 아무것도 보지 못하게 될 것이다.

"오, 나의 하나님! 만약 제가 하나님을 계속 보게 된다면 가련함 속에 있는 저를 보면서 제 자신에 빠져 있는 것보다 하나님 속에 있는 것이 더 낫다는 사실을 깨닫게 될 것입니다. 진실한 자기 성찰은 하나님 속에서 하나님의 뜻을 보고 행하는 것입니다. 그 것은 자신의 상태가 어떠한지 추론하는 것이 아닙니다. 외부의 관심사 때문에 우리가 하나님만을 보지 못한다고 할지라도 기도 를 통해 저의 모든 육감에 하나님을 향한 통로를 만들기 때문에 모든 상황에서 주어진 일을 하면서도 하나님을 볼 수 있습니다. 저의 모든 존재는 어디에 가든지 하나님의 뜻이 이루어지는 것을 보고 기뻐합니다.

저는 축복받는 자처럼 끊임없이 '아멘!'이라고 말할 것입니다. 그리고 항상 제 마음속에서 천상의 시온성의 노래를 부를 것입니다. 저는 사악한 자의 악의가 자신도 모르게 결국 거룩하고 의로우며 전능하신 하나님의 뜻을 이루는 것을 보면서 하나님을 송축할 것입니다. 저는 하나님이 자녀들에게 베푸신 고요한 자유 속에서 단순하고 즐겁고 확신에 찬 태도로 행동하고 말할 것입니다. '내가 사망의 음침한 골짜기로 다닐지라도 해를 두려워하지 않을 것은 주께서 나와 함께 하심이라. 주의 지팡이와 막대기가 나를 안위하시나이다' (시 23:4).

저는 결코 다른 위험을 보려 하지 않을 것입니다. 또한 하나님 섭리의 증표 외에는 다른 어떤 것에도 관여하지 않을 것입니다. 하나님의 섭리는 저의 힘이자 위안입니다. 심지어 하나님의 부르심으로 제가 어떤 상황에 부닥쳐 있든 저는 하나님이 저에게 맡기신 모든 시간을 묵상과 기도, 그리고 말씀을 읽으면서 보내기를 원합니다. 하나님이 저에게 다른 특정한 임무를 부여하지 않으시는 한 저는 결코 이 행복한 상태에서 떠나지 않을 것입니다.

만약 저에게 밖에 나가 어떤 일을 하라고 하신다면 기꺼이 순종하며 하나님에게서 나올 것입니다. 하지만 그때에도 여전히 하나님은 저와 동행하실 것입니다. 그리고 밖에서 일하는 저를 하나님의 가슴으로 품어주실 것입니다. 저는 다른 피조물과의 관계에서 제 자신을 구하려 하지 않을 것입니다. 그리고 하나님에 대한 묵상으로 인해 타인과 동질성이 훼손되고, 그들과의 대화가 무미건조해진다고 할지라도 전혀 두려워하지 않을 것입니다. 하나님을 기쁘시게 하기에 꼭 필요한 것이 아니라면 저는 인간을 즐겁게 하지 않을 것입니다.

하나님이 인간을 위한 사역을 위해 저를 사용하기를 원하신다면 기꺼이 그 일에 제 자신을 쏟아부을 것입니다. 그리고 저에 대해서는 전혀 생각하지 않고 단순히 저에게 부어주신 은사만을 그들에게 전할 것입니다. 저는 뒤를 돌아보는 자세로 손을 더듬거리며 나아가지 않을 것입니다. 아무리 제 책임이 위험하고 그것이 저를 망하게 할지라도 하나님의 선하심을 알기 때문에 하나님 앞에서 바른 의도를 가지고 단순히 행동할 것입니다.

반대로 하나님이 다른 사람을 위해 저를 사용하지 않으신다면 제 자신을 드리지 않을 것입니다. 그리고 어떤 것도 예상하지 않을 것입니다. 대신 평화 가운데서 하나님이 저에게 제한적으로 맡기신 다른 일을 수행할 것입니다. 하나님이 저에게 허락하신 순종의 은혜에 따라 어떤 것을 바라지도 거부하지도 않을 것입니다. 저는 모든 것에 준비되어 있습니다. 비록 아무 쓸모 없을지라도 저는 만족합니다. 타인의 추종, 거부, 유명세, 무시, 칭송, 반박 등 그 모든 것을 제가 당한다고 할지라도 그게 무슨 의미가 있겠습니까? 정말 중요한 것은 제가 아니라 하나님입니다. 제가 구하는 것은 하나님으로부터 오는 은사가 아니라 하나님 자신입니다. 아무리 좋은 상황이 올지라도 그것은 저에게 중요하지 않습니다. 아멘!"

모든 일에서 당신의 진정한 욕구를 채워주는
은혜가 있음을 깨달으라.
하나님은 당신의 욕망을 흔들어 놓을지라도
항상 배후에서 당신의 약점을 붙잡아주신다.
아무것도 두려워하지 말고
하나님이 행동하시도록 맡겨드리라.

"너희는 이 세대를 본받지 말고 오직 마음을 새롭게 함으로
변화를 받아 하나님의 선하시고 기뻐하시고 온전하신 뜻이
무엇인지 분별하도록 하라"(롬 12:2).

：
：

자신을
내려놓는
성화의 삶

자기 부정

자기 부정은 자신을 아무것도 아닌 존재로 여기는 것이다

진정으로 자기 부정의 의미를 알고자 한다면 내가 당신에게 애지중지하는 '자아'를 절대로 생각하지 말라고 할 때 당신 마음속에서 느끼는 어려움을 떠올려보라. 자기 부정은 자신을 아무것도 아닌 존재로 여기는 것이다. 그 어려움을 느끼는 사람은 누구든지 자신의 모든 본성을 거스르는 자기 부정이 무엇을 의미하는지 이해할 수 있을 것이다. 당신이 그것을 느꼈다면 당신 마음 한구석에 겸손함이 있다는 증거이다. 이때 하나님의 전능하신 손이 역사하도록 하는 것은 당신의 몫이다. 하나님은 당신을 당신 자신으로부터 어떻게 떼어낼지 아신다.

환난의 근원은 우리가 거의 우상 숭배와 같은 수준의 맹목적인 사랑으로 자신을 사랑하는 데 있다. 외부적으로 드러난 우리의 사랑

은 실제로는 자신만을 위한 사랑이다. 겉으로는 자신을 잃고 우리에게 연결된 사람의 이익만을 추구하는 모습을 보이지만 실제로 그 우정은 자신을 위한 것이다. 우리는 이런 우정에서 떠날 필요가 있다. 사실 우리는 다음 둘 중 하나에 속한다. 계산적인 우정 관계 속에서 조잡하고 하찮은 이익을 추구하거나, 아니면 더 미묘하고 은밀하게 행동함으로써 세상의 눈에는 순진해 보이지만 정작 더 위험한 또 다른 이익을 추구하는 것이다. 이 후자의 이익은 우리 안에 자기 사랑을 부추김으로써 우리를 중독되게 할 수 있다.

우리는 우리와 타인에게 매우 관대하고 비이기적인 것처럼 보이는 우정을 맺을 수 있다. 하지만 실제로 우리는 자신이 비이기적으로 사랑한다는 기쁨, 그리고 그런 고귀한 감정을 통해 연약하고 이기적인 사욕에 집착하는 자신의 마음에서 초연했다는 기쁨을 즐긴다. 우리의 교만을 부채질해 줄 수 있는 증거를 우리 안에서 찾으려고 할 뿐만 아니라 이 세상에서 비이기적이고 관대한 행동을 통해 영광받으려고 한다. 또한 의도적인 것은 아니지만 은연중에 친구들로부터 사랑받기를 원한다. 우리는 자신을 구하지 않고 순수하게 친구들을 위해 모든 일을 한 대가로 그들이 감동해주기를 희망한다. 그렇게 함으로써 우리는 떠난 것처럼 보였던 자아로 다시 돌아온다. 우리 안의 자기 사랑이 드러나지 않고 칭찬받을 때 그것처럼 민감하고 미묘하게 달콤함을 주며 자신을 우쭐하게 해주는 것도 없다.

우리 중 어떤 사람은 자신을 돌보지 않고 전적으로 타인을 위해 행함으로써 모든 신실한 사람들의 기쁨이 되는 자가 있다. 그는 자기 절제 속에서 자신을 잊어버린다. 그의 자기 망각은 너무나도 위대해 사심 없이 어떤 영광도 구하지 않게 된다. 이와 같은 절제와 자기 초월이 진정한 것이라면 그것은 인간 본성의 죽음을 의미한다. 하지만 반대로 이것은 매우 교묘하게 인간의 교만을 키워주는 음식이 될 수 있다. 이 교만은 일반적인 방법으로 우쭐해지는 것을 거부하고, 일반 사람들의 마음에 자만심을 일으켰던 모든 조잡한 방법을 넘어서는 고도의 교만이다.

전혀 교만처럼 보이지 않으며 외관상 모든 것을 포기하는 모습으로 나타나는 이 교만의 가면을 벗기는 일은 그리 어렵지 않다. 이 교만은 타인으로부터 비판받을 때 비판을 참지 못한다. 자신이 사랑하고 도와주었던 사람이 자신에게 우정의 대가를 지급하지 않을 때 그 교만은 겉으로는 억지로 사심 없는 것처럼 보이려고 노력할지라도 자신의 이기심을 드러내게 된다. 실로 이 교만은 다른 교만처럼 유치한 대가를 받으려고 하지는 않는다. 그래서 둔탁한 칭찬, 돈, 지위와 명예 등에는 관심이 없다. 대신 이 교만은 친한 사람으로부터 존귀함을 받고자 하고 그들을 사랑해서 그들로부터 사랑받고자 한다. 그리고 다른 사람들이 자신의 비이기적인 행동을 통해 감명받도록 하는 데 목적이 있다. 이 교만은 모든 사람의 관심을 끌기 위해 오직 자신을 잊는 것뿐이다.

물론 이 교만이 처음부터 논리적인 방법으로 모든 것을 계산해서 행동하는 것은 아니다. 그것은 "모든 사람의 칭찬과 칭송을 듣기 위해 나의 이기적인 행동으로 이 세상을 속여야겠다"라고 말하지 않는다. 실로 그가 자신에게 이러한 가치 없고 조잡한 말을 한다는 것은 감히 상상조차 할 수 없다. 하지만 이 교만은 다른 사람을 속임으로써 결국 자신을 속인다. 거울 앞에 선 미모의 여인처럼 그것은 자신의 사심 없는 행동을 보고 흐뭇해한다. 그리고 자신이 남보다 더 성실하고 이타적이라는 사실을 보고 자신에게 감명받는다. 다른 사람을 향해 그가 가졌던 환상이 다시 자신에게로 돌아오는 형국이다. 그는 스스로 그렇다고 믿는 자기 모습, 즉 자신의 비이기적인 모습을 자랑하기 위해 타인에게 자신의 모든 것을 내준다. 이렇게 함으로써 더욱 자신의 교만을 키운다.

우리가 자신을 조금이라도 돌아봄으로써 우리를 슬프게 하거나 우쭐하게 만드는 것을 생각한다면 우리의 교만이 여러 가지 모습을 가지고 있으며, 어떤 것은 덜 조잡하고 어떤 것은 더 세련되어 있다는 사실을 쉽게 깨달을 수 있다. 하지만 그것이 당신에게 아무리 감미로운 맛을 준다고 할지라도 교만은 항상 교만이다. 그리고 가장 합리적인 것처럼 보이는 교만이 가장 사탄적인 교만이다. 이 후자의 교만은 결국 자신만 귀하게 여기고 남을 의심한다. 이 교만은 바보스러운 허영을 추구하는 사람을 불쌍히 여기고 누구보다도 가장 높은 화려함의 헛됨을 잘 안다. 이것은 부에 도취해 있는 사람을 경멸한다.

하지만 결국 자신의 절제를 통해 성공 이상을 추구하며 더 높은 경지에 도달하기를 원한다. 그리고 자신의 발밑에 인간의 모든 거짓된 영광을 갖다 놓기를 원한다. 마치 루시퍼처럼 가장 높은 하나님이 되기를 원하는 것이다. 그 결과 이 교만은 인간의 욕망과 이기심을 넘어 신이 되고자 한다. 하지만 정작 자신은 이런 거짓된 교만을 통해 자신이 다른 사람들보다 위에 서고자 한다는 사실을 알지 못한다.

결론적으로 오직 하나님의 사랑만이 우리를 자신에게서 벗어나게 할 수 있다. 하나님의 강권적인 손이 우리를 지탱해주지 않으신다면 우리는 자신에게서 벗어나기 위해 무엇을 해야 할지 알지 못할 것이다. 여기에는 어떤 절충도 있을 수 없다. 우리의 모든 것을 하나님께 맡기거나, 아니면 자신에게로 돌리는 것 중 택일해야 한다. 우리가 모든 것을 자신에게로 돌린다면 지금까지 말해왔던 이른바 '자아'가 우리의 하나님이 된다. 반대로 우리가 모든 것을 하나님께 돌린다면 우리는 그분의 질서 안에 있게 된다. 그때 우리는 자신을 그분의 피조물 이상으로 생각하지 않게 된다. 모든 이기적인 생각을 버리고 하나님의 뜻을 수행하려는 목적의식만 갖게 된다. 이때 비로소 우리는 자기 부정의 삶을 시작할 수 있게 된다.

하지만 덧붙이자면 세상의 관대함으로 위장한 자기 사랑과 이성적인 교만처럼 자기 부정의 축복을 누리지 못하도록 당신 마음을 가로막는 것도 없다. 그러므로 이런 본성과 습관을 알고 항상 자신을 점검해야 한다. 본능적으로 친절함, 비이기적인 행동, 선한 일을 한다는 기쁨, 미묘한 감정, 솔직해지려는 태도, 그리고 사심 없는 사랑과 같은 특성 등이 많을수록 우리는 자신을 초월해서 이런 본능적인 특성을 보고 스스로 기뻐하지 않도록 조심할 필요가 있다.

피조세계에는 우리를 우리 자신에게서 떨어뜨리게 해줄 수 있는 것이 없다. 피조세계에는 우리보다 뛰어난 것이 없기 때문이다. 또한 피조물 중에는 우리 자신에게서 우리를 떼어놓을 권리를 가진 것도 없다. 그리고 완전한 모범이 되어 우리가 뒤돌아서지 않고 계속해서 그 자체에 애착심을 갖도록 만드는 대상을 찾을 수도 없다. 설령 애착심을 갖게 할지라도 그 속에서 우리 마음을 해갈해 줄 수 있는 것은 전혀 없다. 그 결과 오직 우리 자신만을 위해 우리 밖에 있는 대상을 사랑하게 되는 것이다. 그래서 추잡하고 잔인한 사람은 자신의 추잡하고 잔인한 욕정에 따라 행동한다. 어느 정도 교양이 있어 추잡함이나 잔인함을 혐오하는 사람도 자신의 교만과 영예를 위해 행동한다.

반면 하나님은 우리에게 그분만이 하실 수 있는 두 가지 일을 행하신다.

첫째, 하나님의 모든 권한과 매혹적인 은혜를 동원해서 그분의 피조물에게 그분을 계시하신다. 그 결과 우리는 우리가 자신을 만들지 않았고, 결코 우리 자신을 위한 존재가 아니라는 사실을 느끼게 된다. 더 나아가 우리는 우리를 창조하기를 기뻐하셨던 하나님의 영광을 위해 지음받았으며, 우리의 온전함과 행복은 오직 하나님 안에서 우리 자신을 잊어버리는 데 있음을 깨닫게 된다. 아무리 눈부신 피조물일지라도 우리에게 이와 같은 것을 느끼게 해줄 수 있는 것은 아무것도 없다. 피조물은 우리가 하나님의 영원하심 속에서 누리는 만족과 황홀함을 주지 못한다. 오히려 피조물 안에는 공허함, 우리 마음을 채울 수 없는 무기력, 그리고 불완전함만 있을 뿐이다. 그래서 우리는 그것을 보고 실망해 다시 자신에게로 돌아올 수밖에 없는 것이다.

둘째, 우리 마음에 빛을 던져주신 후 그분의 뜻에 따라 우리 마음을 움직이신다. 하나님은 우리에게 자신이 무한한 사랑의 하나님임을 보여주는 것으로만 만족해하시는 분이 아니다. 하나님은 우리가 그분의 은혜에 의해 마음속에 그분을 위한 사랑을 갖도록 하신다. 이렇게 함으로써 우리가 하나님을 위해 무엇을 해야 할지 계시하시고 그 일을 우리 안에서 실행하신다.

당신은 아마도 좀 더 쉽게 이해할 수 있는 말로 자기 부정이 무엇인지 알고 싶다고 말할지 모른다. 범죄 심리, 부당한 이득, 경박한 행동 등을 포기해야 한다는 말에는 누구나 쉽게 수긍한다. 이런 것을 부정한다는 것은 경멸하고 정죄한다는 의미가 있다. 하지만 합법적으로 얻은 부, 정직하고 겸손한 삶의 매력, 또는 좋은 평판과 고결한 인품에서 나오는 명예 등을 포기하라고 할 때는 쉽게 이해하지 못할 것이다. 사실 우리가 이런 것까지 포기해야 한다는 말에 동의

하기란 그리 쉬운 일이 아니다. 이런 것을 거부한다는 것은 정말 당혹스러운 일이기 때문이다.

물론 우리는 때때로 이런 것을 포기하는 대신 하나님의 섭리에 따라 사용할 필요가 있다. 그리고 어려운 상황 속에서도 우리 마음의 평화를 위해 부드럽고 조용한 삶에서 오는 위안을 받아야 한다. 또한 우리의 입장도 살필 필요가 있고, 필요에 따라 우리가 소유한 재산도 사용해야 할 경우가 있기에 전혀 무시할 수만은 없다. 그렇다면 이런 상황에서 우리가 어떻게 이 모든 것을 포기할 수 있단 말인가?

그 방법은 이것을 중용의 자세로 침착하게 돌보면서 오직 중대한 목적을 위해서만 사용하고, 이것과 유희하거나 이것에 우리의 감정을 몰입시키지 말아야 한다는 것이다. 내가 '중대한 목적'이라고 말한 이유는 우리가 감정적으로 어떤 것에 몰입해서 그것을 즐기거나 어떤 유익을 구하려고 하지 않고 진지한 목적을 위해 사용한다면 주인의 재산을 관리하는 지혜롭고 충성스러운 청지기처럼 맡겨진 것에서 필요한 것만을 취할 수 있기 때문이다. 결론적으로 사악한 것을 부정하는 방법은 그것을 경멸하는 태도로 바라보고 거부하는 것이다. 반면 좋은 것을 부정하는 방법은 오직 중용의 태도로 필요에 따라 그것을 사용하고 우리의 욕심에 맞춰 아첨하려는 모든 욕구의 뿌리를 잘라버리는 것이다.

우리는 나쁜 것뿐만 아니라 좋은 것까지도 포기해야 한다. 예수 그리스도께서 "누구든지 자기의 소유한 모든 것을 포기하지 않는 자는 나의 제자가 될 수 없다"라고 말씀하셨기 때문이다(눅 18:22 참조). 그러므로 그리스도인은 자신의 모든 소유, 심지어 가장 깨끗한 재산일지라도 포기해야 한다. 우리가 소유를 포기하지 않을 때 그 소유는 결국 오염되고 만다. 심지어 우리는 가족의 재산이나 자신의 명예처럼 우리에게 맡겨진 것까지도 포기할 필요가 있다. 그런 것에 우리 마음을 쏟는 것은 잘못이다. 우리는 그것을 오직 정직하고 알맞은 목적을 위해서만 사용해야 한다. 그래서 섭리의 주권자가 우리에게서 그것을 거두어가기를 원하실 때 기꺼이 붙잡은 손을 놓을 수 있어야 한다.

심지어 우리가 가장 사랑하는, 우리의 사랑을 받아야 하는 사람들까지 포기해야 한다. 이것은 오직 하나님을 위해 그들을 사랑해야 하고, 그들과 관계를 맺음으로써 오는 위안을 진지하게 사용하며, 하나님이 그들과의 우정을 거두어가실 때는 기꺼이 손을 놓는다는 의미이다. 그리고 그들 안에서 마음의 진정한 안식을 찾지 않는다는 뜻이다. 이것이 바로 신랑 되신 예수님만 이 세상의 유일한 친구로 삼는 성도의 정조이다. 이런 상태에 이르면 바울이 말한 대로 우리는 피조물과 관계를 맺을 때 그것을 사용하면서도 전혀 사용하지 않는 자처럼 행동할 수 있게 된다. 우리는 그것과 유희하려고 하지 않게 된다. 오직 하나님이 주신 것과 하나님이 우리에게 사모하라고 말씀하신 것을 선한 목적으로 사용할 뿐이다.

또한 모든 것을 자제하고 필요에 따라 사용하게 된다. 그리고 더 가치 있는 목적을 위해 자신을 항상 제어하려고 노력하게 된다. 바로 이런 의미에서 예수님은 우리에게 아비와 어미, 형제자매, 친구들을 떠나라 하시고, 자신이 가족들에게 검을 주러왔다고 말씀하셨다(마 10:34-36 참조). 하나님은 질투하시는 분이다. 당신의 마음 깊숙한 곳에서 어떤 피조물에게 사로잡혀 있다면 하나님은 그런 당신의 마음을 기뻐하지 않으신다. 하나님은 그런 당신을 신랑과 낯선 사람 사이에서 갈등하는 신부처럼 거부하신다.

우리는 주위에서 우리 자신이 아닌 것을 포기한 후에 마지막으로 자신을 희생제물로 드려야 한다. 그 제물은 바로 우리 안에 있는 모든 것이다. 우리 몸을 포기하는 것은 육신적이고 세상적인 사람에게는 두려운 일이다. 연약한 사람은 자신의 육신이 전부라고 생각하기 때문에 그 육신을 온갖 정성으로 치장한다. 종종 이런 사람은 자기 육체가 빛을 잃을 때조차도 계속해서 육신적인 삶에 애착을 느낀다. 이런 애착은 결국 수치스러운 두려움으로 변해 그들은 죽음이라는 단어 앞에서 떨게 되는 운명을 맞이한다.

나는 이 글을 읽는 당신이 용기를 가지고 이런 두려움을 이길 것이라고 믿는다. 나는 확실히 당신이 "나는 육체에 아부하기를 원하지 않으며, 하나님이 내 육체를 쳐서 다시 흙으로 만들려고 하실지라도 그것에 주저하지 않을 것이다"라고 고백할 것으로 생각한다. 하지만 우리가 육체를 포기한다고 할지라도 영혼을 포기하는 문제에는 더 큰 어려움이 있다. 우리의 천성적인 용기로 진흙으로 이루어진 육체를 경멸할수록 우리는 육체를 경멸하게 한 자기 능력을 더욱 과신하게 되는 유혹에 빠지기 쉽기 때문이다.

우리는 우리 영혼과 지혜, 그리고 그 미덕에 관해 마치 사교계에 첫발을 내딛는 여성이 자신의 미모에 도취한 것처럼 반응할 수 있다. 그로 인해 우리는 득의양양한 태도를 보일 수 있다. 자신이 현명하고 절제하며, 다른 헛된 사람들의 무리에서 구원받았다고 기뻐하며, 자신의 성공에 도취되기 쉽다. 우리는 세상에서 가장 유혹적인 것을 용감한 절제력으로 물리칠 때 이런 자신의 절제력을 즐기기를 원한다. 이 얼마나 위험한 상태인가! 이것은 정말로 음흉한 독소이다. 당신이 이토록 세련되게 치장한 자기 사랑에 마음을 준다면 결국 당신은 하나님을 저버리는 셈이 될 것이다. 그러므로 당신은 당신의 지혜와 선함에서 오는 모든 기쁨과 자기 만족적인 태도를 버려야 한다.

하나님은 자신의 선물이 순수하고 뛰어날수록 그것을 더 많이 질투하신다. 하나님은 죄를 지은 첫 인간에게는 자비를 베푸셨지만 반역한 천사에게는 가차 없이 정죄하셨다. 천사와 사람은 자신을 사랑함으로써 죄를 지었다. 그런데 천사는 스스로 하나님이라 생각할 정도로 완벽했기에 하나님은 천사의 반역을 보고 인간보다 더 무서운 질투로 벌하셨다. 그러므로 우리는 하나님이 그분의 일반적인 선물보다 그분의 가장 탁월한 은혜에 더욱 질투하신다는 결론을 내릴 수 있다. 하나님은 그분에게서 오는 선물이 아무리 순수할지라도 우리가 그 선물보다 그분 자신에게 사로잡히기를 원하신다. 하나님은 우리를 그분에게 더욱 밀접하게, 그리고 더욱 쉽게 연합시키려는 그분의 목적에 따라 우리가 행동하기를 원하신다. 따라서 우리가 하나님의 축복을 마치 자신의 것인 양 득의에 차서 바라본다면 그 축복은 즉시 독으로 변할 것이다.

우리는 외부의 호의나 달란트와 같은 외적인 요소뿐만 아니라 내적인 은사까지도 자신의 것으로 생각해서는 안 된다. 또한 선한 의지 자체도 생명이 하나님으로부터 온 것처럼 그분의 자비하신 선물의 결과임을 명심해야 한다. 그러므로 우리는 무엇을 빌린 사람처럼 살아야 한다. 우리의 소유와 우리 자신은 모두 빚이다. 그렇기에 그것을 빌려주신 분의 의지에 따라 사용해야 한다. 결코 그것을 자신의 물건처럼 여겨서는 안 된다. 자신을 결연히 포기한다는 것은 이와 같은 무소유의 정신 속에서 자아와 생각을 하나님의 행동에 따라 단순하게 사용한다는 뜻이다. 하나님만이 모든 피조물의 진정한 주인이시다.

당신은 내게 무소유의 태도와 자기 포기에 관해 구체적인 예를 들어달라고 요구할지 모른다. 하지만 내가 할 수 있는 대답은 하나님이 당신의 영혼을 인도하시면서 일상의 모든 일에서 자기 포기를 가르쳐주시려고 할 때 그 순간 당신의 의지 속에 그런 태도가 싹트게 되리라는 것이다. 고통스러운 묵상이나 계속된 분투를 통해서 우리 자신을 포기할 수는 없다. 우리가 하나님 안에서 자신을 잊기 위해서는 스스로 내적 성찰이나 자신의 방법으로 자신을 제어하려는 노력을 피해야 한다.

우리는 내면에서 경멸하려는 태도, 어리석은 자기만족, 자기 과신, 자신의 변덕스러운 성향을 따르려는 욕구, 자신의 취향만을 생각하려는 욕망, 그리고 타인의 약점에 관해 참지 못하는 태도 등을 감지할 때마다 그것을 모두 내려놓고 하나님 앞에서 자신을 반성해야 한다. 그리고 이런 반성을 통해 하나님의 인도하심을 느낄 때까지 기다려야 한다. 심지어 다른 여러 가지 것으로 인해 주의가 산만하고 상념이 복잡해져 우리 영혼이 잠잠히 자신을 반성하기 어렵다고 할지라도, 최소한 우리의 올바른 의지와 자신을 반성하려는 욕망을 통해 자신을 가라앉히려는 노력을 기울여야 한다. 이처럼 자신을 반성하려는 소원만 가져도 우리 영혼은 자기 고집의 껍데기를 벗어던지고 유연한 모습으로 하나님 앞에 나올 수 있게 된다.

심지어 당신에게 너무나 당연한 자극이 오지 않아 조급함 속에서 초조할지라도 그것이 실제로는 사악한 선동일 수 있기에 낙담할 필요는 없다. 항상 당신의 길에서 떠나지 말라. 당신의 실수로 인한 수치를 조용히 하나님 앞에 가져오라. 그리고 당신의 약점 앞에서 자기 사랑이 부추기는 날카로운 경멸의 말로 인해 상심함으로써 당신이 걷는 길이 지연되도록 하지 말라. 항상 자신 있게 전진하라. 자신의 예민한 교만으로 인해 자신이 완전하지 못한 것을 참지 못하고 슬픔에 젖어 거기서 헤어나지 못하는 것은 잘못이다. 당신은 실수를 전화위복으로 삼아 스스로에 대해 죽고, 하나님의 선물에 관한 애착에서 벗어나며, 그분 앞에서 자신을 잊어버릴 수 있어야 한다. 그 실수를 만회하는 최고의 방법은 자기 사랑의 감정에 대해 죽고, 그동안 불성실함으로써 당신이 가로막았던 은혜의 통로에 주저함 없이 자신을 온전히 맡기는 것이다.

중요한 것은 하나님이 요구하실 때마다 자신의 지혜를 단순하게 부정하고, 타인의 호의와 존경, 그리고 인정을 기꺼이 희생하는 일이다. 그렇다고 하나님이 당신에게 책임을 묻지 않으시는 다른 일까지 간섭하거나 모든 체면을 무시한 채 선의의 사람도 감당할 수 없는 진리를 함부로 말하라는 뜻은 아니다. 우리는 하나님을 따라야 하지만 그분보다 앞서가서는 안 된다. 주님이 우리에게 신호를 보내실 때만 모든 것을 버리고 위험을 무릅쓰고 그분을 따라가야 한다. 그분이 우리에게 원하시는 일을 지체시키거나 약화한다면, 또는 자신을 드러내는 것을 두려워하고 재난이나 논쟁을 피해 은신처를 찾으려고 한다면, 그리고 마음속에서 하나님의 뜻이라는 것을 알면서도 어려운 일을 회피하기 위해 그럴듯한 이유를 찾는다면 하나님께 자신을 모두 드린 후에 다시 자신을 찾는 것과 같다. 나는 하나님이 이런 불충에서 당신을 지켜주시길 기도한다. 우리 안에서 하나님께 저항하는 것보다 더 무서운 것은 없다. 이것은 성령을 거스르는 죄이다. 이 죄에 관해 예수 그리스도는 이 세상과 다음 세상에서 절대 용서받을 수 없는 죄라고 하셨다(눅 12:10 참조).

단순히 선한 의도 가운데 범하는 실수는 당신에게 수치심을 주고 당신을 겸허한 사람으로 만든다. 그 때문에 이것은 오히려 당신에게 득이 된다. 반면 단순한 용기와는 거리가 있는 세상의 지혜를 의지해서 하나님의 일을 수행하지 않고 스스로 행동하기를 원해 성령을 거스른다면 이런 실수를 통해 마음속에 있는 은혜의 영은 말살된다. 하나님으로부터 많은 축복을 받은 당신이 그분을 거부할 때 하나님은 질투하시는 분이기에 당신을 그냥 내버려 두실 것이다. 그 결과 당신은 올바른 길로 전진해 나아가기보다 원 안에서 빙빙 돌게 될 것이다. 당신의 내적인 삶은 메마르고 쇠잔하게 되어 당신은 문제의 원인이 무엇인지도 분별할 수 없게 된다.

하나님은 당신에게 그분을 기쁘시게 할 수 있도록 단순함과 정직함을 주셨다. 이런 기초 위에서 하나님은 당신을 세워나가기를 원하신다. 하나님은 당신에게서 단순함을 원하신다. 이 단순함은 당신의 지혜가 아닌 하나님의 지혜이다. 하나님은 당신이 당신 스스로 보기에도 작아지기를 원하신다. 그리고 어린아이처럼 하나님의 손에 당신 자신을 맡기기를 원하신다. 복음서는 이와 같은 어린아이의 자세를 강조하고 있다. 비록 세상은 이런 자세를 알지 못하고 경멸하지만 하나님은 그것을 당신의 마음속에 심고자 하신다. 이런 단순함과 어린아이의 심성을 통해 하나님은 당신에게서 냉소적이고 거만한 지혜를 치유하신다.

당신이 독서를 통해 마음의 양식을 충분히 공급받아 자신을 가르친다면, 그리고 매 순간 틈을 내 자신을 반성하고 특별히 규칙적으로 하나님과 함께 있고자 한다면 당신은 모든 덕목을 수행하기 위해 해야 할 일이 무엇인지 보게 될 것이다. 그 기회는 마치 혼자 오는 것처럼 자연스럽게 당신에게 찾아올 것이다. 그리고 만약 당신이 하나님의 임재 속에서 단순하다면 그분은 당신에게 그 기회에 관해 확신을 주실 것이다.

하지만 당신이 선한 일에 계속 나아가기를 두려워하고, 자신의 지혜를 희생하며, 하나님이 행동하시도록 자신을 맡기지 않는다면 당신은 혼란에 빠지게 될 것이다. 당신을 향한 하나님의 축복 통로는 막히게 될 것이다. 무엇보다 그분을 제한하게 될 것이다. 내 말의 핵심은 하나님이 상상할 수 없는 방식으로, 또는 시기적으로 맞지 않는 때에 당신이 감당할 수 없는 어떤 큰일을 요구하실 수 있다는 뜻이 아니다. 중요한 것은 당신 친구의 마음을 열기 위해 매 순간 당신에게 허락하시는 그분의 인도하심을 자기 행동이나 열정을 배제한 채 단순하게 따라야 한다는 점이다.

이것을 위해서는 인내와 믿음, 그리고 끊임없는 주의력이 필요하다. 또한 엄청난 분별력이 요구된다. 당신은 냉철한 빛보다 흥분을 조장하는 열심을 가지고 하나님의 뜻을 분별하려고 해서는 안 된다. 여기서 말하는 분별력은 당신이 생각할 수 있는 그런 것이 아니다. 이 분별력은 세상의 지혜의 경우처럼 스스로 계획을 수행하기 위해 행동하는 것이 아니라 항상 하나님의 때를 기다리는 것을 의미한다. 그분의 섭리 때문에 주어지는 인도하심과 빛을 따라 행동하기 위해 그분께 당신의 시선을 항상 고정하는 것을 의미한다. 그러므로 당신은 서둘러서는 안 된다. 반대로 머물러 있는 상태에서 하나님이 당신을 통해 역사하기를 원하실 때 어떤 것에도 지체하지 말고 순종할 수 있는 자세를 가져야 한다.

자기 추구

우리 안에 여전히 존재하는 자기애를 보라

앞에서 나는 누구든지 자신에게 집착하지 않으려고 노력할 때 진정으로 스스로에게서 떨어진 사람이라고 말했다. 그때 나는 계속해서 자아에 돌아가려는 습성에 관해 우리가 느끼는 불안을 경고하고 그 불안을 치유하기를 원했다. 실로 자신을 신실하게 헌신하는 영혼들도 자신이 말하거나 일할 때 종종 자신도 모르게 나타나는 이기적인 태도의 모습을 보고 괴로워한다. 그들은 자신의 어리석은 자기만족, 명예욕, 위안을 찾고자 하는 욕망, 멋진 행동에서 스스로 만족함을 찾으려는 행동 등을 보고 두려워한다. 온유한 영혼은 이런 자기 모습을 보고 경악하며 자신을 정죄한다. 여기서 나는 당신을 다시 한번 확신시키기 위해 모든 선과 악이 우리의 의지에 달려 있음을 상기시켜주고 싶다. 이기적인 행동으로 돌아가려는 모습이 의도적인 것이 아니라면 그런 행동은 스스로에게서 떨어져 있는 당신에게 결코 방해거리가 될 수 없다.

정말로 자아에서 자유로운 사람이라면 무심결에 자신의 이익에 눈을 돌릴 수 있겠는가? 이 물음에 나는 "자아에서 해방되어 하나님께 헌신된 영혼이 고의로 자신의 이익을 추구하는 경우는 극히 드물다"라고 대답할 것이다. 만약 본의 아니게 자기 이익을 위해 돌아가려는 모습이 있다고 해도 그런 우리를 하나님이 불쾌하게 생각하지는 않으신다. 마치 우리의 죄성 때문이 아니라 어쩔 수 없는 상황 때문에 유혹받게 될 때 하나님이 그런 우리를 나쁘게 생각하지 않으시는 것과 같다. 그러므로 계속 괴로워하지 말고 안도하라.

신실한 경건을 가진 사람일지라도 삶의 위안이나 평판, 또는 우정에 관해 전적으로 죽지 않은 자들은 모든 분야에서 어느 정도 자신을 추구하려는 습성을 지니고 있다. 물론 우리가 노골적으로 자기 추구를 하는 것은 아니다. 다만 우연한 사건을 통해 자기 추구의 태도를 보이게 되는 것이다. 우리는 여전히 모든 일에서 자아에 매달려 있다. 누군가가 우리 본성의 버팀목을 흔들어 우리가 그 일로 인해 우울해한다면 그것은 우리가 아직도 자아에 매달려 있다는 확실한 표시이다. 어떤 우연한 사건으로 우리 삶의 고요가 깨어지고, 우리의 명예가 위협을 받으며, 우리가 소중하게 여기는 사람과의 우정이 깨지게 될 때 우리는 쓰라린 고통을 느낀다. 이것은 우리 안에 자아가 여전히 예민하게 살아 있다는 방증이다.

이처럼 우리는 우리도 주목하지 못한 채 자신에게 매달려 있다. 따라서 이와 같은 우리 마음의 진정한 깊이를 깨닫기 위해서는 반드시 무엇을 상실해야 한다. 이런 점에서 하나님이 우리에게서 우리 본성에 소중한 것을 제거하시고, 또한 그렇게 하시는 것처럼 보일 때 비로소 우리는 그동안 가졌던 불공평하고 죄악된 소유의식을 버릴 수 있게 된다. 모든 것을 분별력 있게 사용한다고 해서 그것이 우리가 자아에서 떨어져 나왔음을 보장해주지는 못한다. 오직 하나님이 주시는 상실의 고통을 통해 우리는 진정으로 우리 자신에게서 떨어질 수 있다.

신실하지만 불완전한 헌신의 상태에서는 비밀리에 자아로 회귀하려는 경향이 짙어진다. 하지만 우리는 그것을 명확하게 보지 못할 수 있다. 그리고 하나님도 우리의 내적인 빛이 우리의 내부를 더 깊숙이 반성하도록 허락하시지 않는 때가 있다. 예수님은 열두 제자에게 하셨던 말씀을 우리에게도 하신다. "내가 아직도 너희에게 이를 것이 많으나 지금은 너희가 감당하지 못하리라"(요 16:12).

우리 안에는 선하고 신실한 의도가 있다. 하지만 우리가 여전히 많은 것에 집착하고 있는 것을 알게 되면 정말로 경악할 것이다. 이와 같은 집착은 우리가 거기에 동의했거나 심사숙고해서 나온 것이 아니다. 우리는 스스로 "나는 그런 집착을 가졌고, 그것을 갖기를 원한다."라고 말하지 않는다. 하지만 실제로는 그런 것을 갖고 있으며, 때때로 그것에게서 멀리 떨어지는 것을 두려워하기까지 한다. 우리는 우리의 약점을 느낀다. 하지만 그 원인을 더 깊숙이 따지려고 하지 않는다.

물론 우리가 이런 것을 발견해서 모두 희생하기를 원하는 일도 있다. 하지만 그 열정은 어리석고 성급한 태도로 "내가 기꺼이 죽겠나이다"라고 말했지만, 나중에 하인의 추궁이 무서워 거짓말을 했던 베드로의 열정과 같다고 말할 수 있다(막 14장 참조). 우리는 우리의 약점을 발견하려고 노력한다. 그리고 하나님은 그것을 발견하도록 우리를 인도하신다. 하지만 하나님은 우리가 감당하기 어려운 비전을 주지는 않으신다. 하나님은 때가 되기도 전에 우리 마음속에서 제거해야 할 대상을 미리 보여주시는 법이 결코 없으시다. 이것은 하나님 자비의 놀라운 인도하심이다. 하나님은 우리에게 지금까지 사랑하고 소유했던 어떤 것을 바치라고 요구하실 때 항상 때를 기다리시다가 때가 되면 먼저 그것에 관한 영감을 부어주신다.

또한 영감을 주실 때는 반드시 그것을 실행할 수 있는 능력을 함께 주신다. 희생의 문제에 관한 우리의 상태는 예수 그리스도께서 그분의 죽음에 관해 예언했을 때 당시 사도들이 보인 반응과 비슷하다고 할 수 있다. 사도들은 아무것도 이해하지 못했다. 그들의 눈은 빛에 닫혀 있었다. 실수할까 봐 조심하는 가장 신실한 영혼도 하나님이 더 높은 믿음과 죽음의 상태를 위해 자신에게서 무엇을 제거하기를 원하시는지 여전히 어두운 상태에 있다. 우리는 하나님이 우리에게서 무엇을 제거하실지 그때를 기대할 필요가 없다. 스스로 성실하다면 단순히 평화를 누리며 사는 것으로 충분하다.

하나님은 은혜의 차양을 사용하셔서 우리가 감당할 수 없는 것을 보지 못하도록 감추신다. 반면 우리는 참을성 없는 태도로 어느 정도 스스로 완전해지려는 열정이 있다. 모든 것을 한 번에 보고 모든 것을 즉시 희생하고 싶어 한다. 하지만 하나님의 손안에서 겸손하게 기다리며 어두워 의존할 수밖에 없는 상태에서 스스로 조용히 처신하는 것이 자신의 완전을 위해 부단히 노력하는 것보다 오히려 더 유용한 태도이다. 이때 사람은 자신에 대해 더 손쉽게 죽을 수 있다. 뒤돌아보지 말고 때를 따라 우리에게 주어지는 모든 빛을 따라가자. 이것이 바로 우리 매일의 양식이다. 이 양식은 하나님만이 주시는 것으로 오늘날의 만나이다. 내일을 대비해서 이 만나를 하루 분량보다 두 배나 더 취하려는 것은 실수이다. 손에 든 만나는 결국 상하게 되어 하루 분량만 취한 사람과 마찬가지가 된다.

하나님은 우리가 영적인 일에서 어린아이의 태도를 보이기를 원하신다. 그분이 우리에게 빛을 주시는 것은 마치 현명한 어머니가 자신의 어린 딸에게 일거리를 주는 것과 같다. 어머니는 첫 번째 일이 끝날 때까지는 딸에게 새로운 일을 맡기지 않을 것이다. 마찬가지로 당신 앞에 놓인 모든 일을 완수할 때 하나님은 비로소 당신에게 새로운 일을 주실 것이다. 계속해서 새로운 일을 주시는 이유는 하나님이 우리 영혼을 한가하게 놔두지 않으시고, 우리가 스스로에게서 떨어져서 계속 성장하기를 원하시기 때문이다. 당신이 아직 첫 번째 일을 끝내지 않았다면 하나님은 다음 일을 감추실 것이다.

광활한 평지를 지나가는 여행객은 먼 지평선 끝에 보이는 완만한 언덕에 오를 때 비로소 첫 번째와 같은 또 다른 광활한 평지를 발견하게 된다. 그런데도 우리는 처음에 자기 부정을 할 때 즉시 모든 것을 본다고 생각한다. 그리고 모든 것을 내려놓고 우리 자신이나 그 어떤 것에도 집착하지 않는다고 생각한다. 심지어 희생하기 주저하기보다는 차라리 죽겠다는 강한 의지를 보인다. 하지만 하나님은 우리에게 하루하루 새로운 경지를 보여주시고 깨닫게 하신다. 그 결과 우리가 이제는 더 이상 아무것도 없다고 맹세했던 수천 가지 것들이 우리 마음속에 여전히 존재하고 있음을 깨닫게 된다. 오직 하나님만이 우리에게 그것을 보여주실 수 있다.

그것은 마치 피부에서 터져 나오는 종기와도 같다. 그것이 터지는 순간 우리는 공포에 휩싸이게 된다. 그전에는 그것을 느끼지 못했고 우리에게 있다고 생각하지도 않았다. 하지만 분명 종기는 우리가 지니고 있었기 때문에 터져 나오는 것이다. 우리는 그것이 드러나지 않을 때 건강하다고 자부한다. 하지만 그것이 터져 나올 때 그 고름의 악취를 맡게 된다. 그러나 고통스럽고 역겹다고 할지라도 그렇게 터져 나오는 것이 유익이다.

우리 각자는 마음 깊은 곳에 거대한 오물을 지니고 있다. 만약 하나님이 그 독소와 경악스러운 모습을 우리에게 보여주신다면 우리는 창피해서 죽고 싶을 것이다. 그리고 여전히 존재하는 자기애의 요소들을 보고 견딜 수 없는 고통에 휩싸이게 될 것이다. 지금 내가 말하는 사람은 엄청난 악으로 마음이 썩은 사람들이 아니다. 지금 나는 정직하고 순결해 보이는 영혼에 대해 말하고 있다. 우리는 공개적으로 나타나기보다는 마음 깊숙한 곳에 수치스럽게 자리 잡은 어리석은 허영을 직시해야 한다. 설명할 수 없지만 우리 안에 존재하는 자기만족, 교만, 미묘한 이기심, 그리고 그 밖에 뒤틀려 있는 수천 가지의 것들을 봐야 한다. 하나님이 우리에게 그것을 보여주실 때 그것을 깨달을 수 있는 사람은 오직 자신뿐이다.

그러므로 하나님의 말씀처럼 멈추어 서서 영혼 깊은 곳에 자리 잡은 타락의 요소가 무엇인지 찾아보라. 그런 후에 자신의 영광스러운 모습을 위해 결단을 내리라. 그리고 하나님이 행동하시도록 그분께 맡기고 현재의 빛에 충실하려고 노력하라. 이 빛은 다음에 따라오는 빛을 위해 우리가 준비해야 할 것을 예비해준다. 사슬의 고리처럼 서로 연결되어 나타나는 축복의 연쇄 작용을 통해 우리는 지금까지 하지 못했던 더 큰 희생을 위해 무의식적으로 자신을 준비하게 된다. 이 과정을 통해 우리 자신과 우리가 사랑하는 모든 것을 죽이는 힘이 우리 의지의 가장 깊숙한 곳까지 침투하게 된다. 만약 의지의 표면만을 관통한다면 그것은 여전히 피상적일 수밖에 없다. 중심부까지 침투하게 될 때 비로소 우리 안의 모든 나쁜 것을 하나도 남김없이 전멸시킬 것이다.

당신의 자아와 당신이 사랑하는 모든 것으로부터 떨어질 때 좋은 우정이 사라지고 마음이 강퍅해지기는커녕, 오히려 당신은 순수하고 견고해질 뿐만 아니라 충성스럽고 사랑이 넘치는 하나님과의 우정을 즐기게 될 것이다. 이와 같은 말에 귀 기울이고, 그것을 몸소 맛보고 느낄 수 있도록 경험해보라. 실로 이 경험을 통해 우리는 인간의 본성이 위로받기 위해 추구해야 하는 가장 충만한 우정을 체험할 수 있게 된다.

포기

당신의 자유를 하나님께 내려놓으라

제아무리 금으로 만든 사슬이라도 쇠로 만든 사슬처럼 그것은 어디까지나 사슬일 뿐이다. 그러므로 타인의 사슬이 금으로 만들어졌다고 시기하는 사람은 정말 불쌍한 사람이다. 사슬에 묶인 당신의 매임은 부당하게 옥에 갇힌 사람의 속박에 견줄 수 있다. 그러나 그리스도인인 당신은 당신의 자유를 빼앗아 가신 분이 하나님이라는 사실에서 위안을 얻어야 한다. 실로 하나님에 의해 자유를 박탈당한 사람의 경우 이런 위안은 오히려 자신을 지탱해주는 힘이 된다. 하나님으로부터 매임을 당할 때 우리는 그동안 현혹과 속임수로 우리를 위험에 빠뜨렸던 영광의 환영에서 벗어나 오직 하나님만 바라볼 수 있다.

하나님의 섭리로 자신을 발견하게 되는 위안은 당신이 처한 상황에서 형용할 수 없는 위안이 아닐 수 없다. 그것을 통해 당신은 아무런 부족함도 느끼지 않게 된다. 그리고 그로 인해 당신의 쇠사슬은 변화된다. 물론 금사슬로 변한다는 말이 아니다. 앞서 말했듯이 비록 금으로 만들어진 것일지라도 그것은 어디까지나 지겨운 사슬이기 때문이다. 대신 당신의 쇠사슬은 행복과 자유로 변하게 된다. 우리가 탐하는 세상의 자유는 우리에게 아무 유익이 되지 못한다. 이런 종류의 자유는 순수한 일에도 절제하지 못하고 우리의 욕구대로 행동하게 만든다. 또한 독립심에 현혹되어 스스로 자만을 부추기고 무엇보다도 자기 뜻대로 가장 나쁜 방식으로 행동하게 만든다.

하나님의 뜻에 접붙여지기 위해 그분에게 자유를 빼앗긴 사람은 복이 있다! 하나님의 손에 의해 사슬에 묶인 사람은 오히려 자유롭고 행복하다. 반면 스스로 욕망의 사슬에 묶인 사람은 비참하다. 물론 우리가 하나님에 의해 매임을 당했다면 더는 우리의 바람대로 행동할 수 없다. 하지만 그러면 그럴수록 우리에게는 오히려 더 좋은 일이다. 아침부터 저녁까지 우리의 뜻이 아닌 하나님이 원하시는 뜻을 행할 수 있기 때문이다. 하나님은 그분의 뜻을 아름다운 사슬로 만들어 우리의 손발을 묶으신다. 하나님은 잠시라도 우리를 혼자 있게 내버려 두지 않으신다.

하나님은 우리가 스스로 하려는 독재적인 스타일의 '나'를 질투하신다. 그래서 하나님은 우리에게 혹독한 고통을 주시고 끊임없이 재촉하신다. 또한 우리의 창피스럽고 유치하고 쓸데없는 대화나 지루한 상황을 이용해서 그분의 원대한 계획을 이루어가신다. 하나님은 충성스러운 영혼을 더욱 압박해서 더는 스스로 숨 쉬지도 못하게 하신다. 고통을 주는 사람이 떠나갈 때쯤에 또다시 괴롭히는 사람을 보내 그분의 일을 이루어가신다. 우리는 자유인이 되면 하나님을 더 잘 생각할 수 있다고 여긴다.

하지만 우리가 하나님의 선하심에 관해 감미로운 생각을 하며 스스로 위안을 줄 때보다 그분의 뜻에 따라 십자가에 못 박힐 때 그분과 더 잘 연합할 수 있다. 우리는 스스로 있기를 원하지만 그렇게 되면 결코 하나님과 동행할 수 없다는 사실을 제대로 알지 못한다. 우리가 옛사람의 '나'를 버리지 못한 채 하나님과 연합하려고 하는 것은 오산이다. 이때 '나'는 이 세상 어떤 것보다 하나님에게서 멀리 떨어져 있다. '나' 안에는 어린 시절의 해맑은 웃음에서는 찾을 수 없는 미묘한 독이 숨어 있다. 실로 우리는 자유로운 시간을 통해 자신에게 얽매이지 않도록 노력해야 한다.

우리는 일과를 시작하기 전에 시간을 내서 마음의 평정 속에서 마음과 육신의 긴장을 완화해야 한다. 그리고 난 다음 온종일 우리도 모르게 격정의 물결 속으로 휩쓸릴 때도 두려움 없이 그 물결 속에 우리 몸을 맡겨야 한다. 그러면 당신은 그 휩쓸림 속에서 하나님을 발견하게 될 것이다. 그리고 가장 순수한 모습으로 그분을 발견하게 될 것이다. 당신이 그런 방식으로 주님을 찾으려고 선택했기 때문이 아니라 하나님이 그렇게 하셨기 때문이다.

이런 복종의 상태에서 우리가 어려움을 겪을 때 그것은 우리의 연약한 본성 때문이지 성령님 때문이 아니다. 연약한 우리의 본성은 위로받기를 원한다. 그래서 하나님을 원망하고 우리 자아에 대해 연민의 정을 느낀다. 그리고 짜증 나고 당황스러운 상황에서 우리 자아가 결코 자유로울 수 없음을 보고 한탄한다. '나'의 욕망은 여전히 우리 안에 남아 좀 더 평온한 상태에서 스스로 우리의 기분과 감정, 그리고 우리의 선한 기질 등을 누리기를 원한다. 또한 우리의 기를 세워주는 무리 속에 끼어 아첨받기 원한다. 하나님이 우리를 즐거워하고 우리가 그분의 의지에 순복하도록 우리를 내맡기기보다 하나님의 침묵과 달콤한 종교적인 행위를 스스로 누리려고 한다.

하나님은 어떤 사람에게는 곤궁함의 고통을 주며 인도하신다. 하지만 당신의 경우에는 헛된 부유함이라는 짐을 통해 인도하신다. 하나님은 그 짐을 통해 당신의 상태를 어렵고 고통스럽게 만드신다. 그것을 통해 당신에게 건전한 두 가지 징후가 일어나도록 역사하신다. 결국 하나님은 실물 교훈을 통해 타락하고 죄악된 삶을 지탱하게 하는 모든 것에 관해 당신이 죽도록 하실 것이다. 당신은 손만 대면 모든 것을 금으로 만들 수 있었던 미다스 왕처럼 살고 있다. 하지만 그 부유함은 당신을 불행하게 만든다. 당신의 진정한 행복은 하나님의 역사가 일어나도록 자신을 맡기는 데 있다. 하나님이 원하시는 일을 함으로써 당신이 그분을 발견할 때 당신은 비로소 행복을 찾을 수 있다.

인도함을 받으며 전진하라. 길에서 주저하지 말라. 베드로처럼 삶과 자유를 탐하는 당신의 본성과 반대되는 곳으로 가라. 당신이 가야 하는 곳은 순수한 사랑과 완벽한 일치의 장소이다. 또한 당신은 하나님이 기뻐하시는 뜻을 이루기 위해 당신의 의지를 죽이는 자리로 가야 한다.

모든 것에서 자신을 분리하고 옛사람을 물리치기 위해서는 자유나 도피처를 갈망해서는 안 된다. 속박에서 벗어나 자유로워지려는 생각은 달콤하지만 헛된 꿈이다. 당신은 결코 그런 상태에 도달할 수 없다. 우리는 속박의 상태에서 기꺼이 죽을 준비가 되어 있어야 한다. 하나님의 섭리로 인해 도피하고자 하는 우리의 꿈이 이루어지지 않는다고 할지라도 우리는 불평할 수 없다. 결국 우리는 우리 것이 아니기 때문이다.

바벨론에 포로로 잡혀갔던 이스라엘 민족은 예루살렘을 동경하며 한숨지었다. 하지만 결국 수많은 사람이 예루살렘을 보지 못하고 바벨론에서 삶을 마감했다. 조국으로 돌아갈 때만을 생각하고, 바벨론에서 하나님께 진실한 예배를 드리지 않고 자신을 온전하게 하는 일에 매진하지 않았던 것처럼 어리석은 일도 없을 것이다. 하지만 우리 역시 어리석은 이스라엘 백성이 될 수 있다.

내드림을 위한 기도

맡김으로 받는 은혜의 기적을 누리라

"나의 하나님, 저는 하나님께 제 자신을 드리기를 원합니다. 저에게 그렇게 할 수 있도록 용기를 주소서. 저의 연약한 의지를 강하게 하사 하나님을 사모하게 하소서. 제 팔을 하나님에게 펼칩니다. 저를 잡아주소서. 하나님에게 저를 드릴 힘이 없다면 하나님의 달콤한 향기로 저를 이끌어주소서. 하나님의 사랑의 끈으로 저를 하나님께로 인도해주소서. 주여, 저는 오직 주님의 소유입니다. 제 자신과 제 욕정에 사로잡혀 산다는 것은 엄청난 속박입니다. 오, 하나님 자녀의 진실한 자유여! 우리는 그것을 알지 못합니다. 그것이 어디에 있는지 알고, 그것이 없는 곳에는 가지 않는 사람은 행복합니다. 하나님 외에 다른 것을 의지하지 않는 사람은 정말로 복 있는 자입니다.

그런데도 오, 나의 신랑이신 하나님이여! 우리가 우리의 사슬을 깨뜨리기 주저하고 두려워하는 일이 어떻게 있을 수 있습니까? 덧없는 허영심이 하나님의 영원한 진리와 하나님 자신보다 더 큰 의미가 있단 말입니까? 우리가 자신을 하나님께 내드리는 걸 두려워한다는 게 가능한 일입니까? 오, 소름 끼치는 어리석음이여! 그것은 마치 자기 행복 앞에서 두려워 떠는 행위와 같습니다. 또한 그것은 애굽에서 나와 약속의 땅으로 들어가기를 두려워하는 행동입니다. 광야에서 불평하고, 만나를 잊은 채 애굽에서 먹었던 고기만을 그리워하는 것과 마찬가지입니다.

하나님께 저를 드리는 것은 제가 아닙니다. 그것은 하나님입니다. 오, 나의 사랑이시여! 하나님은 저에게 하나님 자신을 주십니다. 그래서 저도 주저 없이 하나님께 제 자신을 드릴 수 있게 됩니다. 홀로 하나님과 함께 있으면서 더는 공허하고 쓸데없는 말을 하지도 듣지도 않은 채 하나님의 말만을 듣는 것은 정말로 큰 기쁨입니다. 오, 무한한 지혜여! 하나님의 말씀은 어리석은 사람의 말과는 비교가 되지 않습니다. 오, 나의 하나님의 사랑이여! 하나님은 저에게 말씀하시고 가르치시며 허영과 거짓말에서 피할 수 있도록 저를 도와주십니다.

하나님은 자신을 직접 저에게 먹이십니다. 그리고 제 안의 무가치한 호기심을 제어해주십니다. 주여, 주님의 멍에는 저에게 정말 가벼워 보입니다. 정말 이것이 제가 이 세상에서 주님을 따라

갈 때 지고 가야 하는 십자가란 말입니까? 주님은 주님이 당한 수난과 같이 쓴잔을 저에게 주셔서 찌꺼기까지 마시게 하실 수도 있었습니다. 그런데 주님은 마땅히 죄로 말미암아 제가 받아야 할 혹독한 회개의 강도를 이처럼 홀로 평화스럽게 주님과 동행하는 일로 축소하셨습니다.

오, 나의 사랑이시여! 주님을 보면 저는 주님을 사랑하지 않을 수 없습니다. 주님은 저를 때리지도 않으시고, 오히려 제 약점을 용서하십니다. 이런 사실 앞에서 제가 주님께로 가까이 가는 걸 두려워할 수 있습니까? 고독의 십자가가 저를 놀라게 할 수 있습니까? 그럴 수 없습니다. 오히려 두려움의 대상은 우리를 압도하려는 세상입니다. 이런 세상을 두려워하지 않는다는 사실은 엄청난 무지입니다.

이 세상에 무한히 비참한 것은 없습니다. 하지만 그것을 바꾸어줄 수 있는 것은 주님의 자비뿐입니다! 저에게 빛과 용기가 없을수록 주님은 저에게 더 많은 동정을 베푸십니다. 오, 나의 하나님! 저는 하나님의 은혜를 받을 자격이 없지만 하나님 은혜의 기적은 될 수 있습니다. 저에게 부족한 것들을 채워주소서. 그러면 제 안에서 하나님의 은혜를 가로막는 방해물이 사라지게 될 것입니다. 아멘."

실수와 유혹

죄에서 벗어나 하나님의 뜻을 좇아가라

하나님의 뜻을 저버리기 위해 의도적이지 않더라도 어느 정도 인식하고 범하는 여러 가지 실수가 있다. 종종 친구가 매우 의도적이지는 않지만 그것이 우리에게 충격을 줄 수 있다는 사실을 충분히 알면서도 다분히 자의적으로 실수할 때 우리는 그 친구를 꾸짖는다. 마찬가지로 하나님도 우리가 인지하고 저지르는 실수에 책임을 물으신다. 결국 그런 실수는 자의에 의한 것이기 때문이다. 비록 우리가 그것을 오랫동안 생각하고 저지른 것은 아니지만 우리는 자유의지를 갖고 그것을 범한 것이다. 그 실수 앞에서 우리는 적어도 양심의 가책으로 주저할 수 있었고 행동을 멈출 수도 있었다. 종종 선한 영혼이 이런 실수를 범한다.

반면 보다 적극적이고 고의적인 실수도 있다. 하나님께 전적으로 헌신한 사람이 이와 같은 실수에 빠지는 것은 극히 이례적이다. 우리 안에 하나님의 순수한 빛의 강도가 커지게 되면 조그마한 실수도 우리 눈에 크게 보이기 때문이다. 태양이 떠오를 때 밤새 어렴풋이 보이던 사물의 윤곽이 분명하게 드러나는 것과 같은 이치이다. 당신 안에 있는 빛이 점점 커질 때 지금까지 대수롭지 않게 여겼던 당신의 불완전한 모습이 생각보다 더 크고 해롭다는 사실을 깨닫게 될 것이다.

더욱이 전에 결코 상상해보지 못했던 자신의 많은 비참한 모습이 당신 마음속에서 구름 떼처럼 몰려나올 것이다. 그 순간 당신은 이런 모든 약점 앞에서 자신감을 잃고 말 것이다. 하지만 이런 경험은 당신을 낙담시키기보다 오히려 당신의 자만심을 뽑아버리는 도구가 된다. 영혼의 확실한 진보를 위해서는 무엇보다 근심이나 낙담의 자세를 버리고 자신의 가련한 모습을 직시하는 경험이 가장 효과적이다.

자신을 성찰할 때 너무 지나치게 자기 모습에 몰입하는 것은 실제로 좋지 않다. 현명하고 부지런한 여행자는 자신의 발걸음을 조심하기 위해 항상 눈을 자기 앞에서 어느 정도 떨어져 있는 길에 고정한다. 그는 자신의 발걸음을 세기 위해 계속 뒤돌아보거나 모든 길을 일일이 점검하지 않는다. 그렇게 되면 앞으로 나아가는 데 많은 시간이 걸릴 것이다. 마찬가지로 하나님의 손에 이끌림을 받으며 걸어가는 영혼 역시 자신이 걷는 길을 조심해야 한다. 하지만 지나치게 조심할 필요는 없다. 단지 현재의 삶을 위한 단순한 경계심을 갖고 이기심으로 길을 망치지 않겠다는 자세만 취하면 된다. 매 순간 하나님의 뜻을 성취하는 데 필요한 것은 계속해서 하나님의 뜻에 집중하는 일이다. 자기 생각으로 뒤돌아보고 자신의 위치를 계속 확인하는 것은 잘못이다. 우리가 우리의 상태를 확인하려는 태도는 하나님의 뜻이 아니다.

시편 기자는 덫이 깔린 길에서 발을 움직여 안전하게 걸어가기 위해서는 발걸음마다 눈을 아래로 향해 점검하기보다는 주님을 바라보고 걷는 것이 좋다고 말한다(시 25:15 참조). 하나님이 아브라함에게 명령하셨던 것처럼 우리 앞에 걸어가시는 하나님을 바라보고 그분과 동행하는 것이 우리가 스스로 길을 조심하며 걷는 것보다 더 안전하다. 그러면 우리가 경계심을 가지고 해야 할 일은 무엇인가? 바로 걸음걸음마다 하나님의 뜻을 따라가는 것이다. 이와 같은 자세로 걸어가는 사람은 자신을 올바로 돌볼 뿐만 아니라 모든 일에서 자신을 성화시킬 수 있다. 우리가 이처럼 단순하고 온화하면서도 냉철한 경계심으로 하나님의 임재를 추구한다면 우리는 확실히 실족하지 않을 것이다.

반면 이와 다른 성격의 경계심을 가지고 행하는 자기 확신을 위한 모든 시도는 불안하기 짝이 없다. 그것은 이기주의의 발로이다. 우리는 자신의 빛이 아니라 하나님의 빛 안에서 걸어가야 한다. 진정으로 하나님의 거룩함을 보는 자는 조그만 거짓도 두려워한다. 우리는 하나님의 임재와 묵상에 덧붙여 우리의 필요에 따라 양심을 점검해야 한다. 그 목적은 죄의 고백을 쉽게 하기 위함이다.

그런데 이러한 양심의 점검은 자신에 대한 지나친 관심에서 벗어나 단순하고 평안한 자세로 할 때 더욱 쉽게 이루어진다. 하나님의 조언을 따르고 그분의 뜻을 행하기 위해 우리의 이익이 아닌 우리 자신을 점검해야 한다. 그분의 손에 우리를 맡겨야 한다. 자기 손으로 행하는 것을 유감스럽게 여기고 자신이 하나님의 손에 있는 것을 기뻐해야 한다.

하나님이 숨기기를 원하시는 일을 우리가 일부러 보려고 해서는 안 된다. 우리 자신보다 하나님을 더욱더 무한히 사랑할 때 우리는 그분의 선하신 뜻을 위해 자신을 조건 없이 희생할 수 있다. 우리는 자신을 잊어버리고 하나님을 사랑하는 일만 생각해야 한다. 자신의 영혼을 기꺼이 잃고자 하는 사람은 영원한 세상에서 그 영혼을 도로 얻게 될 것이다.

그렇기에 우리가 유혹에 맞서 해야 할 일은 다음 두 가지이다.

첫째, 자신 안에 있는 빛에 충실해서 조금도 지체하지 않고 할 수 있는 범위 내에서 모든 유혹을 끊어버려야 한다. 여기서 '할 수 있는 범위 내에서 모든 것'이라는 말은 하나님의 섭리 때문에 우리의 처한 상태에 주어지는 유혹이 언제나 우리의 능력 범위 안에 있는 것은 아니기 때문이다.

둘째, 유혹당할 때 하나님의 편에 서야 한다. 놀라거나 자신이 그 유혹에 어느 정도 넘어가지 않을까 걱정할 필요는 없다. 또한 유혹으로 인해 하나님을 향한 직접적인 마음이 방해받지 않도록 해야한다. 오히려 우리에게 죄악이 있는지 자세히 점검하겠다는 자세로위험을 감수하고 유혹에 맞설 필요가 있다. 가장 손쉽고 확실한 방법은 어머니의 품에 있는 어린아이처럼 행동하는 것이다. 만약 우리가 그 어린아이에게 무서운 짐승을 보여주면 아이는 몸을 움츠리고어머니의 품으로 숨을 것이다.

가장 최선의 해결책은 하나님의 임재를 연습하는 일이다. 확실히 그 일은 당신을 지탱해주고 위안을 주며, 또한 마음의 평정을 가져다준다. 그러므로 우리는 가장 창피스러운 유혹 앞에서도 놀랄 이유가 없다. 어차피 우리는 이 세상에서 유혹을 통해 시험을 받아야한다. 실로 이 세상의 모든 것은 유혹이다. 십자가는 우리의 자만심을 초조하게 만들기 위해 유혹한다. 그리고 세상의 부는 그 자만심을 부추기기 위해 유혹한다. 우리 삶은 끊임없는 전투이다. 하지만예수 그리스도께서 우리와 함께 이 싸움을 싸우신다. 유혹이 우리의주위에 범람할지라도 우리는 계속 전진해야 한다. 평지에서 큰 폭풍을 만난 여행자는 놀라면서도 자기 외투를 움켜쥐고 궂은 날씨에도계속 앞으로 나아가는 법이다.

과거의 죄에 관해서는 그 죄를 고백하고 모든 것을 잊어버리는현명한 고백자처럼 행동할 필요가 있다. 모든 죄를 동정의 심연 속으로 내던져버리고 잊어야 한다. 우리는 영원한 고통을 받아 마땅하지만 하나님의 사랑과 자비를 입었음을 깨달을 때 오히려 기쁨을 경험하게 된다. 우리의 구원은 우리에게 달린 것이 아니다. 전적으로 하나님께 달려 있다. 과거의 비참한 기억이 부지불식간에 떠오를 때 그런 기억을 계속 생각하거나 거기에 머물러서는 안 된다. 하나님의 경이로운 얼굴 앞으로 나아가 그분 앞에 완전히 엎드려 우리의 모든 더러운 죄의 수치를 내려놓아야 한다. 그리고 한순간이라도 질투하시는 하나님을 저버려서는 안 된다. 그분은 끊임없이 우리 영혼의 깊은 곳에서 우리의 생각과 아무리 작은 것일지라도 우리가 집착하는 것을 살피신다.

하지만 우리의 신앙에 진정한 성장을 가져다주는 요소는 수많은 깨달음이나 어려운 수행이 아니다. 또한 논쟁하는 것도 아니다. 결국 해답은 특정한 일이 아니라 모든 일에 주저함이나 거리낌 없이 매일 하나님 섭리의 인도하심을 따라 즐겁게 순례의 길을 가느냐에 달려 있다. 다시 말해 매 순간 하나님이 인도하시도록 모든 일을 맡기고, 그분의 뜻이 우리 안에서 조용히 역사하도록 허락하는 일이다. 이런 상태에 있는 영혼은 얼마나 은혜로운가! 이런 사람은 모든 것이 공허할 때도 그의 마음은 항상 풍성함으로 벅차오를 것이다.

나는 하나님이 당신에게 그분의 무한히 넓은 아버지의 마음을 깨닫도록 하심으로써 당신이 그 속에 들어갈 수 있기를 기도한다. 그래서 당신이 그 속에 깊이 빠져 하나님의 마음과 당신의 마음이 하나가 되기를 간구한다. 이것은 사도 바울이 모든 그리스도인에게 바랐던 기도이기도 하다.

메마름과 산만함

순수한 사랑과 의지로 하나님 안에 거하라

우리는 기도 중에 기쁨이 없을 때 그것은 진정한 기도가 아니라고 잘못 생각하기 쉽다. 이런 생각에 속지 않기 위해 우리는 온전한 기도와 하나님을 사랑하는 일이 같은 것임을 인식해야 한다. 기도는 달콤한 감각이나 매혹적이고 흥분된 상상력이 아니다. 또한 하나님 안에 있는 숭고한 진리를 쉽게 발견하게 해주는 마음의 빛도 아니다. 하나님을 보여주어 어떤 위안을 주는 것도 아니다. 지금까지 열거한 것은 외형적인 은혜일 뿐이다.

이런 은혜가 없어도 사랑은 더욱 순수해질 수 있다. 하나님의 은혜가 없어질지라도 우리는 사랑으로 한마음이 되어 하나님께 헌신할 수 있다. 이것이야말로 순수한 믿음의 사랑이다. 이 사랑은 인간의 본성을 괴롭힌다. 인간 본성의 버팀목을 뒤흔들기 때문이다. 이 사랑은 모든 것을 잃을 때 비로소 모든 것을 얻는다고 생각한다.

순수한 사랑은 오직 일편단심의 의지를 통해 나올 수 있다. 그러므로 그것은 감상주의적인 사랑이 아니다. 또한 상상력과 아무 관련도 없다. 순수한 믿음은 보지 않고도 믿는 것처럼 순수한 사랑 역시 느낌이 없을지라도 사랑한다. 혹시 이런 사랑이 상상의 세계에서나 가능하리라고 생각한다면 오산이다. 이 사랑은 상상과는 거리가 먼 의지와 관련된 사랑이다. 우리 사랑의 행동이 순전히 지적이고 영적일수록 더욱 실제로 나타나며 하나님이 원하시는 완벽한 모습에 가깝게 된다. 그래서 이 사랑의 행동은 더욱 완벽해진다. 동시에 그 속에는 믿음이 함께 공존한다. 그리고 겸손함이 그것을 보호해준다. 이 사랑은 순결하다. 그것은 결국 하나님 자신이기 때문이다.

우리는 하나님이 주시는 빵을 좇는 자들이 아니라 그분 자체를 따르는 사람이다. 경건은 우리 자아를 하나님과 일치시키고자 하는 의지의 문제이다. 중요한 일을 맞이할 때 이 의지가 신실함으로 지탱되지 않는다면 그것은 진실한 의지가 아니다. 좋은 나무가 좋은 열매를 맺는 것처럼 의지는 우리가 하나님의 뜻을 주의 깊게 수행할 수 있게 해준다. 이 의지는 이 땅에서 하나님이 우리 영혼을 겸손하게 하려고 우리 안에 심어놓으신 연약함을 위해 존재하는 것이다. 그래서 우리는 매일 자신의 연약함을 느낄 때마다 이 의지를 사용해서 겸손의 열매를 거두고 용기를 잃지 말아야 한다.

진정한 미덕과 순수한 사랑은 오직 의지 안에서만 존재한다. 항상 최고의 선을 볼 때마다 그것을 갈망해야 하고, 우리의 시선이 거기서 벗어날 때마다 다시 최고의 선에 집중시켜야 한다면 너무하다는 생각이 들지 않는가? 그 최고의 선의 질서에서 벗어난 일을 절대로 고의로 하지 않으며, 아무 기한이나 한도도 없을 때 그것에 전적으로 복종하며 살아가야 한다면 너무하다고 생각하지 않는가? 당신은 모든 부자연스러운 자기애의 요소를 무용지물처럼 여기고 있는가? 당신은 어디에 있는지 알지 못하지만 멈추지 않고 계속 전진하고 있는가? 현재 앞이 보이지 않을지라도 하나님의 섭리를 수행하기 위해 자신을 의도적으로 생각하지 않으려 하고, 적어도 자신의 자아를 다른 사람처럼 여기며 걸어가고 있는가? 자기애 속에서 고상한 생각에 빠지기보다 그와 같이할 때 우리의 옛 자아를 죽일 수 있다. 우리의 성장을 위해서는 자신을 위한 외적인 행동보다 이와 같은 내적인 자세를 갖추는 것이 더 필요하다.

항상 자신이 지금 잘하고 있는지 확인하고자 하는 태도는 순수한 믿음으로 가는 길에서 불충한 모습이다. 이것은 우리 자신이 하는 일이 무엇인지 알고자 하는 자세이다. 하지만 우리는 결코 그것을 알 수 없다. 하나님은 우리가 이런 문제에 집착하기를 원하지 않으신다. 이것은 목적지보다 길 자체를 생각하며 그 길을 음미하겠다는 발상이다. 가장 확실하고 간단한 방법은 자아를 부정하고 자신을 포기하는 것이다. 그리고 하나님을 향한 신실함 외에는 더는 자아에 대해 생각하지 않는 것이다. 신앙심은 자아에 대한 집착에서 벗어나 하나님을 향하는 데 있다.

본의 아니게 산만한 생각이나 일이 일어나더라도 이 사랑은 전혀 방해받지 않는다. 이 사랑은 의지 안에서 존재하며, 이 의지는 주의가 산만해도 굳은 결심을 통해 아랑곳하지 않기 때문이다. 산만한 일이 일어날 때 우리는 그것이 제풀에 꺾이도록 내버려 두면 된다. 그리고 다시 하나님께로 향하면 된다. 신부는 졸음으로 육신이 무뎌질지라도 마음만은 항상 깨어 있어야 한다. 신부의 사랑은 결코 느슨해지는 법이 없다. 자애로우신 아버지라고 항상 아들을 생각하는 것은 아니다. 수만 가지 일로 인해 아버지의 마음과 생각이 복잡해질 수 있다. 하지만 이런 이탈이 아들을 향한 부모로서의 사랑을 방해하지는 못한다. 아들이 마음속에 떠오를 때 아버지는 다시 아들을 사랑하게 된다. 실로 마음 깊숙한 곳에서 한순간도 아들을 사랑하지 않은 적이 없다. 하늘에 계신 아버지의 사랑도 마찬가지다. 그것은 의심이나 동요 없는 단순한 사랑이다.

공상에 잠기고 여러 가지 상념으로 머리가 복잡할 때 우리는 조금도 걱정할 필요가 없다. 결국 이런 산만한 생각은 우리 마음속에 있는 진실한 새사람의 특징이 아니다. 우리는 오직 자유롭게 나타나는 생각을 올바로 사용해서 염려를 떨쳐버리고 항상 우리 자신을 사랑의 하나님께 맡기기만 하면 된다. 하나님은 그분의 기쁘신 뜻 안에서 우리에게 하나님의 임재를 계속해서 느낄 수 있도록 능력을 주신다. 종종 하나님은 우리의 진보를 위해 그 능력을 도로 취해 가기도 하신다. 그런 능력으로 인해 우리가 자신에 관한 생각에 너무 많이 빠져들 수 있기 때문이다. 스스로에 집착하는 것이야말로 진정한 이탈이다. 이 이탈은 하나님을 단순하게, 그리고 직접적으로 묵상하지 못하게 방해한다. 그리고 순수한 믿음의 빛을 따라가지 못하도록 우리를 잡아당긴다.

종종 우리는 자신에게 집착하여 스스로에 대한 자기애를 키운다. 그리고 스스로 얻을 수 있는 증거를 통해 위안을 얻고자 한다. 이런 열렬한 감정을 통해 우리 주의는 자연히 산만해져서 결국 더 이상 제대로 기도할 수 없는 사람처럼 순수하게 기도드리지 못하게 된다. 이때 우리는 자신의 형편없는 기도생활을 보고 두려워한다. 하지만 우리가 진정으로 두려워해야 할 일은 연약한 본성의 치근거림과 이성적으로 신실하지 못한 행동을 통해 믿음 안에서 스스로 업적을 쌓고, 자기를 항상 돌보며 자신을 확신시키고자 하는 참을성 없는 욕망 앞에 우리 자신을 굴복시키는 것이다.

사실 아무런 지원도 받지 않으면서 순수한 신앙을 지키는 것이 진정한 회개이다. 나는 이것이야말로 가장 효과적이고 확실하게 우리를 십자가에 못 박는 회개라고 생각한다. 여기에는 어떤 속임수도 있을 수 없다. 하지만 우리는 자신이 충분히 회개하지 않을까 봐 두려워하면서도 참을성 없게 위안거리를 찾는다. 정말로 이상한 유혹이다! 왜 우리는 진정한 회개를 위해서는 그런 위안까지도 포기해야 한다는 사실을 알지 못하는가?

우리는 성부 하나님이 십자가상에서 아들인 예수 그리스도를 버리신 사실을 항상 상기할 필요가 있다. 하나님은 자신을 예수 그리스도로부터 숨기기 위해 모든 감정과 생각을 물리치셨다. 이런 하나님의 비정한 행동은 슬픔에 싸인 예수님에게는 최후의 일격이었다. 하지만 이것으로 예수님은 자신의 희생을 완성하셨다.

그렇기에 우리는 하나님이 우리를 버리셨다는 생각이 들더라도 자신을 하나님께 모두 맡겨야 한다. 그래서 하나님에게서 오는 빛과 위안을 받아야 한다. 이때 그런 위안에 집착해서는 안 된다. 하나님이 우리를 순전한 믿음의 밤으로 들어가게 하실 때 우리는 담대히 어둠으로 들어가야 한다. 그 고통을 사랑의 자세로 견뎌내야 한다. 그 고통 속에서 1분의 시간은 1천 분과 맞먹는 시간이 될 수도 있다.

우리는 고통을 당하지만 평화를 누릴 수 있다. 하나님은 자신을 우리에게서 숨기실 뿐만 아니라 우리를 우리 자신으로부터 숨길 수 있도록 역사하신다. 그래서 모든 것이 믿음 위에 서기를 원하신다. 우리는 낙담할 수도 있다. 하지만 그사이에 고난을 통해 하나님의 뜻을 성취하기를 바라는 강한 의지가 잉태된다. 그래서 모든 것을 바라고 모든 것을 받아들인다. 심지어 우리가 당하는 시험까지도 우리는 기꺼이 수용한다. 이런 강한 의지로 인해 우리 내면은 다른 사람이 모르는 평화를 체험하게 된다. 그 결과 영혼의 깊은 곳에서 이 싸움을 인내할 힘이 솟아난다. 자격 없는 우리에게 그와 같은 위대한 일을 행하신 하나님을 찬양하자.

금욕과 묵상

세상에서 피하지도 세상으로 다가가지도 말라

습관적으로, 또는 항상 세상의 생활에서 물러나 금욕과 묵상의 삶을 살 필요는 없다. 그리고 한순간도 놓치지 않고 타인을 하나님께로 인도하려는 열심을 가지고 살 필요도 없다. 그러면 어떤 자세로 금욕과 묵상을 해야 하는가? 바로 타인의 필요에 신경 쓰면서도 자신의 필요에 태만하지 않고, 자신의 필요에 몰입하면서도 타인의 필요를 무시하지 않는 중용의 태도이다.

이처럼 올바른 균형을 유지하기 위한 잣대는 각 사람의 내적, 외적 상태에 따라 달라진다. 각 사람의 독특한 상태에 맞는 일반적인 규칙을 만드는 것은 불가능하다. 우리는 자신을 평가할 때 우리의 약점, 자신을 보호하려는 욕구, 양심의 가책, 외형적인 섭리의 표식, 우리에게 주어진 시간, 건강 상태 등을 고려해야 한다. 그다음 해야 할 일은 경건하고 경험 많은 사람들의 조언을 받아 마음과 육체의 필요를 따지고 그 두 가지를 위해 필요한 시간을 확보하는 것이다. 그리고 나머지 시간에는 여전히 우리가 살고 있는 지역에서 필요한 의무와 거기서 행할 수 있는 선한 일을 생각해야 한다. 또한 맹목적인 열정의 자세를 버리고 하나님이 그곳에서 우리의 성공을 위해 허락하신 일이 무엇인지 숙고해야 한다.

몇 가지 예를 들어보자. 다른 사람을 효과적으로 도와줄 수 있을 때 그것을 제쳐 두고 자신이 별로 도움을 줄 수 없는 사람과 시간을 보내는 것은 옳지 못하다. 적어도 후자의 사람과 옛 우정이나 예의상 함께 있어야 할 경우가 아니라면 그것은 올바른 일이 아니다. 그런 때는 상대방의 명예를 존중하는 선에서 적당히 대한 후에 그에게서 떠나야 한다. 자신을 죽이기 위한 구실을 이런 경우에 적용해서는 안 된다. 우리를 떠나려고 하지 않는 사람을 우리의 취향에 맞지 않지만 예의상 응대해준 후 우리에게 주어진 의무에 충실한 것만으로도 충분히 우리 자신을 죽일 수 있다.

한적한 곳에 있을 때 사람들에게서 물러설 필요도 없고, 그렇다고 그들과 적극적으로 사귈 필요도 없다. 단순히 당신이 최선이라고 생각하는 일을 하는 것으로 충분하다. 그리고 약간 이기적인 요소가 가미되어 있을지라도 가능한 한 하나님의 계획에 부합되게 행동하면 된다. 우리는 그 밖에 다른 것을 생각해서는 안 된다. 항상 멈추지 말고 전진해야 한다. 외딴곳에 있을 때는 몸을 쉬고 마음을 충전시키면서 하나님 앞에서 할 수 있는 최대한의 범위에서 묵상해야 한다. 베르사유 궁에 있으면 고통과 근심에 싸이기 때문에 당신은 한적한 곳에서 자유롭게 고독의 시간을 즐기고 싶은 욕구를 갖게 된다. 그런 시간은 분명 당신의 내적인 삶을 윤택하게 할 것이다. 하지만 그렇게 하면서도 당신이 절박한 가사를 돌보는 것을 게을리하지 않기를 바란다. 다른 사람에게 불가능했던 것을 스스로 하려고 노력하기를 바란다.

나는 당신이 고통을 덜 당하고 더 많이 사랑하기를 진실로 원한다. 교회에서 예배드릴 때 건강을 해치지 않는 범위 내에서 당신의 묵상을 극대화할 수 있는 자세를 취하라. 다만 그런 자세가 다른 사람의 눈에 띄어서는 안 된다. 당신은 당신의 처지에서 자신을 죽일 여러 기회를 충분히 경험하게 될 것이다. 하나님이나 사람들은 당신이 그 기회를 회피하도록 허락하지 않을 것이다. 그러므로 자신을 새롭게 하고 자유 속에서 당신 마음에 자양분을 주는 일만 생각하라. 그리고 다가오는 고통을 더 잘 준비할 수 있는 상태가 되도록 힘쓰라.

태양, 바람, 나쁜 음식과 같이 당신의 건강에 악영향을 주는 모든 것을 피해야 한다는 사실은 이론의 여지가 없다. 확실히 건강을 돌보는 일은 어느 정도 고통을 경감시켜준다. 하지만 건강에 관한 관심은 어디까지나 당신의 몸을 지탱하기 위함이지 그 생각이 당신을 망치게 해서는 안 된다. 아울러 건강을 위해서는 지나친 사치를 삼가야 한다. 오히려 검소하고 소박한 행동과 모든 면에서 절제하는 모습이 필요하다. 그렇다고 모든 것에서 자신을 죽이고자 일부러 자원하는 것은 잘못이다. 사실 그것처럼 신중하지 못하고 거짓된 행동도 없다. 만약 그런 행동을 한다면 그 사람은 곧 자신의 건강, 명성, 그리고 친척과 친구들과의 관계를 망치고 말 것이다. 이 경우 그는 하나님의 섭리 때문에 자신에게 베풀어진 모든 선을 팽개치는 셈이다.

자신을 죽이고자 하는 열정으로 인해 당신이 고독해지는 것은 잘못이다. 그 열정으로 외부의 일과 단절되는 것은 어리석은 짓이다. 당신은 사람들에게 자신을 드러내야 할 때가 있고 숨겨야 할 때가 있다. 또한 말할 때와 침묵할 때가 교대로 이루어져야 한다. 하나님은 당신을 등불처럼 촛대 위에 높이 올려놓아 집에 있는 모든 사람을 비추게 하셨다. 그러므로 당신은 세상이 보는 앞에서 빛을 발해야 한다. 그러면서 동시에 말씀 읽을 시간을 내어 하나님의 임재 앞에서 마음과 몸을 쉬게 해야 한다.

미리 십자가를 예상해서는 안 된다. 아마도 당신은 하나님이 당신에게 허락하지 않으신, 그래서 당신을 위한 그분의 계획과 상반되는 십자가를 일부러 추구할 수도 있다. 하지만 그것은 잘못이다. 대신 하나님의 손이 순간순간 당신에게 베푸시는 모든 선한 것을 주저없이 받아들이라. 일상의 삶처럼 십자가도 하나님의 섭리가 작용한다. 한마디로 십자가는 영혼에 자양분을 주는 매일의 양식이다. 하나님은 우리에게 항상 이 양식을 베푸신다. 만약 당신이 더 많은 자유로운 상태에서 아무런 방해도 받지 않고 산다면 당신은 매우 간단한 일 앞에서도 크게 두려움을 느끼게 될 것이다. 그러므로 당신이 신실한 사람이라면 하나님은 당신에게 십자가의 고통을 계속 허락하실 것이다.

나는 당신이 이와 같은 올바르고 단순한 행동 방식에서 떠나지 않기를 간곡히 부탁한다. 일부러 자신을 죽이기 위해 스스로 자유를 박탈하는 행동은 결국 하나님이 당신에게 준비해주신 것을 잃는 잘못을 범하게 한다. 당신은 믿음의 성장이라는 구실로 오히려 스스로 해를 입힐 수도 있다. 자유롭고 즐겁고 소박한 어린아이가 되라. 그러면서 모든 것을 두려워하지 않고 솔직하게 말하며 하나님의 팔 안에서 인도함을 받는 굳센 아이가 되라. 아무것도 모르고 아무것도 할 수 없으며, 아무것도 기대하거나 바꿀 수 없지만 어른들에게 없는 자유와 능력을 소유한 아이가 되라. 이런 아이의 지혜는 지혜로운 선인들조차 감당하지 못한다. 그리고 하나님은 바로 이런 어린아이와 같은 입을 통해 그분의 뜻을 말씀하신다.

자신을 향한 맹렬함

맹렬함으로 연약한 육신과 영혼을 강하게 만들라

"우리는 예수 그리스도를 위해 미련한 반면 너희들은 예수 그리스도 안에서 지혜 있는 자들이다"(고전 4:10 참조)라고 말한 사도 바울의 말은 누구를 향한 것이었는가? 이 말은 하나님을 모르는, 수치심 없는 불신자들이 아니라 바로 당신과 나를 향한 말이었다. 확실히 이 말은 구원을 위해 애쓰고, 십자가의 어리석음에서 도망치지 않으며, 세상의 눈에 현명하게 보이는 길을 구할 가능성이 별로 없는 우리를 향해 한 말이다. 실로 우리는 자신의 연약함을 보고 두려워하지 않는다. 사도 바울이 자신이 연약하다고 한 부분에서 우리는 오히려 강하다. 그래서 좋은 의도에서 우리가 바울과 정반대의 모습을 하고 있다는 사실을 부인할 수 있다. 하지만 이것은 우리에게 좋은 징조가 아니다. 그러므로 우리는 문제를 심각하게 받아들일 필요가 있다. 문제를 철저히 파악한 후 하나님의 종들과 우리가 어떤 점에서 다른지를 직시해야 한다.

우리는 예수 그리스도를 닮기 위해 오히려 바울을 본받아야 한다. 사도 바울은 예수님을 따르는 자의 모범으로 자신을 제시했다. 그러므로 우리는 더 이상 세상에 만족하지 말아야 하며, 더 이상 우리 자신과 우리의 욕망으로 방종하지 말아야 한다. 또한 우리의 감각과 우리의 영적 나태에 따라 행동해서도 안 된다. "내가 그리스도를 본받는 자가 된 것같이 너희는 나를 본받는 자가 되라"(고전 11:1).

올바른 덕목의 실천은 말에 있는 것이 아니다. 말을 가지고 하나님 나라에 도달하는 것은 불가능하다. 성도의 미덕은 자신과 대항해서 싸우는 힘과 용기, 그리고 스스로 가하는 폭력을 통해 나오는 것이다. 이 폭력은 우리가 많은 죄를 짓게 하고, 선을 행하지 못하도록 방해한 세상의 물결에 저항할 때 필요한 맹렬함을 의미한다. 또한 이 맹렬함은 우리에게 어느 정도 필요한 것을 과감하게 청산할 때 요구된다. 이런 맹렬함을 가질 때 우리는 자신을 속여 불필요한 것만을 포기하도록 이끄는 위선을 떨쳐버릴 수 있다.

이 맹렬함은 육신뿐만 아니라 우리 영혼을 죽이는 데도 필요하다. 우리는 기도와 성경 읽기, 그리고 묵상을 위해 맹렬함을 가져야 한다. 이 맹렬함은 어떤 위로나 존경도 받을 수 없고 건강이나 선한 사람들과의 교제 등을 기대할 수 없는 절박한 상황 속에서도 우리가 전적으로 자족하도록 도와준다. 특히 창조주의 뜻을 따르려는 성도가 그에게 더없이 필요한 절대적인 무관심의 경지에 도달하려 할 때 이 맹렬함이 요구된다. 성도가 하나님께 자신의 모든 성공을 돌리고, 그분의 조건에 따라 평안하게 행동하며, 그분을 생각함으로써 기쁨을 삼으려 할 때도 요구된다. 또한 하나님이 자기 행동을 주시하시는 것을 전혀 두려워하지 않고, 오히려 그분의 관찰을 자신의 실수를 교정하는 기회로 삼으며, 자신의 죄를 벌하시려는 하나님의 손길을 잠잠히 받아들이려 할 때 무엇보다 필요한 것이 바로 이 맹렬함이다.

나는 당신이 이와 같은 맹렬함을 소유하길 기도한다. 이 세상의 혼돈과 고통 가운데 우리가 올바로 처신해서 평화를 계속 누리기 위해서는 이 맹렬함이 필요하다. "위대하신 하나님이여! 우리 안에도 예수 그리스도의 삶이 구현되는 게 가능합니까? 우리가 고난을 두려워할수록 그것은 우리에게 고난이 더욱 필요하다는 증거입니다."

시간 활용

하나님의 뜻에 따라 시간을 활용하라

나는 당신이 시간 활용의 원리뿐만 아니라 그 구체적인 예까지 말해주기를 바란다는 사실을 잘 알고 있다. 실제로 당신은 이미 오래전부터 그 원리에 관해 귀가 따갑도록 들었을 것이다. 그러므로 당신이 지루하게 여기는 원리 대신 중년을 넘긴 사람들의 예를 들어가며 시간 활용에 관해 구체적으로 설명하는 것이 좋을 듯하다. 하지만 원리적인 문제와 관련해서 논의할 부분이 여전히 많이 남아 있다. 또한 아무리 원리를 안다고 할지라도 그것이 시간에 있어 신실한 삶을 산다는 증거는 아니다.

우리는 모든 세대에서 완벽하고 성실한 삶을 살았던 영혼을 발견할 수 있다. 이 세상의 구세주는 "이와 같이 좋은 나무마다 아름다운 열매를 맺고 못된 나무가 나쁜 열매를 맺나니 좋은 나무가 나쁜 열매를 맺을 수 없고 못된 나무가 아름다운 열매를 맺을 수 없느니라. 아름다운 열매를 맺지 아니하는 나무마다 찍혀 불에 던져지느니라. 이러므로 그들의 열매로 그들을 알리라"(마 7:17-20)고 말씀하셨다. 실로 이 말씀만이 결코 우리를 속이지 않는 유일한 잣대이다. 우리는 이 잣대를 통해 우리 자신을 판단해야 한다.

우리 삶에는 여러 종류의 시간이 있다. 그 모든 시간에 공통으로 적용되는 원리는 그 어떤 시간도 쓸모없는 시간은 없다는 사실이다. 우리의 구원 여정에서 그 모든 시간은 다 중요하다. 모든 시간에는 하나님이 그분의 손길로 허락하신 나름의 의무들이 있다. 그리고 하나님은 우리에게 그 의무 수행의 책임을 물으신다. 우리가 태어난 순간부터 마지막 임종까지 하나님은 우리에게 빈 시간을 허락하지 않으셨다. 또한 우리의 판단대로 마음대로 쓸 수 있거나 낭비할 수 있는 시간도 주지 않으셨다. 그러므로 우리에게 중요한 것은 하나님의 뜻에 따라 시간을 어떻게 활용할지 아는 것이다.

하지만 우리가 끊임없이 열심을 낸다고 해서 하나님의 뜻을 알 수 있는 것은 아니다. 그런 인간적인 열심은 우리가 시간을 어떻게 활용해야 할지를 밝혀주기보다 오히려 더 모호한 길로 빠지게 한다. 시간 활용에 관한 하나님의 뜻을 알기 위해서는 먼저 그분을 대변하는 사람들에게 성실하게 복종해야 한다. 그리고 하나님을 성실하고 단순하게 좇으면서 모든 거짓과 위선적인 자기 합리화를 즉시 물리치는 순수하고 정직한 마음을 가져야 한다.

우리가 잘 알다시피 아무것도 하지 않거나 잘못된 일을 하는 것은 분명 시간 낭비이다. 비록 좋은 일이라도 마땅히 택해야 할 최선이 아닌 차선책을 택하는 것 역시 시간 낭비이다. 자신의 이익을 추구하는 일에는 이상할 정도로 영특한 우리는 하나님을 위해 산다고 하면서도 세상 사람들이 공개적으로 자행하는 잔인한 일을 그들보다 더 교묘하게 하는 경우가 종종 있다. 또한 약간의 구실을 방패막이로 삼아 자신의 추악한 행위를 은폐하기까지 한다.

시간 선용을 위한 보편적인 법칙은 성령을 계속 의지하면서 매 순간 하나님의 기쁘신 뜻 안에서 우리에게 주시는 일을 받아들이는 것이다. 또한 의심이 들 때마다 하나님을 부르고, 탈진으로 우리의 강점이 약화할 때 하나님을 의지하며, 우리 마음이 물질적인 유혹에 휩쓸려 자신도 모르게 길을 잃고 하나님에게서 멀어질 때 우리 자신을 하나님께 향하도록 하는 것이다. 신실한 자기 부인을 통해 창조주의 손에 끊임없이 자신을 맡기며 하나님의 뜻을 모두 실행하려는 영혼은 복이 있다. 이런 영혼은 스스로 항상 다음과 같이 말한다.

"주님, 주님이 저에게 바라시는 일이 무엇입니까? 그 거룩한 뜻을 행할 수 있도록 가르쳐주소서. 주님만이 저의 하나님이시기 때문입니다. 하나님! 주님은 저를 가르치셔서 저의 하나님이 되심을 증거하십니다. 그리고 저는 주님께 복종함으로써 제가 주님의 피조물임을 보여드릴 수 있습니다. 오, 위대하신 하나님! 저는 오직 주님의 장중에 있을 때만 행복합니다. 거기서 떠난다면 저는 대적의 공격에 항상 노출되고 말 것입니다. 그리고 저의 구원은 항상 위기에 처하게 될 것입니다. 저는 단지 무지하며 연약합니다. 주님이 저를 마음대로 행하도록 내버려 두시거나 저의 성화를 위해 허락하신 귀중한 시간을 마음대로 사용하도록 하시거나 눈먼 사람처럼 제 마음의 길을 따라가도록 허락하신다면 저의 멸망은 불 보듯 뻔합니다.

이런 상태에서 과연 제가 어떻게 시간을 올바로 선용할 수 있겠습니까? 저의 선택은 결국 자기 유익, 죄, 그리고 저주로 끝나고 말 것입니다. 그러므로 주여! 주님의 빛을 보내셔서 저의 발걸음을 인도하소서. 부모가 자녀의 나이와 연약함을 고려해 그에 맞는 자양분을 공급하듯 저의 필요에 따라 주님의 은혜를 베풀어주소서. 주님이 저에게 허락하신 현재의 시간을 거룩하게 사용해서 과거를 회복하도록 가르쳐주시고, 결코 어리석게 미래를 의지하지 않도록 하소서!"

업무나 그 밖의 일에서 시간을 잘 활용하기 위해서는 하나님 섭리의 법칙에 주목할 필요가 있다. 하나님은 우리를 위해 그분의 섭리를 베푸시기 때문에 우리는 순종의 자세로 따르기만 하면 된다. 또한 우리의 감정, 의지, 예민함, 근심, 자기중심적인 생각, 지나친 열정, 성급함, 어리석은 쾌락, 그 밖에 당장 좋든 싫든 어떤 일을 해야 할 때 오는 갈등 등을 하나님께 모두 맡겨야 한다. 우리는 잡다한 외부의 일에 파묻혀 살지 않도록 조심해야 한다. 우리는 모든 일을 하나님 영광의 비전 가운데 시작해야 한다. 일단 시작한 다음에는 게으름을 부리지 말고 지속해서 수행해야 한다. 또한 일을 마칠 때는 성급함이나 스트레스가 없어야 한다.

세상의 교제와 오락을 위한 시간은 우리에게는 매우 위험할 수 있지만 타인을 위해서는 매우 유용할 수도 있다. 우리는 이런 일로 시간을 보낼 때 항상 경계의 자세를 잃지 말아야 한다. 즉 하나님의 존전 앞에서 신실해야 한다. 타인과 대화하거나 오락을 즐길 때 종종 내적으로 숨어 있는 미묘한 독소로부터 우리 영혼을 보호해야 한다. 그 시간을 현명하게 사용해서 타인을 교화시키고 감화시킬 수 있어야 한다.

이를 위해 다음과 같은 세 가지 자세가 필요하다. 첫째, 주님이 말씀하신 그리스도인의 경각심이다. 둘째, 마음과 생각을 습관적으로 하나님께로 향하도록 하고, 셋째 그 생각을 믿음의 빛 아래서 실행에 옮기려고 노력하는 자세이다. 그리고 마지막으로 하나님의 은혜가 영혼의 안전과 능력의 토대라는 인식 속에 그 은혜를 의지하려는 마음가짐이다. 특별히 권력을 가진 타인에게 큰 영향을 끼칠 수 있는 사람은 이런 시간을 그들을 변화시킬 수 있는 절호의 기회로 삼아야 한다.

여가시간은 보통 자신을 위한 가장 즐겁고 유용한 시간이다. 이

시간을 가장 유익하게 사용하는 방법은 그 시간에 하나님과 좀 더 비밀스럽고 친밀한 교제 속에서 우리의 힘을 다시 회복하는 것이다. 여기서 말하는 힘에는 육체적인 힘도 포함된다. 특히 기도는 우리가 반드시 해야 할 일이다. 무엇보다 큰 축복의 원천이기에 진정으로 이 보화를 발견한 영혼이라면 홀로 있을 때 기도드릴 것이다.

여가

진실한 분별력으로 하나님의 계획에 순종하라

어떤 일의 부정적인 면만을 보고 불만을 계속 토로하는 사람은 타인과 함께 보내야 하는 여가시간을 매우 혐오한다. 하지만 나는 결코 그러한 태도에 동의할 수 없다. 우리가 세상 속에서 어쩔 수 없이 즐겨야 하는 여가에 부담을 가질 필요는 없다. 나는 단순함을 좋아하며 하나님도 단순함을 좋아하신다고 믿는다. 그 즐거움 자체가 해가 되지 않을 때나 하나님의 섭리 때문에 어쩔 수 없이 그런 즐거움에 참여하게 될 때 그분 앞에서 중용의 태도로 그런 즐거움을 누리는 것은 괜찮다고 생각한다. 오히려 지나치게 엄격하게 자제하거나 도리에 맞지 않게 호전적인 태도를 보인다면 자칫 세상 사람들이 경건에 관해 나쁜 선입견을 품게 됨으로써 하나님을 섬기는 사람의 삶은 음울하고 어둡다는 잘못된 판단을 내릴 수도 있다.

그러므로 하나님이 그분의 뜻대로 어떤 일에 참여하도록 우리에게 역사하실 때 요구되는 자세는 마음속으로 끊임없이 그 숨은 동기를 따지지 말고 평안한 마음을 유지하며 살아가는 것이다. 계속해서 마음속 깊은 곳의 소리를 들으려고 한다면 끝이 없다. 하나님을 추구하기 위해 자아로부터 의식적으로 탈피하려고 한다면 오히려 빈번한 자신의 내부 성찰로 인해 자아에 대해 지나치게 집착하게 될 것이다.

따라서 단순한 마음과 평화, 그리고 기쁨으로 살아가야 한다. 성령의 열매는 바로 이런 것들이다. 아무리 사소한 일이라도, 하나님과 동행하며 행하는 사람은 비록 그 일이 중요한 것이 아닐지라도 삶을 통해 하나님 나라를 이루는 존재라고 할 수 있다. 나는 그런 일을 수행하는 것이야말로 하나님의 명령과 규례를 좇는 삶이라 생각한다.

회심 후 변화를 도모하는 많은 사람이 자기 생각을 정화하고 자신이 처한 일상적인 행동에서 타고난 본성을 제어하기보다는 그보다 더 뛰어나고 특별한 어려운 일을 해야 한다고 착각한다. 이렇게 종종 자신을 속인다. 그러나 행동을 바꾸려고 노력하기보다는 자기 행동 속에 숨어 있는 동기와 죄의 성향을 바꾸는 것이 더 중요하다.

이미 정직하고 규모 있는 삶을 사는 사람이라면 진정한 그리스도인이 되기 위해서 외형적인 행동을 바꾸기보다 그의 속마음을 변화시키는 일이 더 중요하다. 하나님은 우리 입술의 말, 우리 몸의 자세, 또는 외형적인 의식에 만족해하시는 분이 아니다. 하나님이 우리에게 요구하시는 것은 그분과 우리 사이에 일치된 뜻이다. 다시 말해 하나님의 뜻에 순종하면서 하나님이 원하시지 않는 일은 절대 행하지 않으며, 반대로 하나님이 원하시는 일은 주저 없이 하겠다는 의지이다.

우리는 하나님의 섭리가 우리를 어디로 이끌든지 간에 전적으로 하나님의 뜻으로 자신을 채우려는 단순한 의지를 마음속에 지녀야 한다. 공허한 시간처럼 보일 때 하나님을 구해야 한다. 그러면 하나님이 당신을 지켜주셔서 그 시간을 풍성한 시간으로 탈바꿈시켜주실 것이다. 심지어 가장 경박한 오락일지라도 진실한 분별력을 가지고 하나님의 계획에 순종하기 위한 목적으로 오락 활동에 참여한다면 그것은 선한 일이 될 것이다.

이처럼 단순한 삶의 방식으로 살아갈 때 우리 영혼은 엄청나게 확장된다. 그래서 마치 엄마의 손에 이끌려 걸어가는 아이처럼 어디를 가든지 걱정하지 않고 살아갈 수 있다. 그 결과 감옥에 갇히든지 자유롭게 되든지 간에 언제나 행복하게 된다. 그리고 언제든지 말하고 언제든지 침묵할 수 있게 된다. 가치 있는 말을 할 수 없을 때는 즐겁게 입을 다문다. 이렇게 함으로써 다른 사람의 원기를 북돋아주며 자신도 활기를 되찾는다.

당신은 아마도 나에게 그보다 더 진지하고 무게 있는 행동을 원한다고 말할지 모른다. 하지만 그것은 하나님의 뜻이 아니다. 하나님의 선택은 당신의 선택과 다르다. 결국 당신은 하나님의 방법이 당신의 방법보다 낫다는 사실을 알게 될 것이다. 당신은 하나님이 당신의 마음으로 사모하게 만드신 심각한 일을 수행함으로써 더 큰 만족을 얻을 수 있다고 생각할 것이다. 하지만 하나님은 오히려 당신에게서 그런 만족을 없애려고 하신다. 비록 그것이 건전하고 좋아보일지라도 하나님은 당신에게서 그런 생각을 뿌리째 뽑기를 원하신다. 우리의 미덕은 하나님의 섭리로 주어지는 실망을 통해 정화되어야 한다. 그 미덕에 우리의 의지가 조금이라도 개입되어서는 안 된다.

하나님의 뜻이라는 기본적인 원리에 기초한 경건은 정말로 고요하고 단순하다. 신중하면서도 확고한 사람은 이런 경건에 호감을 느낀다. 이런 사람은 다른 사람처럼 허세나 엄격함 없이 평범하게 살면서 편안하고 친화적인 자세로 행동한다. 그러면서 동시에 끊임없이 자신에게 주어지는 모든 책임을 다하며 한순간도 하나님의 계획에서 어긋나는 일을 행하지 않는다. 항상 하나님을 향한 순수한 비전을 가지고 인간 본성의 불규칙한 자극을 기꺼이 희생시킨다. 이것이 바로 성자 예수님과 성부 하나님이 원하시는 영과 진리로 드리는 예배이다. "아버지께 참되게 예배하는 자들은 영과 진리로 예배할 때가 오나니 곧 이때라. …하나님은 영이시니 예배하는 자가 영과 진리로 예배할지니라"(요 4:23-24). 그 밖의 것은 오직 종교적인 의식이며 그리스도인의 진리라기보다는 그림자에 불과하다.

여기서 당신은 틀림없이 매우 복잡하고 경박한 사회생활 중에 어떻게 우리가 이런 순수한 생각을 유지할 수 있는지 물을 것이다. 당신의 말처럼 확실히 감정의 격랑 속에서, 그리고 사회의 나쁜 행실 속에서 순간순간 경계 태세로 자신의 마음을 보호하기는 어려운 일이다. 나는 그 위험성을 인정한다. 그리고 그 위험은 우리가 형용할 수 있는 것 이상으로 크다고 생각한다. 그렇다면 그리스도인의 영혼을 타락시키고, 적어도 약화하는 그런 비행에 쉽게 노출된 상태에서 우리는 어떻게 자신을 지킬 수 있을까?

그 수많은 함정에 대비해서 우리가 어떻게 주의해야 할지 다음 몇 가지로 함축하여 소개하고자 한다.

첫째, 당신은 독서와 기도에 심혈을 기울여야 한다. 단순히 종교적인 질문에 관한 지식을 얻고자 하는 호기심으로 책을 읽어서는 안된다. 사실 이런 호기심처럼 헛되고 위험한 것도 없다. 내가 말하고자 하는 것은 단순한 독서로 복잡한 생각을 버리고, 오직 우리 마음에 실제적인 도움을 얻기 위해 행하는 독서를 가리킨다. 그러므로 마음을 자극하는 책들은 피해야 한다. 그리고 교회의 가르침에 불순종하게 하거나 고요함을 가져다주는 일을 방해하는 독서는 모두 피해야 한다. 당신은 지식을 얻기 위해서가 아니라 자아를 불신하기 위해 독서를 해야 한다.

또한 깊은 침묵 속에서 종교의 위대한 진리를 묵상할 때 독서와 함께 기도하는 것은 좋은 습관이다. 예수님의 행동이나 말씀에 집중한다면 당신은 그 시간에 더 많은 기도를 드릴 수 있다. 이때 하나님께 당신의 결단을 말씀드리고, 그분이 주신 용기를 가지고 하나님께 약속한 일을 실천하는 힘을 달라고 간구해보라. 그 일을 실천할 때 당신의 마음이 흔들린다면 괴로워하지 말고 하나님께 그 사실을 아뢰어라. 당신의 주의를 끊임없이 산만하게 만드는 일을 보고 낙심하지 말라. 오히려 그 일은 당신에게 위안과 열정을 주는 기도보다 더 유익이 될 수 있다. 그런 경험이 당신을 겸손하게 만들고 당신을 죽여 쾌락에 물들지 않은 순수한 자세로 하나님만을 구하도록 인도하기 때문이다.

아침과 저녁에 규칙적으로 시간을 내서 말씀 묵상과 기도를 충실히 이행하라. 묵상과 기도는 당신 주위에 있는 위험을 해독시키는 해독제가 될 것이다. 내가 굳이 아침과 저녁이라고 말한 이유는 때때로 우리가 몸뿐만 아니라 영혼을 위한 자양분도 새롭게 해야 하기 때문이다. 그렇지 않으면 우리 영혼은 지쳐서 기진맥진하게 된다. 우리는 결코 외부의 일에 휘둘려서는 안 된다. 그것이 아무리 좋은 일이라도 자신의 자양분을 위한 시간을 낼 수 없을 정도로 그 일에 휩쓸려 간다면 그것은 잘못이다.

둘째, 필요를 느낄 때마다 며칠 시간을 내서 세상에서 한 발짝 물러나 자신의 살아온 삶을 반성해 보아야 한다. 그때 우리는 예수 그리스도의 발밑에서 우리 마음의 상처를 은밀하게 치유할 수 있고, 우리 육체에 남아 있는 세상의 나쁜 자취를 씻어낼 수 있다. 이것은 우리의 건강에도 도움이 된다. 이처럼 물러나서 따로 시간을 갖는 사람은 그의 영혼 못지않게 육체도 쉼을 얻기 때문이다.

셋째, 당신의 경건한 직업과 관련해서 일어나는 세상의 일에 충실하면서 세상이 당신에게 요구하는 모범적인 행동에 최선을 다해야 한다. 세상은 비록 타락했지만 세상의 타락을 경멸하는 사람들이 신실한 자이기를 바란다. 세상이 선한 믿음으로 세상을 경멸하는 자들을 오히려 존경하는 것이다. 진정한 그리스도인은 이처럼 세상이 엄격한 판단자라는 사실 앞에서 기뻐해야 한다. 바로 그런 사실 때문에 성도들이 무가치한 일은 절대 하지 않겠다는 굳은 결의를 더 강하게 가질 수 있기 때문이다.

이상의 몇 가지 규칙을 지킨다면 확신하건대 당신은 하나님으로부터 큰 축복을 받게 될 것이다. 하나님이 세상과 구별된 당신의 손을 잡고 친히 인도하실 것이기 때문이다. 하나님과 동행하는 기쁨은 다른 어떤 즐거움보다 더 달콤하다. 당신은 억압이나 허식, 그리고 남을 불편하게 하는 까다로움 없이 중용과 신중한 태도를 견지하면서 평정심을 잃지 않게 될 것이다. 당신은 사도 바울의 말처럼 유쾌하고 즐거운 유머를 잃지 않으면서 모든 사람에게 필요한 사람이 될 것이다.

지루함이 당신을 억누를 때, 또는 기쁨이 사라질 때 당신은 크신 팔로 당신을 영원히 품어주시는 하늘 아버지 품으로 조용하게 돌아갈 수 있다. 당신은 슬픔 가운데서도 하나님으로부터 기쁨과 자유,

그리고 중용과 마음의 평정을 다시 얻을 수 있다. 하나님은 당신을 부족함 없이 채워주실 것이다. 하나님의 확신에 찬 얼굴을 보고 당신의 마음을 어린아이처럼 그분께 맡길 때 당신은 다시 활력을 얻게 될 것이다.

비록 당신의 마음이 침울하고 낙담해 있을지라도 하나님이 당신에게 어떤 것을 요구하실 때는 항상 당신에게 필요한 용기와 능력을 주신다. 이 용기와 능력은 우리가 순간순간 구해야 하는 매일의 양식이기도 하다. 이 양식은 결코 우리를 저버리는 법이 없다. 우리 아버지는 우리를 버리지 않으신다. 오히려 우리 마음이 은혜의 강물로 채워져 넘쳐나기를 원하신다.

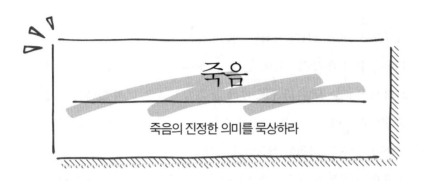

죽음

죽음의 진정한 의미를 묵상하라

죽음에 관해 생각하기를 원하지 않으며 생각하면 즐거울 수도 있는 죽음을 회피하려는 사람들의 무지는 정말로 개탄스럽기 짝이 없다. 사실 육에 속한 사람에게 죽음은 고역이다. "온전한 사랑이 두려움을 내쫓나니"(요일 4:18). 우리가 자신을 옳다고 여긴다고 해서 두려움이 물러나는 것은 아니다. 오직 자아를 의지하지 않고 우리를 사랑하시는 분에게 자신을 전적으로 내드리며 사랑할 때만 두려움을 내쫓을 수 있다. 그렇게 되면 죽음은 오히려 감미롭고 귀중하게 된다. 자신에 대해 죽은 사람에게 육체의 죽음은 은혜 사역의 시작이다.

우리는 죽음에 관한 생각이 우리를 슬프게 할까 봐 죽음을 생각하길 꺼린다. 하지만 죽음이 슬픈 진짜 이유는 우리가 그 의미를 진정으로 생각하지 않으려고 하기 때문이다. 원하든 원하지 않든 간에 결국 죽음은 오게 되어 있으므로 깨닫기를 원하지 않는 사람도 마침 내 죽음을 통해 진리를 알게 될 것이다. 우리는 죽음을 통해 그동안 우리가 해왔고 해야만 했던 행동을 뚜렷한 빛 가운데서 보게 된다. 그리고 분명하게 받은 은혜와 달란트, 부, 건강, 시간, 삶의 불행이 나 행운 등을 어떻게 사용해야 했는지 깨닫게 된다.

죽음에 관한 생각은 우리의 행동을 위해 가장 좋은 잣대가 된다. 그러므로 우리는 그것을 바라야 한다. 다른 모든 일에서 하나님의 뜻에 순종하듯 똑같은 순종의 자세로 우리는 그것을 기다려야 한다. 그리고 사모해야 한다. 죽음은 우리 회개의 완성이며 행복의 시작인 동시에 영원한 상급이기 때문이다.

우리가 회개하기 위해 산다는 말은 잘못이다. 죽음만이 우리가 할 수 있는 가장 좋은 회개이기 때문이다. 우리의 죄는 이 땅에서 어 떤 회개보다도 죽음을 통해 더 효과적으로, 그리고 더욱 정결하게 씻음 받을 수 있다. 죽음은 악인에게는 쓴 것이지만 선한 의지를 가 진 의인에게는 달콤한 것이다. 우리는 매일 "아빠 아버지"(갈 4:6) 안에서 그것을 구해야 한다. 그와 동시에 "하나님 나라가 임하기"를 기도해야 한다(마 6:10). 기도는 우리 마음의 소원이다. 하나님 나라 는 우리의 죽음을 통해 우리에게 임하는 것이기에 우리는 죽음을 위 해 기도해야 한다.

| 옮긴이 후기 |

이 책은 이 땅에서 천국을 향한 나그네의 삶을 사는 그리스도인 들이 이루어 나가야 할 성화의 전형적인 모습을 보여준다. 이 책을 대하면서 온전함을 위한 페넬롱의 심오한 묵상 앞에 절로 고개가 숙여졌고, 그로 인해 다시 한번 나의 신앙생활을 돌아보고 새롭게 다짐하게 되었다. 특히 이 책에는 페넬롱이 오랜 묵상의 결과를 몸소 실천하는 과정이 담겼기에 번역하는 내내 그의 인품과 인격이 묻어나는 것을 느낄 수 있었다.

오스왈드 챔버스는 그의 책 「주님은 나의 최고봉」에서 하나님과 우리 사이의 인격적인 관계를 강조했다. 그는 그 관계에서 자신에 대한 집착은 교만이라는 놀라운 통찰력을 보여주었다. 같은 맥락에서 페넬롱도 하나님과의 관계를 강조하면서 전적인 헌신과 온전함을 위해서는 자아에 얽매여서는 안 되며, 오직 자신을 자아에서 떼어내야 함을 역설한다. 그것이 또한 하나님 사역의 핵심이라고 설명한다. 하지만 자아에서 자신을 떼어낸다는 것은 말처럼 그리 쉬운 일이 아니다.

여기서 자아란 자신에 대한 집착, 이기적인 생각, 더 나아가 세상을 향한 욕망을 포함한다. 페넬롱은 우리의 자아보다도 우리에게 더 가까운 자아는 바로 하나님이기에 우리 자신을 세속적인 자아에서 떨어뜨리고 전적으로 하나님을 따라가야 한다고 주장한다. 그렇다고 그것을 무아지경에서 하나님과 같은 신성을 갖는다고 이해하는 것은 오해이다. 우리는 어디까지나 하나님의 피조물이며 피조물의 한계를 지니고 있다.

페넬롱의 또 다른 통찰은 하나님의 목적에 올바로 서 있는 사람은 결코 교만해질 수 없다는 것이다. 그는 겸손해지려고 노력한다는 것은 이미 높아졌음을 전제하기 때문에 온전한 겸손이 아니라는 역설적인 진리를 우리에게 보여준다. 그가 말하는 진정한 겸손은 자신이 아무런 존재도 아님을 직시하고 그 자리에서 높아지거나 낮아지려고 하지 않는 상태이다. 그러한 겸손의 상태에서는 무엇을 자기 것으로 삼으려는 생각이 자리잡을 수 없다. 겸손한 사람이라면 세상에 자신이 소유권을 주장할 수 있는 사물이 아무것도 없음을 알고 있기 때문이다.

그런 의미에서 우리가 세상에서 하나님의 은혜나 은사나 상급을 받을 때 그것을 마치 공로의 대가로 소유하려는 생각은 비성경적이다. 페넬롱은 우리가 하늘에 있는 면류관을 사모해야 하는 것은 그 면류관 자체를 소유하고자 하는 마음 때문이 아니라 하나님이 그것을 사모하라고 명령하셨기 때문이라고 말한다. 즉 우리의 관심은 어디까지나 하나님 자신이지 하나님이 주시는 선물이 될 수 없다는 것이다.

옮긴이 김창대